Mais elogios para *Marketing de Conteúdo Épico*

"Joe Pulizzi me transformou em uma crente no conteúdo! A partir de hoje começarei a desenvolver o conteúdo de nossa empresa com maior disciplina para nos comportarmos mais como uma grande empresa de mídia."

KATHERINE BUTTON BELL,
Vice-presidente & diretora de Marketing da Emerson.

"Joe Pulizzi talvez saiba mais sobre marketing de conteúdo do que qualquer outra pessoa viva. Ele prova isso nestas páginas."

JAY BAER,
Autor do best-seller do New York Times
Youtility: Why Smart Marketing Is about Help Not Hype.

"O futuro da construção da marca de sucesso, e especialmente a arte de solidificar a conexão emocional entre pessoas e marcas, deverá exigir conhecimento em marketing de conteúdo. *Marketing de Conteúdo Épico* dá todos os detalhes que os profissionais precisam, sem complicar demais."

PROFESSORA JOANN SCIARRINO,
Knight Chair em
Marketing e Propaganda Digital, da
Universidade da Carolina do Norte – Chapel Hill.

"Joe Pulizzi é o padrinho de nossa profissão em ascensão, marketing de conteúdo. Ele estabelece os objetivos, princípios e estratégias centrais de nosso campo de uma forma fácil de entender, inspiradora e divertida. Se a sua empresa ainda não percebeu que é uma empresa de mídia, com todos os desafios e vantagens que isso significa, você estará deixando de usar a forma mais poderosa de se conectar com os seus clientes."

JULIE FLEISCHER,
Diretora de Mídia & Envolvimento
do Consumidor da Kraft Foods.

JOE PULIZZI

MARKETING DE CONTEÚDO ÉPICO

COMO CONTAR UMA HISTÓRIA DIFERENTE, DESTACAR-SE NA MULTIDÃO E CONQUISTAR MAIS CLIENTES COM MENOS MARKETING

www.dvseditora.com.br
São Paulo, 2016

Marketing de Conteúdo Épico
Como contar uma história diferente, destacar-se na multidão e conquistar mais clientes com menos marketing.

Epic Content Marketing
How to tell a different story, break through the clutter, and win more customers by marketing less

Capa: Spazio Publicidade - Grasiela Gonzaga
Tradução: Leonardo Abramowicz
Diagramação: Konsept Design e Projetos

Dados Internacionais de Catalogação na Publicação (CIP)
(Câmara Brasileira do Livro, SP, Brasil)

Pulizzi, Joe
Marketing de conteúdo épico : como contar uma história diferente, destacar-se na multidão e conquistar mais clientes com menos marketing / Joe Pulizzi ; [Leonardo Abramowicz]. -- São Paulo : DVS Editora, 2016.

Título original: Epic content marketing : how to tell a different story, break through the clutter, and win more customers by marketing less.
Bibliografia
ISBN 978-85-8289-131-5

1. Marketing na Internet 2. Redes sociais I. Título.

16-06233 CDD-658.8

Índices para catálogo sistemático:

1. Marketing na Internet : Mídia social : Administração 658.8

Para Adam e Joshua... fazer ou não fazer, não existe tentar!

Filipenses, 4:13

ÍNDICE

PARTE III
Gerenciamento do Processo de Conteúdo

PARTE IV
Divulgação de Suas Histórias

PARTE V
Fazendo o Conteúdo Funcionar

Prefácio

Você já ouviu falar da SAP? Se você é um profissional da área de negócios, então provavelmente já ouviu falar de nós. Você deve saber que estamos sediados na Alemanha. Talvez até mesmo saiba que vendemos *software* de negócios que alimenta os sistemas financeiros e contábeis de grandes empresas. Mas somos muito mais do que uma empresa de *software* sediada na Alemanha. E somos muito menos conhecidos pelo consumidor médio.

Aposto que você não sabia que 80% de nossos clientes são na verdade pequenas ou médias empresas. O nosso *software* capacita 74% das receitas de transações mundiais e 97% dos 1,8 bilhão de mensagens de texto enviadas todos os dias em todo o mundo. Nossos clientes distribuem 78% do abastecimento de alimentos do mundo, 76% dos produtos de saúde e beleza, 82% do café e do chá que bebemos diariamente, 79% do chocolate e 77% da cerveja que bebemos.

Como você pode ver pelos exemplos ilustrativos acima, nosso desafio de comunicação é resolvido por meio de histórias. Histórias não sobre o que nós vendemos, mas histórias que explicam o que nós fazemos para os nossos clientes. Nós acreditamos que o poder das histórias está em fazer do leitor e do consumidor parte da história. Nós acreditamos no *Marketing de Conteúdo Épico.*

Histórias não representam uma novidade. Elas existem há tanto tempo quanto nós mesmos. Reunidos ao redor da fogueira, os primeiros seres humanos descobriram que contar histórias de maneira eficaz era a melhor forma de passar informações vitais para a sobrevivência. Eles sabiam que a verdadeira conexão com o público de forma emocional era uma questão de vida ou morte.

Avançando rapidamente 10.000 anos ou mais no tempo, vemos que o surgimento da *Web*, acesso móvel, e mídia social mudaram algumas das formas com que contamos histórias. Agora qualquer pessoa pode se tornar um editor de conteúdo. E nos permite contar histórias em até 140 caracteres e com vídeos de **seis segundos**.

O mundo agora está nadando em conteúdo e informação. Enquanto os consumidores de conteúdo se divertem criando e consumindo todo esse material que se move ao redor do mundo em milissegundos, os profissionais de marketing e as empresas fazem um grande esforço em uma crescente batalha pela atenção do cliente.

A era da comunicação de massa unidirecional, com um único segmento, voltada para a marca está oficialmente terminada. E, no entanto, a maior parte do conteúdo e das mensagens que sai das empresas hoje está firmemente ancorada nos bons velhos tempos. À medida que as táticas de marketing vão ficando cada vez menos eficazes, as empresas têm respondido criando cada vez mais conteúdo promocional que ninguém quer, ninguém gosta e ninguém se mostra interessado.

As empresas estão respondendo a um mundo com conteúdo demais, criando ainda mais conteúdo. E a cada item de conteúdo que entra em seus *sites* e nas correntes sociais, eles enviam a mesma mensagem para o público: estamos preocupados apenas com nós mesmos.

A nossa preocupação é dizer **"quem nós somos"** e **"o que fazemos"**. Falamos sobre os logotipos de nossos grandes clientes. Convidamos você para passar uma hora conosco para que possamos contar como somos inteligentes. Criamos conteúdo sobre nós, para nós, porque achamos que é isso que se espera de nós.

O problema é: ninguém está ouvindo, lendo ou agindo com base nesse conteúdo. Taxas de abertura de *e-mail*, taxas de cliques em banners, taxas de contatos telefônicos – tudo caindo!

A única maneira de atingir o seu público no mundo de hoje saturado de conteúdo, encharcado de informação é através do *Marketing de Conteúdo Épico* que emocionalmente se conecta com as pessoas que você quer alcançar.

Conheci Joe Pulizzi em uma conferência apenas poucos anos atrás. Fiquei bastante emocionado ao encontrá-lo, pois o ouvi falando sobre como o marketing de conteúdo não é nenhuma novidade, mas que ainda é uma disciplina jovem e imatura em muitas marcas. Ouvi Joe mostrar exemplos de algumas das maiores marcas no mundo, como John Deere, Procter & Gamble e Red Bull.

Identifiquei-me com os desafios de marketing de conteúdo que Joe mostrava. Assim, após uma de suas palestras, caminhei até ele, apresentei-me, e perguntei como uma marca que opera em transações entre empresas (*business-to-business*) poderia realizar o mesmo que essas marcas de consumo bem conhecidas.

O conselho de Joe foi simples e direto. Ele sugeriu que eu criasse uma declaração de missão de marketing de conteúdo, elaborasse um pequeno piloto conectando com o "objetivo maior" de nossa marca, e começasse a mostrar para a nossa equipe as empresas que criam conteúdo épico: conteúdo que realmente vale a pena criar.

E foi assim que começamos. Percebemos que estávamos criando muito conteúdo promocional e específico de produtos que não estavam sendo baixados na *Web*, lidos ou gerando reação. Fizemos relatórios sobre nossos *sites* que nos mostraram que atingíamos os poucos que queriam informações de produtos e ignorávamos os muitos que nem mesmo sabiam que havia uma solução de tecnologia para seu problema. Em resumo, nós tínhamos uma lacuna de conteúdo.

Tentamos realçar essa lacuna para os vários grupos que criam conteúdo em toda a empresa. Mas a produção de conteúdo vem de muitas fontes na empresa. Não é apenas do marketing, mas também de comunicações e relações públicas, suporte de vendas, serviço ao cliente, desenvolvimento de produto e engenheiros técnicos. Todos esses grupos, e outros mais, criam conteúdo.

Constatamos que o maior obstáculo está no **"por quê?"** – ajudando nossas equipes a entender que se pensarmos e agirmos como uma editora, nós iremos criar mais do conteúdo que nossos clientes estão buscando. E **menos** do conteúdo que eles ignoram. Um dos maiores desafios do marketing de conteúdo é colocar a necessidade de nossos clientes à frente das nossas próprias e contar histórias que conectam com as pessoas.

Para ajudar nossas equipes, identificamos as principais perguntas e os termos buscados na *Web* por nossos clientes em potencial. Estamos documentando as perguntas sobre como a tecnologia e a inovação pode ajudar uma empresa com os seus maiores problemas: como crescer, como reduzir custos, como derrotar os concorrentes, como conquistar clientes fiéis.

Também estamos nos reunindo com equipes em toda a organização para acompanhá-los no processo passo a passo de como responder essas perguntas utilizando os tipos de conteúdo e canais que nossos clientes usam.

No mínimo, tentamos mostrar-lhes como ser útil. Em termos ideais, esperamos não apenas informar nossos futuros clientes, mas também entretê-los. Ajudá-los a ter sucesso em suas carreiras. Sabemos que se fizermos isso, eles não apenas saberão quem nós somos e o que fazemos, mas também que somos um parceiro em seus negócios.

Na SAP, os nossos clientes têm muitas perguntas. E nós fazemos o melhor para respondê-las. Mantemos o foco voltado para eles e suas necessidades. Em contar histórias que conectam. Mas temos uma longa jornada pela frente.

Nem todo o nosso conteúdo é épico ainda. Mas estamos trabalhando nisso. Criar *Marketing de Conteúdo Épico* é um longo processo... mas o primeiro passo é simplesmente aceitar que hoje precisamos chegar ao mercado de forma diferente para sobreviver e crescer.

Onde quer que esteja em sua jornada do marketing de conteúdo, este livro que você tem fisicamente em suas mãos, em seu *tablet*, ou possivelmente ouve enquanto se exercita na academia, pode fazer toda a diferença para sua empresa, seu departamento, sua carreira. Preste atenção aos conselhos de Joe, como nós, e veja seus clientes começarem a olhar para você de forma diferente... menos como alguém tentando vender algo e mais como um verdadeiro especialista em recursos e informações.

Não é isso que todos os profissionais de marketing e empresários querem?

Hoje, independentemente do tamanho de sua empresa ou do orçamento de que dispõe, isto é possível. Você está pronto?

MICHAEL BRENNER
Vice-presidente de Marketing e Estratégia
de Conteúdo da SAP

Agradecimentos

Há tantas pessoas que foram fundamentais para que esse livro pudesse acontecer.

Em primeiro lugar, agradeço ao meu amigo e mentor Jim McDermott, que revisou cada capítulo durante o processo e foi uma verdadeira fonte de inspiração.

Em segundo lugar, a Robert Rose, meu amigo e diretor de estratégia no Content Marketing Institute (CMI) e coautor junto comigo do livro *Managing Content Marketing*. Grande parte da reflexão neste livro vem dele ou de nosso trabalho em colaboração.

E não posso me esquecer de Joe Kalinowski (bum bum), meu diretor de criação, que compilou todos os gráficos e imagens que você encontrará neste livro.

Um grande agradecimento vai para toda a equipe do CMI, por assumir grande parte do trabalho enquanto eu preparava o manuscrito para este livro... e como você verá, há muitas áreas deste livro que foram inspiradas por eles: Michele Linn, Pam Kozelka, Jodi Harris, Peter Loibl, Laura Kozak, Clare McDermott, Angela Vannucci, Lisa Murton Beets, Kelley Whetsell, Cathy McPhillips, Amanda Subler, Shelley Koenig e Mark Sherbin.

Os outros colaboradores deste livro você encontrará ao longo de cada capítulo. Um livro é um verdadeiro trabalho de colaboração... e este livro mantém-se fiel a isso.

E, finalmente, à minha família: meus pais Terry e Tony Pulizzi, minha irmã Lea e meu irmão Tony. Mas especialmente à Pam, minha melhor amiga e alma gêmea. Eu te amo.

Introdução

"A grandeza é conquistada, não atribuída."

GUY KAWASAKI, EM *COMO ENLOUQUECER SEUS CONCORRENTES.*

US$39.400.

Qual é a quantia total de dinheiro que gastamos para divulgar a nossa empresa, o Content Marketing Institute (CMI), desde que a fundamos em abril de 2007? Apenas **US$ 39.400**.

Durante este tempo fomos reconhecidos como a empresa iniciante (*start-up*) de crescimento mais rápido no norte de Ohio e a nona empresa privada de mídia com crescimento mais rápido em 2012, pela revista *Inc.* (apenas dois lugares atrás do Facebook). Realizamos esses feitos em um dos piores ambientes econômicos desde a Grande Depressão, e com bem menos recursos que nossos concorrentes.

Eu lhes conto essas coisas não para me gabar, mas porque acredito que há um jeito melhor - um jeito melhor de fazer o marketing. E existe um modelo muito melhor para que empresários e profissionais de marketing possam atrair e reter clientes.

A publicidade não está morta, mas o marketing de conteúdo é o motivador que as principais empresas agora usam para capturar corações e mentes de seus clientes.

O SEGREDO

Passei a usar a expressão **marketing de conteúdo** em 2001 (você ouvirá muito sobre o marketing de conteúdo neste livro). Comecei a trabalhar neste setor de atividade (o que hoje chamamos de "setor de marketing de conteúdo") um ano antes, quando, na época, eu estava em uma grande empresa de mídia de transações entre empresas (B2B), chamada Penton Media, com sede em Cleveland, Ohio.

Durante 13 anos (7 na Penton e 6 no CMI), tive a oportunidade de trabalhar com algumas das melhores marcas globais em cada setor, desde serviços financeiros, passando pelo varejo e até transportes, muitas tendo orçamentos de marketing que fariam você corar. Também trabalhei com centenas de empresas muito pequenas, desde aquecimento e ar condicionado, até contabilidade e paisagismo, que mal tinham dois centavos para investir em marketing.

Todos os diretores de marketing e donos de pequenos negócios acreditavam que tinham problemas e desafios diferentes. Mas na verdade, não tinham. Era sempre o **mesmo problema** para eles, assim como para minha própria empresa. Você quer saber o segredo? Aqui está:

Os seus clientes não se preocupam com você, seus produtos ou seus serviços. Eles se preocupam consigo mesmos.

Antes de seguir mais adiante neste livro, você precisa aceitar esta verdade como primeiro passo. A maioria de nós acha que possui algo maravilhoso e revolucionário para oferecer às pessoas. Nós realmente não temos... pelo menos não nada mais do que os clientes provavelmente poderiam encontrar em outro lugar. Se isso for mesmo verdade, como vamos conseguir que nossos clientes prestem atenção em nós, confiem em nós para, finalmente, comprar algo de nós, e continuar voltando em busca de mais?

POR QUE ÉPICO?

Existem muitas definições para a palavra **épico.** De acordo com o *Dictionary.com*, a sexta de seis definições cita **épico** como "de proporções heroicas ou impressionantes, uma viagem épica." Esta é a definição que eu quero que você guarde consigo neste livro.

Na América do Norte, nove em cada dez empresas (de qualquer tamanho em qualquer setor de atividade) usa marketing de conteúdo (Figura I.1). O marketing de conteúdo não é novo, mas está ficando confuso – contaminado, se você preferir.

Uma busca por, digamos, "marketing de conteúdo" no Google trará mais de 500 milhões de resultados. Como se destacar na multidão?

Nós precisamos ser épicos com nosso marketing de conteúdo. Precisamos fazê-lo melhor. Precisamos nos concentrar mais em nossos clientes e menos em nossos produtos, Sim você ouviu direito: para vender mais, nós precisamos fazer menos marketing de nossos produtos e serviços.

Figura I.1 **Organizações de todas as formas e tamanhos estão usando o marketing de conteúdo para atrair e reter clientes.**

MUDE SUAS ESTRELAS

Eu sou um grande fã do filme *Coração de Cavaleiro* com o falecido Heath Ledger. Neste filme, o personagem do ator se transforma de camponês à nobreza "mudando suas estrelas", conselho dado por seu pai quando ele era muito jovem.

Isto pode parecer piegas, mas meu objetivo para você, no que se refere a este livro, é **mudar suas estrelas.** Você precisa pensar de forma diferente sobre marketing e, então, agir de forma diferente sobre como ir ao mercado.

Tudo o que eu aprendi trabalhando com centenas de empresas e, depois, fazendo o CMI crescer através da arte e da ciência do marketing de conteúdo está neste livro. Você me deu um presente ao comprar este livro. Vou retribuir o favor e procurar garantir que ele não seja uma perda de tempo.

COMO LER ESTE LIVRO

As pessoas muitas vezes me perguntam qual o tamanho que seus *posts* no *blog* ou artigos de boletins informativos devem ter. Minha resposta é sempre esta: "o tamanho que precisam ter." E é exatamente isso que você encontrará neste livro. Alguns capítulos são muito curtos, outros nem tanto. Independentemente disso, cada um deles fornecerá algumas dicas para ajudá-lo a pensar de forma diferente sobre o seu negócio ou dará conselhos concretos sobre o desenvolvimento de seu próprio processo de marketing de conteúdo.

Em muitas de minhas palestras eu menciono o personagem de Jack Palance, Curly, do filme *Amigos, Sempre Amigos*. Você se lembra neste filme da "única coisa"? Você sabe, aquela única coisa que é o segredo da vida? O meu objetivo em cada palestra que dou, assim como neste livro, é que você possa identificar esta única coisa que fará a diferença em seu negócio.

Algumas ideias e conceitos nesse livro serão novos. Alguns serão conhecidos, e você poderá querer pular. Por favor, fique à vontade para pular capítulos. Encontre a "única coisa" que ajudará sua empresa a crescer e a gerar mais ou melhores clientes.

CRESCIMENTO

Quer você seja um diretor executivo de marketing de uma das empresas citadas na revista *Fortune 500* ou o dono da menor das pequenas empresas, este livro é para aqueles que querem fazer com que os seus **negócios cresçam**. O porte não é um problema. Qualquer que seja o seu cargo ou função, caso faça parte do processo de marketing para gerar receita (para ajudar a fazer ou manter uma venda), este livro se destina a você.

Cada capítulo inclui o seguinte para sua consulta:

- **Pensamentos épicos.** São questões para serem lembradas. Para ajudá-lo a pensar de forma diferente sobre o seu marketing. Conceitos que irão ajudá-lo a **mudar suas estrelas**.
- **Recursos épicos.** Este livro é composto de literalmente milhares de livros, artigos, *posts* de *blogs*, filmes e comentários de amigos e formadores de opinião. Os recursos que ajudaram na elaboração de cada capítulo específico estão incluídos no final do capítulo.

Boa sorte e obrigado por decidir fazer esta jornada épica comigo.

"Paciência, persistência e transpiração fazem uma combinação imbatível para o sucesso."

NAPOLEON HILL

PARTE I

Marketing de Conteúdo — Lá e de Volta Outra Vez

CAPÍTULO 1

O Que é Marketing de Conteúdo?

"Você não lidera batendo na cabeça das pessoas – isso é tentativa de agressão, não liderança."

DWIGHT D. EISENHOWER

Em março de 2007 eu deixei cargo executivo de seis dígitos na maior empresa independente de mídia de negócios na América do Norte para fundar uma nova empresa. Muitos de meus amigos e mentores agiram ativamente para me dizer que eu estava cometendo um erro. **Não deixe ninguém lhe dizer que não é divertido iniciar um novo negócio!**

Nos últimos sete anos, eu vinha trabalhando com marcas de todo o mundo ajudando-as a publicar e distribuir suas próprias histórias para atrair e reter clientes. Em 2001, já era fácil perceber que o marketing eficaz estava começando a parecer cada vez mais com a área de publicação. Grandes marcas vinham obtendo resultados incríveis com a criação de seus próprios conteúdos, semelhante ao que as empresas de mídia vinham fazendo desde o início dos tempos, em vez de pagar para fazer anúncios baseados no conteúdo de outras pessoas. Foi naquele ano que comecei a usar a expressão **"marketing de conteúdo"** em minhas conversas com executivos de marketing.

E se mais empresas de todos os portes fizessem o mesmo, com foco não sobre os seus produtos no marketing, mas nas necessidades de informação de seus clientes-alvo?

Então eu me perguntei, "E se eu pudesse fundar uma empresa utilizando esse modelo como base para iniciar e desenvolver um negócio?."

Foi exatamente isso que fizemos quando fundamos a nossa empresa em 2007, o CMI, com muito pouco dinheiro e uma ideia. Neste ano vamos superar a marca de mais de $4 milhões em receitas. Para atingir este tipo de crescimento com pouca ou nenhuma publicidade tradicional tivemos de desenvolver um novo modelo de negócio em torno da criação e distribuição de conteúdo.

Mesmo quando essa ideia do marketing de conteúdo é agora uma expressão reconhecida no setor (veja a Figura 1.1), a maioria dos empresários não tem uma cartilha sobre como fazer isso corretamente. Diariamente converso com pessoas de empresas que desperdiçam uma incrível quantidade de tempo em táticas de mídia social sem primeiramente ter a estratégia de marketing de conteúdo para fazê-las funcionar para os negócios.

MARKETING DE CONTEÚDO: UMA COLEÇÃO DE DEFINIÇÕES

A estratégia de marketing tem muitos nomes: publicação personalizada, mídia personalizada, mídia do cliente, publicação para o cliente, membro da mídia, mídia privada, estratégia de conteúdo, conteúdo de marca, mídia corporativa, jornalismo de marca, publicidade nativa, marketing de atração, contrato de publicação, histórias de marca, publicação corporativa, jornalismo corporativo e mídia de marca.

Figura 1.1 **Em 2013, o "marketing de conteúdo", como expressão, superou todas as outras expressões do setor no porcentual de buscas do Google.**

Talvez nada expresse melhor o conceito do que **marketing de conteúdo**. Mas o que é exatamente o marketing de conteúdo?

MARKETING DE CONTEÚDO: A DEFINIÇÃO FORMAL

> O marketing de conteúdo é o processo de marketing e de negócios para a criação e distribuição de conteúdo valioso e convincente para atrair, conquistar e envolver um público-alvo claramente definido e compreendido - com o objetivo de gerar uma ação lucrativa do cliente.

Uma estratégia de marketing de conteúdo pode aproveitar todos os canais de história (impresso, *on-line*, pessoalmente, móvel, social e assim por diante); ser empregada em toda e qualquer fase do processo de compra, desde as estratégias voltadas para a atenção até as estratégias de retenção e fidelização; e inclui vários grupos de compra.

DO LIVRO *MANAGING CONTENT MARKETING*

O marketing de conteúdo é uma estratégia centrada na criação de uma experiência valiosa. Trata-se de seres humanos sendo úteis para o outro, compartilhando conteúdos valiosos que enriquecem a comunidade e posicionam a empresa como líder no seu campo de atuação. Trata-se de conteúdo envolvente, eminentemente compartilhável e, acima de tudo, focado em ajudar os clientes a descobrir (por conta própria) que seu produto ou serviço é aquele que vai resolver o problema deles.

MARKETING DE CONTEÚDO: DEFINIÇÃO MENOS FORMAL

O marketing de conteúdo é **possuir** a mídia ao invés de **alugá-la.** É um processo de marketing para atrair e reter clientes pela criação e administração de conteúdo de forma consistente a fim de alterar ou reforçar um comportamento do cliente.

MARKETING DE CONTEÚDO: ARGUMENTO DE VENDA

O marketing e a publicidade traxdicionais tratam de **dizer** ao mundo que você é uma estrela do *rock*. O marketing de conteúdo trata de **mostrar** ao mundo que você é uma*.

MARKETING DE CONTEÚDO: PARA PROFISSIONAIS

O marketing de conteúdo refere-se a entregar o conteúdo que seu público está buscando em todos os lugares onde eles o estão buscando. É uma combinação eficaz de conteúdo criado, administrado e distribuído**.

---

* Robert Rose, diretor de estratégia do CMI.

** Michael Brenner, diretor sênior de marketing global da SAP.

O marketing de conteúdo é o processo de desenvolver e compartilhar conteúdo relevante, valioso e envolvente para um público-alvo com o objetivo de conquistar novos clientes ou aumentar os negócios com os clientes existentes*.

MARKETING DE CONTEÚDO: PARA OS QUE NÃO ACREDITAM

Os seus clientes não se preocupam com você, seus produtos ou seus serviços. Eles se preocupam com eles mesmos, seus desejos e suas necessidades. O marketing de conteúdo refere-se à criação de informações interessantes com as quais os clientes se apaixonam, para que eles **realmente prestem atenção em você.**

Esta última definição é minha favorita (com elogios ao autor *best-seller* David Meerman Scott por ajudar a popularizar isso) e a mais difícil de lidar pelos profissionais de marketing e empresários. Com muita frequência nós profissionais de marketing acreditamos que nossos produtos e serviços são tão especiais – tão incríveis – que pensamos que se mais pessoas ficarem sabendo disso, todos os nossos problemas de vendas estariam resolvidos.

MARKETING VENDENDO MENOS

Basicamente, o marketing de conteúdo é a arte de se comunicar com seus clientes atuais e futuros sem vender. É o marketing que não interrompe. Em vez de vender seus produtos ou serviços, você entrega informações que faz os seus compradores ficarem mais inteligentes ou, então, os diverte para construir uma conexão emocional. **A essência desta estratégia é a crença de que se nós, como empresas, fornecermos informações valiosas consistentes e contínuas aos compradores, eles acabarão nos recompensando com mais negócios e lealdade.**

Não me interpretem mal, existe o momento certo para o marketing de vendas apresentando garantias, características e vantagens, e depoimentos de clientes sobre o porquê de você ser tão incrível. Se você for como a maioria das empresas, então já possui muito desse conteúdo. O problema com este tipo de conteúdo é que ele só é crucial quando o seu cliente prospectivo já estiver pronto para comprar. E os outros 99% do tempo em que seus clientes não estiverem prontos para comprar? Ah, é aqui que o marketing de conteúdo mostra o seu valor.

O *Eclesiastes* nos assegura... que há um tempo certo para cada propósito debaixo do céu. Um tempo para rir... e um tempo para chorar.

---

* Amanda Maksymiw, gerente de marketing de conteúdo da Lattice Engines

Um tempo para lamentar... e um tempo para dançar. **E houve um tempo para esta lei, mas não mais.**
KEVIN BACON (REN) EM *FOOTLOOSE - RITMO LOUCO*, DE 1984

"Houve um tempo em que a mídia paga era a maneira melhor e mais eficaz de vender nossos produtos e serviços, mas não é mais."
JOE PULIZZI

INFORMAR OU ENTRETER

"Qualquer pessoa que tente fazer uma distinção entre educação e entretenimento não sabe nada sobre nenhum dos dois."
MARSHALL MCLUHAN

Dez anos atrás eu tive a oportunidade de almoçar com Kirk Cheyfitz, CEO (*Chief Executive Officer*, ou seja, o executivo principal) da Story Worldwide, uma agência de conteúdo global. Suas palavras neste almoço ficaram para sempre comigo.

"Informar ou entreter", disse Cheyfitz. "Que outras opções as marcas têm quando se comunicam com seus clientes atuais e futuros? As marcas atendem melhor aos seus clientes quando contam histórias envolventes", complementou

Na verdade, você tem quatro opções. Você pode informar e ajudar seus clientes a viver vidas melhores, encontrar empregos melhores, ou terem mais sucesso nos empregos que possuem agora. Você também pode optar por entreter e começar a construir uma conexão emocional com seus clientes. Estas duas opções ajudam-no a construir uma sequência (como faz uma empresa de mídia... mas falaremos disso mais adiante).

Sua terceira opção é desenvolver um conteúdo sem brilho, que não move uma palha. Este é o conteúdo que seria em benefício próprio e promocional. Também poderia ser o conteúdo que você quer que seja útil ou divertido, mas por causa de problemas de qualidade, consistência ou planejamento, é ignorado por seus clientes.

Sua quarta opção é gastar dinheiro em marketing tradicional, como publicidade paga, mala direta tradicional e relações públicas. De novo, não há nada de errado com essas atividades, mas este livro lhe mostrará uma maneira melhor de usar os dólares de publicidade.

MARKETING DE CONTEÚDO *VERSUS* MARKETING DE MÍDIA SOCIAL: QUAL É A DIFERENÇA?

Toby Murdock, CEO da KaPost

Quando me reúno com marcas e agências, ainda me deparo com pessoas sem qualquer familiaridade com a expressão "marketing de conteúdo". E quando começo a explicá-la, elas sempre respondem, "Ah, conteúdo de publicação de marcas? Você quer dizer marketing de mídia social?".

De fato, o marketing de conteúdo envolve fortemente a mídia social. E, naturalmente, nas mídias sociais, os profissionais de marketing usam o conteúdo para esclarecer suas mensagens. Mas embora haja muita sobreposição entre marketing de conteúdo e marketing de mídia social, estes são na realidade duas entidades distintas, com diferentes pontos focais, objetivos e processos. Para ajudar a esclarecer a confusão, vamos analisar as principais formas pelas quais eles diferem.

CENTRO DE GRAVIDADE

No marketing de mídia social, o centro de gravidade – o foco da atividade de marketing – está localizado dentro das próprias redes sociais. Quando os profissionais de marketing operam campanhas de mídia social, eles o fazem dentro do Facebook, Twitter, Google+ e assim por diante. À medida que produzem conteúdo, eles o colocam dentro dessas redes.

Em contraste, o centro de gravidade para o marketing de conteúdo é um *site* de marca (sua plataforma final; ver Capítulo 19 para mais detalhes), quer se trate de um endereço na *Web* da marca, como em AmericanExpress.com, ou um *microsite* para um produto específico de uma marca, como o Fórum Aberto da Amex. As redes sociais são vitais para o sucesso dos esforços de marketing de conteúdo, mas neste caso, o Facebook, Twitter e Google+ são utilizados principalmente como distribuidores de links de volta para o conteúdo no *site* da marca, não como recipientes do conteúdo em si.

TIPOS DE CONTEÚDO

No marketing de mídia social o conteúdo é construído para se encaixar no contexto da plataforma social escolhida: mensagens curtas em até 140 caracteres para o Twitter; concursos, questionários e jogos para o Facebook; e assim por diante. **Com este tipo de marketing, as marcas modelam o seu comportamento conforme o dos indivíduos que usam as redes sociais.**

Por outro lado, no marketing de conteúdo, o contexto dos *sites* permite formas muito mais longas de conteúdo. As marcas podem publicar *posts* em *blogs*, vídeos, infográficos e *e-books*, somente para citar alguns formatos. **Com este tipo de marketing, as marcas modelam o seu comportamento como o dos editores de mídia.**

OBJETIVOS

Embora tanto o marketing de mídia social quanto o marketing de conteúdo possam ser utilizados para uma infinidade de propósitos, o marketing de mídia social geralmente costuma focar em dois objetivos principais. Em primeiro lugar, ele é utilizado para aumentar a consciência de marca: gerando atividade e discussão em torno da marca. Em segundo lugar, ele é utilizado para retenção e satisfação do cliente: as marcas podem utilizar os canais sociais como fórum aberto para diálogo direto com os clientes, muitas vezes em torno de problemas ou perguntas que os consumidores têm.

Em contraste, o centro de gravidade baseado no *site* do marketing de conteúdo permite que ele se concentre mais na geração de demanda (ou *lead**). Como o conteúdo de qualidade traz clientes prospectivos para o *site* da marca, esta marca pode desenvolver um relacionamento com os prospectivos e nutri-los no sentido de se converterem em *leads* ou comprarem.

EVOLUÇÃO DO MARKETING *ON-LINE*

Precisamos pensar menos no marketing de mídia social e no marketing de conteúdo como duas opções isoladas e mais como partes inter-relacionadas da evolução contínua do marketing. A Internet desencadeou a capacidade revolucionária de cada marca se comunicar diretamente com seus clientes – sem a necessidade de intermediação de um setor de mídia.

O marketing de mídia social é o primeiro passo natural neste processo: o acesso aos usuários é direto (os usuários passam muito tempo

* Nota do tradutor (NT) – O *lead* é uma espécie de contato qualificado da empresa, ou seja, alguém que entrou em contato porque está interessado em algum produto ou serviço. Ainda não é um cliente, mas pode vir a ser.

em redes sociais) e o conteúdo é geralmente formatado em pedaços mais curtos, o que torna o processo de publicação relativamente fácil.

Mas à medida que as marcas ficam mais familiarizadas com o seu novo papel como editoras, a progressão natural é se mover na direção do marketing de conteúdo. Sim, o desafio aqui é maior: no marketing de conteúdo as marcas precisam produzir conteúdo mais longo e de maior qualidade e gerar um público em seus próprios *sites* - elas devem se tornar verdadeiros editores de mídia. Mas as recompensas e resultados são indiscutivelmente mais poderosos. As marcas conseguem se envolver mais profundamente com os seus clientes através de esforços de marketing de conteúdo. E por dirigir os consumidores para seu próprio *site*, a marca tem uma oportunidade maior de obter *leads* e trazê-los para o funil de conversão.

Como somos todos pioneiros nesta nova estratégia de marketing de conteúdo, uma definição compartilhada do que fazemos em relação às abordagens de marketing de mídia social é de valor inestimável.

O NOVO MUNDO DO MARKETING DE CONTEÚDO

Vamos mais uma vez dar uma olhada na primeira definição de marketing de conteúdo, mas desta vez retirando o **"valioso e convincente"**.

> O marketing de conteúdo é o processo de marketing e de negócios para a criação e distribuição de conteúdo para atrair, conquistar e envolver um público-alvo claramente definido e compreendido - com o objetivo de gerar uma ação lucrativa do cliente.

Esta é a diferença entre o marketing de conteúdo e o outro lixo informativo que você recebe de empresas tentando lhe vender suas "coisas". As empresas enviam informações o tempo todo; só que na maior parte das vezes o lixo informativo não é muito atraente ou útil (pense em *spam*). Isto é o que torna o marketing de conteúdo tão intrigante no ambiente atual de milhares de mensagens de marketing por pessoa por dia. **Um bom marketing de conteúdo faz a pessoa parar, ler, pensar e se comportar de forma diferente.**

A DIFERENÇA ENTRE CONTEÚDO E MARKETING DE CONTEÚDO

Não passa um dia sequer sem que algum profissional de marketing em algum lugar no mundo esteja tentando entender isso. Aqui está a resposta.

Alguns especialistas dizem que o conteúdo é qualquer palavra, imagem ou *pixel* que pode estar envolvido com outro ser humano. No contexto deste livro, o conteúdo é **conteúdo atraente que informa, envolve ou diverte.**

O que torna o marketing de conteúdo diferente do conteúdo simples é que o marketing de conteúdo precisa fazer algo para a empresa. Ele deve informar, envolver ou divertir com **o objetivo de gerar uma ação lucrativa do cliente.**

Seu conteúdo pode informar ou envolver, mas se não estiver realizando os objetivos da empresa (por exemplo, retenção de clientes ou geração de *leads*), não é marketing de conteúdo. O conteúdo que você cria deve funcionar diretamente para atrair e/ou reter clientes de alguma maneira.

MARKETING DE CONTEÚDO É O FUTURO

De acordo com o Roper Public Affairs, 80% dos compradores preferem obter informações sobre a empresa em uma série de artigos ao invés de em um anúncio publicitário. Um total de 70% diz que o marketing de conteúdo faz com que eles se sintam mais próximos da empresa patrocinadora, e 60% dizem que o conteúdo da empresa os ajuda a tomar decisões melhores sobre produtos. Pense nisso: e se os seus clientes esperassem com interesse receber o seu marketing? Como seria se, ao recebê-lo via impresso, *e-mail, site,* mídia social ou dispositivo móvel, eles passassem 15, 20 ou 45 min com o material? E se você realmente vendesse mais fazendo menos marketing de seus produtos e serviços?

Sim, você realmente pode criar um marketing que seja aguardado com interesse e que realmente faça uma conexão! Você pode desenvolver e elaborar mensagens de "vendas" que sejam necessárias, até mesmo solicitadas, para seus clientes. O marketing de conteúdo é algo muito diferente do marketing de interrupção com o qual somos bombardeados a cada minuto de cada dia. O marketing de conteúdo é o marketing para o presente e para o futuro.

PENSAMENTOS ÉPICOS

- Conteúdo é apenas... conteúdo, a menos que esteja gerando mudança de comportamento em seus clientes atuais e futuros. Nesse caso, ele passa a ser chamado de "marketing de conteúdo."
- O seu marketing precisa ser aguardado, amado e querido. Este é o mundo novo em que vivemos hoje.
- A sua estratégia de marketing de conteúdo vem antes de sua estratégia de mídia social – **ontem**, **hoje** e **sempre**.

RECURSOS ÉPICOS

- Google Trends, busca de "marketing de conteúdo", http://www.google.com/trends/explore#q=%22content%20marketing%22.
- *Footloose – Ritmo Louco* (1984), estrelando John Lithgow e Kevin Bacon.
- Robert Rose e Joe Pulizzi, *Managing Content* Marketing, Cleveland: CMI Books, 2011.
- Roper Public Affairs & Corporate Communications, *Consumers' Attitude Toward Custom Content*, março de 2011, http://www.ascendintegratedmedia.com/sites/default/files/research/63402297-Consumers-Attitude-Towards-Custom-Content-2011.pdf.

CAPÍTULO 2

A História do Marketing de Conteúdo

"A história será gentil comigo, pois eu pretendo escrevê-la."

WINSTON CHURCHILL

A HISTÓRIA DE JOHN

Era uma vez um ferreiro em dificuldades chamado John. John era jovem e estava quebrado e com a necessidade desesperada de sustentar sua jovem família em Vermont. Em 1836, John tomou a difícil decisão de deixar sua família, com um total de US$73 no bolso, para seguir caminho para o oeste na esperança de encontrar fortuna... ou pelo menos um emprego.

Após duas semanas de viagem, John decidiu se estabelecer em Grand Detour, no Estado de Illinois. Foi ali que fundou seu pequeno negócio de ferreiro.

Dia após dia, John ouvia histórias de fazendeiros do nordeste que tinham dificuldade para empurrar seus arados sobre o solo pegajoso de Illinois. Enquanto seus arados de ferro costumavam deslizar facilmente pelo sedimento da Nova Inglaterra, a terra do Meio Oeste parecia um grande desafio. Os fazendeiros ficavam frustrados, tendo que limpar a lama dos arados de ferro a cada novo trecho.

John acreditava que se pudesse moldar a parte externa do arado em aço, a lama e a sujeira não grudariam. Então, em 1837, John fabricou o primeiro arado polido usando uma lâmina de serra quebrada.

Com o passar dos dias e meses, John trabalhava com os fazendeiros e ouvia seus problemas; ele continuaria a aperfeiçoar o arado por muitos anos. John viria a se tornar um dos **maiores inventores e homens de negócio de seu tempo**.

Aquele homem era **John Deere**.

O MARKETING DE CONTEÚDO NO SÉCULO XIX

Embora John Deere tivesse falecido em 1886. Seus valores de ouvir e ensinar permanecem vivos na empresa que construiu. A Deere & Company, sem dúvida a empresa agrícola mais famosa do mundo, lançou, criou e distribuiu a revista *The Furrow* em 1895 (ver Figura 2.1). Deere aproveitou *The Furrow* não para vender diretamente os equipamentos John Deere (como um catálogo faria), mas para ensinar aos fazendeiros as novas tecnologias e como eles poderiam ser empresários e fazendeiros de maior sucesso (portanto, **marketing de conteúdo**).

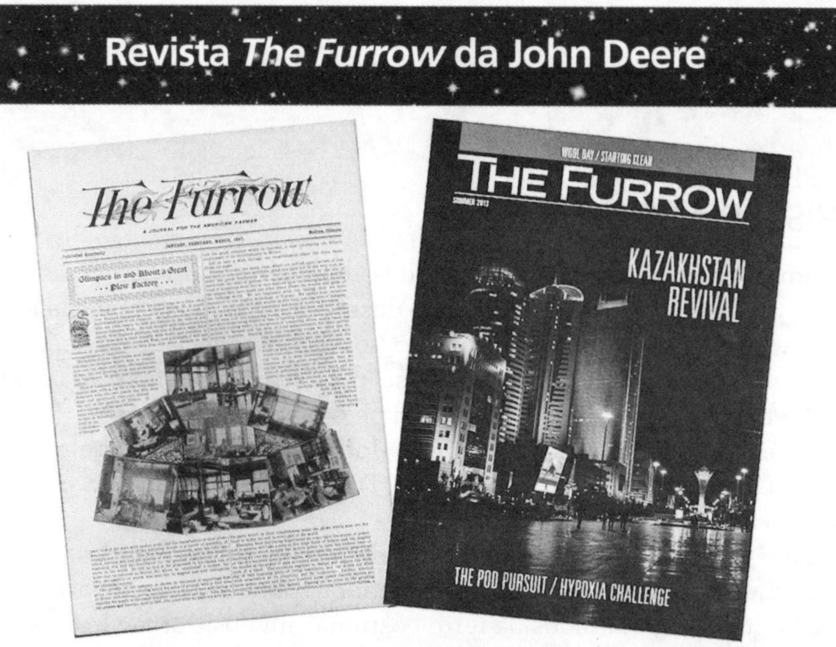

Fonte: John Deere

Figura 2.1 ***The Furrow*** **da John Deere & Company é agora a maior revista em circulação para fazendeiros no mundo.**

Desde o início, *The Furrow* não vinha repleta de mensagens promocionais e de conteúdo em benefício próprio. Ela foi desenvolvida por jornalistas ponderados, contadores de histórias e *designers*, e cobria assuntos de grande interesse para os fazendeiros. O objetivo do conteúdo era ajudar os fazendeiros a se tornar mais prósperos e, naturalmente, mais lucrativos.

Agora, 120 anos depois, *The Furrow* ainda continua forte. Ela é a maior revista de agricultura em circulação no mundo, entregue mensalmente para mais de 1,5 milhão de fazendeiros, em 12 idiomas, para 40 países diferentes.

John Deere frequentemente recebe o crédito por ter sido o primeiro a aproveitar o marketing de conteúdo como parte de um processo empresarial de longo prazo.

UM PASSADO GLORIOSO

E a John Deere foi apenas o começo:

- **1900: Michelin desenvolve** *O Guia Michelin*. Este guia de 400 páginas, agora com sua icônica capa vermelha, ajuda os motoristas a manter seus carros e a encontrar alojamento decente. Em sua primeira edição, 35.000 exemplares foram distribuídos de graça.
- **1904: o livro de receitas da Jell-O compensa.** A Jell-O distribui cópias grátis de um livro de receitas que contribui para suas vendas de mais de US$ 1 milhão em 1906.
- **1913: Burns & McDonnell Engineering lança *BenchMark*.** Esta empresa de consultoria e engenharia de Kansas City ainda produz até hoje a sua revista premiada, *BenchMark* (ver Figura 2.2).
- **1922: A Sears lança o programa de rádio A Maior Loja do Mundo.** A estação ajudou a manter os fazendeiros informados durante a crise de deflação com conteúdo fornecido pela Fundação Sears's Roebuck Agricultural.
- **1930: A Procter & Gamble (P&G) começa a sua incursão em novelas de rádio.** Essa iniciativa extremamente bem-sucedida, apresentando marcas como os detergentes Duz e Oxydol, marcou o início da novela**.

* Nota do tradutor (NT) – A "novela" chama-se "*soap opera*" em inglês ("ópera do sabão", em tradução literal), exatamente por causa desse patrocínio.

COMPREENSÃO DA HISTÓRIA

Conforme mencionado no Capítulo 1, o marketing de conteúdo, como setor de atividade, está decolando, mas é importante perceber o que as marcas têm feito. As marcas vêm contando histórias ao longo de séculos. Esta iniciativa começou quando elas tinham apenas alguns poucos canais, e continua até hoje, mesmo com elas podendo escolher dentre literalmente centenas de canais de mídia para o marketing.

Contar uma **história de qualidade** para a pessoa certa no momento certo é algo que sempre se destaca na multidão. Haverá um novo canal amanhã, e outro no dia seguinte. É fácil ser seduzido pelo novo. Como profissionais inteligentes de marketing de conteúdo, precisamos ter em mente que os canais vão e vêm, mas as boas histórias (e o contar histórias) duram para sempre.

100 Anos da revista *Benchmark*

Fonte: Burns & McDonnell

Figura 2.2 **A empresa de engenharia Burns & McDonnell vem publicando sua revista para clientes há mais de 100 anos.**

PENSAMENTOS ÉPICOS

- O marketing de conteúdo não é novo. As marcas vêm contando histórias épicas há séculos. A diferença? É mais fundamental do que nunca fazer isso direito.
- A revista *The Furrow* é a maior revista em circulação para fazendeiros no mundo. Você poderia ser o principal fornecedor de informações para seus clientes?

RECURSOS ÉPICOS

- Deere & Company, *The History of John Deere*, consultado em 6 de abril de 2013, http://www.deere.com/wps/dcom/en_US/corporate/our_company/about_us/history/history.page.
- *The Furrow*, consultado em 6 de abril de 2013, http://www.deere.com/wps/dcom/en_US/industry/agriculture/our_offerings/furrow/furrow.page.
- Rex Hammock, *The History of Media: Brands Have Been Publishers Since the 19th Century, RexBlog.com*, 19 de maio de 2011, http://www.rexblog.com/2011/05/19/23189.
- Joe Pulizzi, *The History of Content Marketing* (Infográfico), ContentMarketingInstitute.com, 22 de fevereiro de 2012, http://contentmarketinginstitute.com/2012/02/history-content-marketing-infographic/

CAPÍTULO 3

Por Que Marketing de Conteúdo?

"Não é incomum que gestores da alta administração de grandes organizações estejam tão fora de contato com a realidade do cliente ou da produção que simplesmente não sabem o quanto alguns de seus processos empresarias estão quebrados."

MICHAEL HAMMER E JAMES CHAMPY
REENGENHARIA - REVOLUCIONANDO A EMPRESA

Quando tem uma pergunta ou um problema, onde você vai procurar uma resposta? Mais provavelmente em um mecanismo de busca como o Google.

Quando você está navegando em seu *site* favorito de rede social, o que você costuma compartilhar? Talvez histórias interessantes ou imagens inteligentes?

Ao fazer exercícios na academia, você, provavelmente, ouve *podcasts* interessantes ou o audiolivro de negócios mais recente?

Quando você faz pesquisa para reservar um quarto de hotel ou talvez comprar algum novo *software* de negócios, o que você procura? Talvez depoimentos ou classificações do hotel? Talvez um relatório de pesquisa ou de comparação para o *software*?

Em cada caso é o conteúdo que resolve os nossos problemas, nos faz rir ou nos dá a ideia para a próxima jornada. Jon Wuebben, autor de *Content Is Currency*, afirma que "através do conteúdo, você se conecta. O conteúdo é a moeda que alimenta a conexão. Ele fala para nós, nos faz querer compartilhá-lo, e motiva as pessoas a comprar."

Em resumo, todos aqueles maravilhosos canais de mídia social que temos hoje são inúteis sem conteúdo épico.

LÁ E DE VOLTA OUTRA VEZ

Em 2008, eu fiz uma parceria com Newt Barrett para escrever *Get Content Get Customers* (McGraw-Hill). Dois parágrafos no início do livro ainda são relevantes, passados cinco anos agora:

> As organizações de marketing estão agora percebendo que podem criar conteúdo cuja qualidade é igual ou superior ao daquele que muitas empresas de mídia produzem. Além disso, elas estão vendo que podem entregar benefícios concretos para clientes atuais e futuros ofertando conteúdo relevante que ajuda a produzir soluções para alguns dos problemas mais difíceis que seus potenciais compradores enfrentam.
>
> Ao entregar conteúdo vital e relevante para seu mercado-alvo, você começará a assumir um papel importante na vida de seus clientes. Isto se aplica às suas comunicações *on-line*, impressas e pessoalmente. E este é o mesmo papel que jornais, revistas, televisão, rádio, conferências, *workshops* e *sites* da *Web* desempenharam no passado. Agora é o momento de sua organização desempenhar este papel.

DESTACANDO-SE NA MULTIDÃO

Hoje nós temos a mesma oportunidade que tínhamos cinco anos atrás, mas os riscos são maiores. Yankelovich, uma empresa de pesquisa de marketing, afirma que os consumidores, outrora expostos a 500 mensagens de marketing por dia na década de 1970, hoje são bombardeados por 5.000 ou mais.

Mas os consumidores não estão deixando de prestar atenção – eles estão ficando altamente seletivos. De acordo com a pesquisa *Momento Zero da Verdade* do Google, em 2010 o consumidor médio se envolvia com 5 itens de conteúdo antes de tomar uma decisão de compra. Em 2011, este número dobrou para mais de 10.

O Google projeta que este número continuará aumentando à medida que os consumidores se envolverem ainda mais com a mídia. Certamente que irão. De acordo com a comScore, em novembro de 2012 a penetração dos *smartphones* ultrapassou a marca de 50% nos Estados Unidos da América (EUA) e grande parte da Europa. Isto significa que a maioria das pessoas tem ferramentas de coleta de conteúdo o tempo todo com elas.

E vamos encarar os fatos: nós temos um problema de relacionamento com nossos celulares. De acordo com um estudo de 2012 da revista *Time* com 5.000 proprietários internacionais de telefone celular ou *smartphone*:

- 84% disseram que não conseguem passar um dia sequer sem seus telefones celulares.
- 50% dos norte-americanos dormem com seus telefones próximos a eles, incluindo 80% das pessoas de 18 a 24 anos de idade.
- 20% verificam seu telefone a cada 10 min.

E de acordo com a Pew Internet Survey de 2012, mais de 50% dos proprietários de telefones celulares se envolvem em conteúdo em seus telefones celulares **enquanto** assistem a conteúdo de vídeo ou televisão. Isto significa que mesmo quando seus clientes estão sendo inundados por conteúdo durante 24 h por dia, 7 dias por semana, **eles podem deixar entrar mensagens que eles querem e necessitam.**

A DEFESA DO MARKETING DE CONTEÚDO

Não passa nem um dia sem que eu receba a pergunta de alguém querendo saber por que o marketing de conteúdo está decolando desta forma.

→ Quanto tempo vai durar o marketing de conteúdo?
→ O marketing de conteúdo é um modismo?
→ Quando a festa vai acabar?

UM PERÍODO DE CORREÇÃO

Se você acompanha o mercado de ações então entende o que é uma correção. Tecnicamente, uma correção no mercado de ações acontece quando as ações (como um todo) caem pelo menos 10% ao longo de um período de tempo relativamente curto, geralmente após uma boa subida nas cotações (chamado de "mercado de touro").

Ao longo dos últimos 50 anos, temos visto (durante a maior parte do tempo) um mercado de touro na mídia paga. A maioria dos programas de marketing girou em torno de algum tipo de mídia paga. Mesmo hoje, muitas campanhas de marketing no lado do consumidor centram no anúncio de 30 s. Caramba, a CBS recebeu aproximadamente US$ 4 milhões para cada anúncio no *Super Bowl*** em 2013. Nada mal, se você pudesse receber essa remuneração.

* Nota do tradutor (NT) – Final do campeonato de futebol norte-americano, um dos programas de maior audiência nos EUA.

Quando trabalhava na Penton Media no início dos anos 2000, tive a oportunidade de discutir orçamentos de marketing com alguns executivos de marketing que operam com transações entre empresas (*business-to-business* – B2B). Havia muito investimento em feiras setoriais, publicidade impressa e patrocínios. O dinheiro restante ia para relações públicas. Os centavos no chão iam para a mídia proprietária (marketing de conteúdo).

Estava claro naquela época, e é ainda mais evidente hoje, que a maioria das marcas estava (e está) com peso excessivo em mídia paga e com peso insuficiente em mídia proprietária. O movimento (faça disso a **revolução**) do marketing de conteúdo é uma correção necessária no mercado.

Mesmo com a ascensão do marketing de conteúdo (ver Figura 3.1), a maior parte dos orçamentos de marketing ainda fica fora da criação e distribuição de conteúdo.

RAZÕES PARA A MUDANÇA

Há muitas razões para esta correção. Aqui estão algumas para reflexão.

Não há barreiras tecnológicas. No passado, o processo de publicação era complexo e dispendioso. Tradicionalmente, as empresas de mídia gastavam centenas de milhares de dólares em sistemas complexos de gerenciamento e produção de conteúdo. Hoje, qualquer pessoa pode publicar de graça *on-line* em cinco minutos (segundos?) ou menos.

Figura 3.1 Os orçamentos de marketing de conteúdo continuam a aumentar. Agora, um em cada três dólares em marketing é gasto em criação e distribuição de conteúdo.

Disponibilidade de talento. Os jornalistas não têm mais receio de trabalhar para empresas que não são de mídia. Em 2012, o CMI realizou um *workshop* para 13 empresas de tecnologia. Cada uma delas tinha uma posição aberta para um jornalista interno, editor-chefe ou diretor de marketing de conteúdo. Hoje, essas posições estão sendo preenchidas por jornalistas que têm saído da mídia tradicional. Esta tendência está apenas começando.

Aceitação do conteúdo. Você não precisa ser o *The Wall Street Journal* para ter conteúdo interessante que seja compartilhado. Os consumidores tomam uma decisão na hora sobre o que é ou não confiável. De acordo com um estudo da Edelman de 2012, os jovens da geração do milênio, agora com idades entre 19 e 34 anos, na verdade esperam que as marcas desenvolvam conteúdo para eles, com 80% querendo ser diretamente entretidos através de marketing de conteúdo.

Além disso, Sally Hogshead, autora do livro *Fascinação*, diz que uma empresa tem menos de **nove segundos** para atrair a atenção dos seus clientes. Isto vale tanto para empresas de mídia como para empresas que não são de mídia. Conteúdos úteis e atraentes se destacam na multidão. Todo o resto é ignorado, pulado ou desconsiderado.

Mídia social. A mídia social não funcionará para a maioria das marcas sem a criação e distribuição de informações valiosas, consistentes e atraentes. Se as marcas querem ter sucesso na mídia social, então elas precisam contar histórias interessantes, De acordo com o estudo CMI/MarketingProfs Content Marketing Benchmarks de 2013, quase 90% das empresas aproveitam as mídias sociais para se comunicar com os clientes. Este tipo de penetração significa que mais organizações estão tentando descobrir que tipo de conteúdo colocar nesses canais de mídia social.

Google. As mais recentes atualizações do algoritmo principal do Google (a forma como o Google determina as classificações em seu mecanismo de busca), Penguin e Panda, mostram que a empresa está pondo cada vez mais importância no compartilhamento de conteúdo. Daquilo que o Google está nos dizendo, o compartilhamento de conteúdo a partir de fontes confiáveis é fundamental para ser encontrado na busca de palavras e expressões. Portanto, se você quiser ser encontrado nos mecanismos de busca de hoje em dia, é quase impossível tirar vantagem das regras do sistema (às vezes chamado de "mecanismos de busca otimizado chapéu preto") sem uma estratégia sólida de marketing de conteúdo.

Não me entenda errado. Eu não sou um inimigo do marketing tradicional. Eu acredito que um programa integrado de mídia paga, espontânea e proprietária funciona melhor. Mas, na verdade, a maioria de nós ainda coloca um peso excessivo na mídia paga. Até que vejamos recursos mais substanciais mudando para o lado da mídia proprietária, a correção continuará.

SUA RESPONSABILIDADE DE CONTEÚDO

As empresas de mídia muitas vezes afirmam que seu conteúdo é diferente porque assumem uma postura imparcial na criação dele. Quando isto surge, eu geralmente trago o caso de organizações de mídia como a MSNBC (liberal) e a Fox News (conservadora). Toda empresa, independentemente do que vende, tem um viés inerente, para uma direção ou outra, seja este viés conhecido ou não pela organização.

Isso significa que veremos empresas que não são de mídia cobrindo notícias do setor? Acredito que sim. Na verdade, isto já acontece. A Adobe, uma das maiores empresas de *software* e análise do mundo, gerencia um *site* chamado CMO.com (ver Figura 3.2). O CMO.com é uma fonte de notícias diárias para executivos de marketing, abordando temas que vão desde mídia social até liderança de marketing. Muitas vezes, o *site* cobre notícias sobre o setor e inclui entrevistas com os principais diretores executivos de marketing, além de reportagens atuais, embora não seja uma fonte "imparcial."

Tim Moran, editor-chefe da CMO.com da Adobe, acredita que o CMO.com preenche uma necessidade importante tanto para a Adobe quanto para a comunidade de marketing. "Sim, o CMO.com é uma iniciativa de marketing para a Adobe, mas é muito mais do que isso", afirma Tim. "Acreditamos que a Adobe deve ter uma voz forte no setor e que é nossa responsabilidade cobrir o mercado, fornecendo conteúdo útil e relevante para nossos clientes atuais e futuros. Quanto mais nossos leitores conhecerem e entenderem, melhor para eles e para a Adobe", finalizou Tim Moran.

E Tim sabe o valor do conteúdo útil, pois trabalhou como editor para grandes empresas de mídia, como a United Business Media e a CMP por mais de 20 anos. Tim acredita que, desde que a Adobe seja transparente no conteúdo produzido por ela, seus clientes, prospectivos e leitores tenderão a reconhecer o valor daquilo que a empresa está oferecendo.

Para empresas como a Adobe e a John Deere, o marketing de conteúdo não é apenas uma coisa legal de se ter, mas uma parte integrante da cultura e da estratégia de comunicação da organização. O marketing de conteúdo é parte de como elas vão para o mercado.

Fonte: CMO.com

Figura 3.2 **CMO.com é a plataforma de conteúdo da Adobe, direcionada aos executivos sênior de marketing , com histórias diárias sobre marketing digital.**

A MÍDIA TRADICIONAL TEM UM PROBLEMA DE FINANCIAMENTO?

No início de 2013, o IAB (Interactive Advertising Bureau) realizou um evento de um dia sobre a situação do setor de mídia no que se refere ao marketing de conteúdo. Durante o evento, um editor se levantou e anunciou: "Nós simplesmente não temos os recursos que nossos anunciantes possuem. Não podemos contratar jornalistas de qualidade e fazer a quantidade de pesquisa necessária para o montante de financiamento (publicidade) que dispomos. Mas pelo menos todos os meus amigos jornalistas que foram demitidos por questões orçamentárias estão encontrando abrigo nas marcas."

De acordo com a *Advertising Age*, a P&G (Procter & Gamble) foi a empresa que mais investiu em publicidade em 2011 com um montante de US$5 bilhões. Apenas para comparação, os veículos de comunicação da empresa New York Times, que incluem o *New York Times* e o *Boston Globe*, obtiveram US$2 bilhões em receita total em 2012. Isto significa que a P&G, sozinha, gastou duas vezes e meia mais em publicidade (apenas publicidade!) do que o *The New York Times* fatura em um ano. Apenas para reforçar o argumento, em fevereiro de 2013 a Apple tinha US$137 bilhões em dinheiro depositado no banco. A Apple poderia comprar o *The New York Times* e ainda teria dinheiro suficiente para fazer, bem..., praticamente o que quisesse.

Tom Foremski, um repórter de tecnologia da ZDNet, acredita que o marketing de conteúdo (mídia corporativa) poderia ser a resposta para os problemas de financiamento do jornalismo real. Foremski sustenta que interesses especiais têm tanto dinheiro e são tão influentes que os guardiões tradicionalmente envolvidos nos meios de comunicação e na criação de jornalismo "real" já se foram.

Em especial, o Foremski destaca a recente tentativa de aquisição da Fairfax Media da Austrália. "Dê uma olhada na Austrália, onde a magnata multibilionária da mineração, Gina Rinehart, vem tentando adquirir a Fairfax Media, editora dos principias jornais, em uma tentativa de combater as forças contrárias à mineração. Veremos mais disso na medida em que os jornais e outras mídias tradicionais continuam a enfraquecer", enfatiza Foremski.

Simon Sproule, chefe de marketing global da Nissan, vem construindo sua equipe de marketing de conteúdo durante anos, trabalhando para posicionar a Nissan como provedora confiável de informações para seus clientes atuais e futuros. Ao mesmo tempo, ele está hesitante em investir na mídia paga. "Eu não acredito que as organizações tradicionais de notícias conseguirão sobreviver à transição para os novos modelos de negócios", diz ele. "Por que eu deveria investir grandes quantias de dinheiro ao longo dos próximos anos em uma empresa falida?."

A questão é a seguinte: os meios de comunicação tradicionais, onde os consumidores costumavam obter a maioria de suas informações, simplesmente não têm os recursos que as empresas que não são de mídia possuem para competir em longo prazo. O mesmo vale para as empresas menores, que querem competir com seus *blogs* de nicho, e seguindo todo o espectro até as SAPs e Oracles do mundo. Marcas como a Nissan estão decididamente embarcando nesta oportunidade.

CAÇANDO UM PÚBLICO

Espero que você não esteja pensando que o setor editorial está morto. Longe disso; na verdade, o setor editorial nunca esteve mais forte. O que está morrendo é o modelo de negócio de conteúdo mantido por anúncios. Isto deixa uma oportunidade para você - se, e somente se, você colocar em andamento os processos para contar histórias úteis e valiosas para seus clientes atuais e futuros.

Os editores de marcas (empresas não de mídia, como a Intel, DuPont ou a empresa local de aquecimento e ar condicionado) e as empresas de mídia têm, na verdade, o mesmo objetivo. Este objetivo é o de atrair um público que goste tanto do conteúdo que decide fazer a assinatura do *site*. Isto, por sua vez, leva a encontrar maneiras de monetizar este público.

Os editores de marca têm o desafio de tentar ser encontrado nos mecanismos de busca, gerar *leads* e entender as mídias sociais. No centro do fazer com que tudo isso aconteça está o contar histórias. Trata-se de criar histórias úteis, valiosas e atraentes sobre as marcas que as posicionem como especialistas confiáveis em seus campos de atuação. Este conteúdo, caso seja bom, converterá os leitores casuais de passagem em leitores fiéis. Já esses leitores fiéis, por sua vez, poderão então ser convertidos em clientes leais.

As empresas de mídia tentam fazer a mesma coisa - **exatamente a mesma coisa.** A única diferença é como o dinheiro é gerado a partir do conteúdo (mais sobre isso no próximo capítulo).

Robert Rose, autor junto comigo de *Managing Content Marketing*, afirma que "para ter sucesso hoje em dia, precisamos usar o conteúdo para envolver continuamente o nosso público - desde a primeira vez que os encontramos, continuando ao longo de todo o ciclo de vida do cliente. Em suma, o trabalho do marketing não é mais o de gerar clientes, é o de (parafraseando Peter Drucker) gerar **assinantes apaixonados** por nossa marca."

Um tema subjacente ao longo deste livro é sobre **atrair** e **reter o público**. Uma vez tendo gerado um público, é aí que a mágica acontece. É quando os profissionais de marketing veem retorno de longo prazo. Marketing de conteúdo sem um público fiel, não é marketing de conteúdo. O seu conteúdo não pode realizar muito sem um público envolvido. E embora este livro apresente algumas reflexões sobre como as empresas de mídia estão competindo com você pelo mesmo público, elas podem ser parceiros eficientes para ajudá-lo a aumentar e manter seu público.

PENSAMENTOS ÉPICOS

- Os seus clientes estão expostos a mais de 5.000 mensagens de marketing por dia. As suas mensagens estão se destacando na multidão e causando impacto?

- No passado, entrar no negócio de criação e distribuição de conteúdo era algo cheio de todo tipo de barreiras. Hoje, todas as barreiras à entrada se foram... abrindo o caminho para você (se você quiser).
- O futuro da mídia não é a mídia; são as marcas como a sua. Goste ou não, os seus concorrentes estão começando a acordar para este fato.

RECURSOS ÉPICOS

- Jon Wuebben, *Content Is Currency*, Nicholas Brealey Publishing, 2012.
- Joe Pulizzi e Newt Barrett, *Get Content Get Customers*, McGraw-Hill, 2009.
- Google, *Momento Zero da Verdade*, http://www.zeromomentoftruth.com/.
- Jason Gilbert, *Smartphone Addiction: Staggering Percentage of Humans Couldn't Go a Day without Their Phone*, *Huffington Post*, 16 de Agosto de 2012, http://www.huffingtonpost.com/2012/08/16/smartphone-addiction-time-survey_n_1791790.html.
- Content Marketing Institute e MarketingProfs, *B2B Content Marketing Benchmarks, Budgets and Trends*, 24 de outubro de 2012, http://contentmarketinginstitute.com/2012/10/2013-b2b-content-marketing-research/
- Sally Hogshead, *Fascinação*, Editora BestSeller, 2015.
- Aaron Smith e Jan Lauren Boyles, *The Rise of the Connected Viewer*, Pew Internet, 17 de julho de 2012, http://www.pewinternet.org/Reports/2012/Connected-viewers.aspx.
- Adobe, CMO.com, consultado em 1º de março de 2013.
- *The Evolving Role of Brands for the Millennial Generation*, Edelman Insights, 4 de dezembro de 2012, http://www.slideshare.net/EdelmanInsights/the-evolving-role-of-brands-for-the-millennial-generation.
- Tom Foremski, *Is the Future of Serious Journalism in the Hands of Corporate Media?*, ZDNet, 5 de novembro de 2012, http://www.zdnet.com/is-the-future-of-serious-journalism-in-the-hands-of-corporate-media-7000006929/.
- *100 Leading National Advertisers 2012 Edition Index*, AdAge.com, 25 de junho de 2012, http://adage.com/article/datacenter-advertising-spending/100-leading-national-advertisers/234882/.
- Douglas A. McIntyre, Ashley C. Allen, Michael A. Sauter, Samuel Weigley e Lisa Uible, *Buy It Now! America's Biggest Advertisers*, *NBCNews.com*, 16 de julho de 2012, http://www.nbcnews.com/business/buy-it-now-americas-biggest-advertisers-887754.
- Daniel Gross, *Apple Has $137 Billion in Cash, Shareholders Aren't Pleased*, *The Daily Beast*, 8 de fevereiro de 2013, http://www.thedailybeast.com/articles/2013/02/08/apple-has-137-billion-in-cash-share-holders-a-ren-t-pleased.html.

CAPÍTULO 4

O Modelo de Negócio do Marketing de Conteúdo

"As pessoas entram em um ritmo que as torna resistentes à mudança. Para entender a mentalidade, tente trocar de mão ao escovar os dentes pela manhã."

GARY GESME, DA DEERE & COMPANY

Surgiram muitos exemplos de marketing de conteúdo ao longo dos anos. Sim, a John Deere vende tratores para fazendeiros, mas a John Deere também é uma editora. A Deere cria e distribui conteúdos na área da agricultura, exatamente como qualquer empresa de mídia. Mas o modelo de negócio por trás é muito diferente dos outros.

MOSTRE-ME O DINHEIRO

Há apenas uma coisa que separa o conteúdo desenvolvido por uma empresa de mídia e o conteúdo desenvolvido por marcas como a Intel, John Deere ou Walmart: **como o dinheiro entra.**

Em uma empresa de mídia, o conteúdo é criado para gerar dinheiro diretamente a partir da criação do conteúdo através da **venda de conteúdo pago** (compra direta de conteúdo, como uma assinatura, por exemplo) ou **vendas de publicidade** (alguém patrocina o conteúdo que é criado, semelhante ao que vemos nos jornais e revistas ou em um comercial do *Super Bowl*).

Para uma empresa que não é de mídia, o conteúdo não é criado para lucrar diretamente com ele, mas para atrair e reter clientes (para vender mais ou para gerar mais oportunidades para vender mais). **O conteúdo serve de apoio para o negócio** (ver Figura 4.1), mas não é o modelo de negócio (significando que as empresas que não são de mídia não são obrigadas a gerar receita diretamente a partir do conteúdo em si).

Em todos os outros aspectos, as atividades de criação de conteúdo em ambos os tipos de empresas são geralmente as mesmas. Isto é importante entender. As marcas que não são de mídia competem com a mídia tradicional pela atenção e retenção, exatamente como você compete com os concorrentes normais em seu campo de atividade.

Fonte: Content Marketing Institute/MarketingProfs

Figura 4.1 As organizações podem aproveitar o marketing de conteúdo para realizar uma série de objetivos (metas) de marketing e de negócios.

O MODELO DE NEGÓCIO DE MÍDIA BÁSICO

Nossa empresa, CMI, lucra diretamente a partir da produção de conteúdo. Embora nos posicionemos como uma **organização de educação e treinamento**, nós utilizamos um modelo de negócio de mídia.

- **Conteúdo diário na *Web*.** Nós desenvolvemos guias sobre como fazer, *posts* educacionais sobre marketing de conteúdo *on-line* todos os dias (mesmo nos fins de semana). O conteúdo neste *site* é monetizado através de publicidade direta e patrocínio de empresas como a Salesforce.com e a PR Newswire. Isto é semelhante a qualquer empresa de mídia, como a Mashable.com, *Huffington Post, Fast Company*, ou os principais editores de publicações específicas em qualquer setor de atividade.
- **Seminários mensais via *Web* (*webinars*).** O CMI cria *webinars* educacionais de uma hora de duração sobre temas como automação de marketing e curadoria de conteúdo. Cada webinar que produzimos é patrocinado (pago) por outra empresa.
- **Eventos ao vivo.** O CMI produz *workshops* pagos (de um dia inteiro) ou grandes eventos internacionais como o Content Marketing World, nosso evento anual em Cleveland, no Estado de Ohio. Nesses casos, produzimos conteúdo ao vivo que os participantes pagam para ter acesso (conteúdo pago) e que os patrocinadores apoiam para interagir com seus clientes em potencial (os participantes).
- **Publicidade impressa.** A revista *Chief Content Officer* é a publicação oficial do CMI e é distribuída para mais de 20.000 executivos de marketing na América do Norte e em todo o mundo. Cada edição trimestral tem o apoio de alguns patrocinadores que pagam para ter acesso à nossa base de assinantes e para ser associado à nossa marca.

Embora o CMI utilize algumas táticas de marketing de conteúdo (que serão discutidas mais adiante), nós somos, em termos de modelo de negócio, uma empresa de mídia.

COMO O CONTEÚDO DA LEGO APÓIA O NEGÓCIO

> "Nas décadas de 1980 e 1990, a LEGO enfrentou uma grande ameaça dos brinquedos de construção concorrentes. Afinal, a própria simplicidade dos blocos de construção da LEGO também os torna muito fáceis de copiar, tanto por imitadores de pequena escala, como por empresas de brinquedo já estabelecidas. A LEGO tentou sem sucesso bloquear a Tyco Toys, Inc. de vender a série Super Blocos depois

que a patente da LEGO expirou em 1983. A empresa sabia que precisava construir uma marca poderosa e desenvolver uma abordagem de marketing integrado para competir contra um conjunto crescente de imitadores de blocos de construção."

CLARE MCDERMOTT, EDITORA-CHEFE,

REVISTA *CHIEF CONTENT OFFICER*, ABRIL DE 2011

A maioria das pessoas não percebe isso, mas a LEGO é um gigante do conteúdo, por vezes assemelhando-se mais a uma empresa de mídia do que a uma empresa de brinquedos. Aqui está um resumo de seu programa de marketing de conteúdo integrado.

MICROSITES

Cada enredo LEGO tem um *microsite* exclusivo com explicações da trama e dos personagens, jogos *on-line*, filmes, enquetes, questionários e, naturalmente, *links* com varejo. Alguns bons exemplos: LEGO *Star Wars* e LEGO Ninjago.

MINISSÉRIES LEGO

Para cada enredo lançado, a LEGO produz um filme no estilo de seriado que é exibido à cabo e, depois, no *site* da LEGO. Mais recentemente, a LEGO lançou a série Chima LEGO com um novo desenho animando através de uma parceria com o Cartoon Network.

LEGO CLICK

A LEGO Click é uma plataforma de comunidade que incentiva os fãs e os fanáticos a compartilharem fotos e vídeos de suas criações LEGO, baixar aplicativos e explorar os temas LEGO através de jogos *on-line* e histórias.

MINHA REDE LEGO

Existe uma rede social LEGO concebida especialmente para crianças (com um elevado nível de segurança e controle dos pais). Os membros podem criar suas próprias páginas pessoais, ganhar prêmios, conhecer outros fãs LEGO e lutar contra eles em módulos de jogos, e assistir à LEGO TV.

REVISTA *LEGO*

A revista *LEGO Club* é customizada pelo mercado local e pela idade. A LEGO originalmente lançou-a como revista *Brick Kicks* em 1987 (ver Figura 4.2).

Fonte: LEGO

Figura 4.2 **A LEGO vem produzindo várias iniciativas de conteúdo desde o lançamento da revista *Brick Kicks* para os fãs da LEGO em 1987.**

ID LEGO

A LEGO pede aos usuários para se inscreverem para receber um ID *on-line* gratuito que lhes permite jogar *videogames* com vários jogadores, contribuir para as galerias LEGO e criar uma página pessoal na rede My LEGO.

LEGOLAND

A LEGO fez uma parceria com o Merlin Entertainments Group para desenvolver parques LEGOLAND em todo o mundo (agora com seis parques completos e vários centros de descoberta).

CLUBE DE REUNIÕES LEGO

A LEGO realiza reuniões para membros do "clube" em todo o mundo, onde meninos e meninas podem imaginar juntos (e geralmente persuadir seus pais a comprar algo no final da reunião).

Acredite ou não, essa é apenas uma parcela das táticas de marketing de conteúdo. Sim, a LEGO tem um produto fantástico. Isto deve vir em primeiro lugar. Mas a empresa tem literalmente dominado a competição por meio de histórias multimídias. Como empresa de brinquedos, ninguém chega perto do que a LEGO tem sido capaz de realizar.

Embora a LEGO gere receitas diretas a partir de seu conteúdo (taxas de licenciamento para LEGOLAND, desenhos animados LEGO, livros e jogos como o LEGO *Lord of the Rings*), a maior parte do conteúdo é criada para servir de apoio ao modelo de negócio (que é vender mais produtos LEGO).

A LEGO nos mostra que, gostemos ou não, hoje todos nós somos empresas de mídia – todos nós temos a oportunidade de nos comunicar diretamente com nosso público. É a forma como escolhemos usar este privilégio que faz toda a diferença.

ELES NUNCA SERÃO TÃO RÁPIDOS OU TÃO FORTES QUANTO VOCÊ

> "Eu vi um agente socar através de uma parede de concreto; homens esvaziando suas armas contra eles e não atingindo nada exceto o ar; no entanto, a sua força e a sua velocidade ainda se baseiam em um mundo construído com base em regras. Por causa disso, eles nunca serão tão fortes ou tão rápidos como você pode ser."
>
> MORPHEUS, NO FILME *MATRIX* (1999)

Matrix é um de meus filmes favoritos de todos os tempos. No filme, o "herói", Neo, descobre que tem a capacidade de derrotar os "inimigos", os Agentes dentro da Matrix, pois não é governado pelas mesmas regras que eles. Ele pode ser mais forte e fazer coisas que o inimigo não consegue, motivo pelo qual acaba vencendo no fim.

O momento decisivo no filme não é quando Neo descobre alguns poderes novos, e sim, quando começa a acreditar em si mesmo.

É preciso fazer o mesmo. Comece então a sua história. Para fazer o *marketing de conteúdo épico* **funcionar para você**, a primeira coisa é entender a verdade: que independentemente de quaisquer barreiras que você "ache" que existam no caminho, é possível que você e sua marca se tornem o recurso informativo procurado por seus clientes atuais e futuros.

RECURSOS LIMITADOS

Não importa o quão apertado você acredite que sejam os seus orçamentos de marketing, **a maioria das empresas de mídia não tem o dinheiro, recursos ou flexibilidade que você tem.** Na última década, a maioria das empresas de mídia cortou inteiramente seus departamentos de pesquisa. Em um recente *e-mail* direto, o empreendedor em série, Jason Calacanis, disse: "Infelizmente os *sites* de notícias que cobrem o nosso espaço estão deficitários e são cuidados por pessoas desesperadas para obter tráfego. Este desespero resulta em conteúdo de baixa qualidade combinado com manchetes estúpidas como isca para *links*, que são um insulto para qualquer pessoa com metade do cérebro."

Jornalistas e contadores de histórias estão passando para o lado das marcas; por exemplo, a General Electric (GE) contratou um editor da *Forbes* para dirigir seu programa GE Experts. As regras do setor de publicações que possibilitaram o ganho de poder por parte das empresas de mídia estão simplesmente desaparecendo.

EM PÉ DE IGUALDADE

O setor de publicações costumava ser bastante exclusivo, altamente intensivo e caro. Já não é mais o caso.

Em fevereiro de 2013, houve uma rixa entre um repórter/analista do *The New York Times* e a Tesla Motors, uma empresa iniciante do setor de automóveis elétricos. Basicamente, o analista do *The New York Times* publicou um comentário negativo com o qual Elon Musk, CEO da Tesla, não concordou. Nesse artigo do *The New Yotk Times* foi dito: "Musk diz que a Tesla perdeu cerca de US$100 milhões em vendas e pedidos cancelados devido à história do *Times*, que disse que o sedã ficou sem bateria mais cedo do que o prometido durante um teste feito no inverno entre Washington, D.C., e Boston."

A Tesla decidiu revidar de uma forma diferente do que era feito no passado, desenvolvendo e distribuindo uma série de *posts* no *site* da empresa. Dan Frommer, fundador do *City Notes* e SplatF, declarou:

> "Até poucos anos atrás, algo assim provavelmente teria exigido encontrar um jornal rival – o *The Wall Street Journal*, talvez – para colaborar em uma resposta a altura (contra-atacar o outro jornal). Ou talvez uma dispendiosa campanha de anúncios de página inteira nos cinco principais jornais, o que teria parecido defensivo e menos convincente. Mas agora que cada empresa inteligente tem um *blog* atualizado regularmente... as marcas podem falar por si próprias de forma bastante eficaz."

Em um artigo repercutindo o caso, a revista *Time* afirmou que "ao se tornar o seu próprio editor, a Tesla reformulou a má publicidade em seus próprios termos. Este poderia ser um modelo para indivíduos injustamente caluniados se defenderem por conta própria – ou para empresas que sofreram um despejo de dados enganosos se livrarem do problema. De qualquer foram, espera-se que as empresas prestem atenção."

UM PÚBLICO, NÃO DOIS

> "Há dois tipos de clientes que existem em nosso mundo e que precisam ser satisfeitos: o público composto de uma pessoa e o anunciante. Sem qualquer um desses dois, nós afundamos antes de deixar o porto."
>
> SAMIR "MR. MAGAZINE" HUSNI

Os editores têm dois públicos: o anunciante e o leitor, Todos os editores dirão que se você satisfizer o leitor, então o anunciante ficará feliz. Mas a verdade é que os anunciantes é que pagam as contas, e muitas vezes os editores fazem o que acreditam ser certo para que o dinheiro entre pela porta.

Pergunte ao *The Atlantic* sobre isso. Como a maioria das empresas de mídia, o *The Atlantic* vende oportunidades de conteúdo patrocinado aos anunciantes (chamados de "informes publicitários"). Em um caso específico em janeiro de 2013 (ver Figura 4.3), o *The Atlantic* publicou uma história patrocinada pela Igreja da Cientologia com a manchete "David Miscavige Leva a Cientologia a um Ano Marcante." Normalmente, o editor faz duas coisas com anúncios de conteúdo patrocinado como este: em primeiro lugar, ele trabalha com o patrocinador para ter certeza de que o conteúdo seja algo confiável e, em segundo lugar, ele claramente marca a matéria como sendo publicidade, para que o público não confunda achando que o conteúdo vem diretamente dos bons jornalistas do *The Atlantic*.

Infelizmente, neste caso nada foi feito em um padrão aceitável. O que se seguiu foi uma tempestade de críticas direcionadas ao *The Atlantic*. Jogando ainda mais lenha na fogueira, a equipe do *The Atlantic* começou a moderar os comentários (ou seja, excluir comentários negativos) do artigo publicado no *site* TheAtlantic.com, fazendo parecer que o jornal estivesse tentando encobrir o seu erro. O *The Atlantic* retirou o conteúdo de seu *site* e afirmou que revisaria suas políticas sobre conteúdo patrocinado.

Apesar de muitos editores auferirem receitas diretamente de seus leitores (através de assinaturas pagas), a maioria das empresas de mídia depende de publicidade e patrocínio. Elas têm dois donos – o leitor e a pessoa do dinheiro – e às vezes (e é cada vez mais frequente) o conteúdo sofre.

A marca, por outro lado, não tem que lidar com dois públicos. O seu leitor e a sua fonte de financiamento em dinheiro são a mesma pessoa. **Se**

você fornecer consistentemente ao longo do tempo um incrível conteúdo épico aos seus leitores, eles tenderão a recompensá-lo com negócios novos ou repetidos. E aqui está outra lição igualmente importante para criadores de conteúdo: **siga sua própria versão do juramento de Hipócrates – não cause nenhum mal!**

Conteúdo patrocinado do *The Atlantic*

the Atlantic

How to Protect Workers From the Rise of Robots

'Sons of Apes and Pigs': Where Is the Reaction?

Can Ohio Handle the Truth?

SPONSOR CONTENT
Why Social Media Matters for Your Business

Politics | Business | Tech | National | Global | Health | Sexes | Entertainment | Magazine

Special Reports Video Photo Ebook Newsletters JUST IN Speak, Clarence, Speak! Andrew Cohen

SPONSOR CONTENT What's This?

David Miscavige Leads Scientology to Milestone Year

Under ecclesiastical leader David Miscavige, the Scientology religion expanded more in 2012 than in any 12 months of its 60-year history.

Share 3 Tweet 12:25 PM ET

2012 was a milestone year for Scientology, with the religion expanding to more than 10,000 Churches, Missions and affiliated groups, spanning 167 nations--figures that represent a growth rate 20 times that of a decade ago.

TEL AVIV, ISRAEL
Ribbon Falls on Ideal Center of Scientology for the Middle East
>> READ

LOS ANGELES, CALIFORNIA
Groundbreaking Book-On-Film Answers the Question "What is Scientology?"
>> READ

WRITERS
JEFFREY GOLDBERG | A Wonderful New Book About Scientology, By a...
JAMES FALLOWS | Security Tip: Disable

Fonte: theatlantic.com

Figura 4.3 **O *The Atlantic* publica conteúdo patrocinado da igreja de Cientologia.**

SETE MANEIRAS DE PEGAR O MUNDO DA MÍDIA DE SURPRESA

Essas sete dicas criarão uma mistura muito eficaz que dificultará que qualquer empresa, incluindo empresas de mídia e seus concorrentes diretos, venha a competir com você (mais detalhes seguirão depois).

1. **Torne os dispositivos móveis sua principal estratégia de canal.** Você se lembra de quando o eBay era o rei dos leilões *on-line*? Bem, hoje os leilões *on-line* representam apenas 10% do total de negócios do eBay – seu sistema de pagamento e os negócios móveis representam metade da empresa. O mercado *on-line* está apostando seu futuro inteiro nos dispositivos móveis, e está ganhando. E neste momento, 32% do tráfego na *Web* do *Wall Street Journal* vêm de um dispositivo móvel (40% de um *smartphone* e 60% de um *tablet*).

   A maioria das empresas de mídia têm sistemas antigos, impressos ou digitais. Sim, o digital, como a publicação em computador de mesa, está se tornando um sistema antigo. O *design* responsivo tem ajudado (basicamente, o *design* responsivo pega o conteúdo do seu "computador de mesa" e torna-o perfeitamente legível em um dispositivo móvel). Mas isto é um *band-aid* em minha opinião. Você precisa planejar, agora mesmo, para a inevitabilidade de que a maioria do tráfego para seu marketing de conteúdo virá de um dispositivo móvel daqui a um período de dois a cinco anos. Isto significa pensar primeiro no dispositivo móvel como parte de sua estratégia de canal.

   Devido à forma como as empresas de mídia estão construídas e aos processos de conteúdo e pessoal que possuem, você pode se mover mais rápido do que elas para a estratégia do dispositivo móvel em primeiro lugar.
2. **Contrate jornalistas e escritores profissionais.** Empresas como a GE, Avaya e Monetate têm preenchido postos-chave no marketing com jornalistas e editores vindos de empresas de mídia. Esta agora é a regra e não a exceção. Por que você não deveria fazer o mesmo?
3. **Adapte todo o seu conteúdo.** Todd Wheatland, vice-presidente da liderança de ideias na Kelly Services (empresa global de recursos humanos) não cria conteúdo todos os dias, mas quando tem uma história para contar, a empresa a maximiza. O objetivo de Todd é criar 20 peças de conteúdo (como apresentações em SlideShare, vídeos, *posts* e documentos técnicos) a partir de uma única ideia de história. Assim, da próxima vez que você começar um conceito de história para o seu programa de marketing de conteúdo, adote o modelo da Kelly (leia mais sobre o método de conteúdo 10 para 1 no Capítulo 22).
4. **Desenvolva estratégias e conteúdo "alugar para possuir" *(rent-to-own)*.** Como profissional de marketing de conteúdo, o seu obje-

tivo é possuir os seus próprios canais de mídia, assim como fazem os editores. Uma estratégia que nunca falha é o modelo "alugar para possuir." Isto significa fazer uma parceria com empresas de mídia através de *webinars* e oportunidades de conteúdo patrocinado para colocar o seu conteúdo diante do público daquelas empresas. O objetivo é "converter" esses leitores potenciais em seus leitores, Com os modelos do setor de publicação se desintegrando, a maioria das empresas de mídia fica feliz em formar parceria com você em qualquer que seja o número de estratégias "alugar para possuir." Só não faça o que a Igreja de Cientologia fez com o *The Atlantic.* Faça com que o conteúdo seja útil, não para benefício próprio.

5. **Desenvolva práticas editoriais profissionais.** Muitas marcas hoje estão aproveitando funcionários e formadores de opinião de fora como parte de seus programas de marketing de conteúdo. Embora eu acredite que isso seja bom, vejo um grande vazio na área editorial. Em resumo, as marcas não estão investindo o suficiente em editorial e revisão como parte de seus processos. Cada conteúdo que você cria deve ter pelo menos dois pares adicionais de olhos analisando seu teor. Além disso, os seus funcionários podem ter as histórias, mas podem não ser bons contadores de histórias. Designe um editor para ajudá-los a contar uma história que funcione para seu programa de marketing de conteúdo. Veja mais sobre o processo de marketing de conteúdo no Capítulo 15.
6. **Compre uma empresa de mídia.** Faça uma análise das empresas de mídia em seu setor. Tenha uma discussão em equipe sobre quais se encaixam melhor em seu programa de marketing de conteúdo. Considere a possibilidade de adquirir esta empresa de mídia (mesmo se o seu negócio for pequeno).
7. **Faça do leitor a sua prioridade número um.** Como empresa de mídia, nós do CMI fazemos todo o possível para nos comprometermos com a experiência do leitor. Dito isso, a maioria das contas da empresa é paga por seus patrocinadores. É um ato de malabarismo desafiador. Sendo uma marca, **você não tem esse problema.** Aproveite esse fato. Comprometa-se em suas histórias com um único conceito épico: o que há nelas para eles, os seus leitores (ou seja, seus clientes). Esta é sua vantagem fundamental, onde você pode e deve centrar toda a sua atenção.

Caso opte por isso, você pode ser a **"empresa de mídia"** líder em seu setor de atividade. A única coisa segurando você é você mesmo. Faça a escolha.

PENSAMENTOS ÉPICOS

- O modelo de negócio para a criação de conteúdo entre as empresas de mídia e as que não são de mídia é quase o mesmo... exceto a forma como o dinheiro entra. Isto significa que as empresas que não são de mídia têm uma vantagem.
- Será que não poderíamos dizer que a LEGO é na verdade uma empresa de mídia que, acidentalmente, vende blocos coloridos?
- As empresas de mídia nunca terão o tipo de recursos e a flexibilidade que você possui.

RECURSOS ÉPICOS

- *Idea Garage, Chief Content Officer*, consultado em 9 de julho de 2013, http://www.nxtbook.com/nxtbooks/junta42/201104na_cco/index.php#/26.
- GE Stories, consultado em 9 de julho de 2013, http://www.ge.com/stories.
- Ryan Grenoble, *New York Times, Tesla's Elon Musk Reach End of Road in Spat over 'Model S,' Supercharging Stations, Huffington Post*, 20 de fevereiro de 2013, http://www.huffingtonpost.com/2013/02/20/nyt-vs-tesla-feud-reaches-end-of-road_n_2720770.html.
- Matthew Ingham, *Tesla, The New York Times and the Levelling of the Playing Field, paidContent*, 15 de fevereiro de 2013, http://paidcontent.org/2013/02/15/tesla-the-new-york-times-and-the-levelling-of-the-media-playing-field/.
- Jim Edwards, *Here's the Scientology-Sponsored Content Story That The Atlantic Doesn't Want You to See, Business Insider*, 15 de janeiro de 2013, http://www.businessinsider.com/heres-the-scientology-sponsored-content-story-that-the-atlantic-doesnt-want-you-to-see-2013-1.
- *David Miscavige Leads Scientology to Milestone Year, The Atlantic*, 14 de janeiro de 2013, in *Business Insider*, http://www.businessinsider.com/document/50f5611269beddba58000019/120420141-the-atlantic-14-january-2013-david-miscavige-leads-scientology-to-milestone-year.pdf.
- JP Mangalindan, *eBay Is Back!, CNNMoney*, 7 de fevereiro de 2013, http://tech.fortune.cnn.com/2013/02/07/ebay-donahoe-comeback/.
- Sarah Marshall, *32% of WSJ Traffic coming from Mobile*", Journalism.

co.uk, 19 de fevereiro de 2013, http://www.journalism.co.uk/news/-dms13-32-of-wsj-traffic-coming-from-mobile/s2/a552137/.

- James Poniewozik, *Charged Debate. A Tesla Review Sparks a Battle between Data and News*, *Time*, 4 de março de 2013.

CAPÍTULO 5

Os Argumentos do Marketing de Conteúdo

"Se os fatos não se adequam à teoria, modifique os fatos."

ALBERT EINSTEIN

Mesmo não tendo nada de novo, o marketing de conteúdo é uma disciplina bastante nova. Isso significa que existem alguns profissionais de marketing e empresários que precisam ser persuadidos a tentar usar o marketing de conteúdo pela primeira vez.

Robert Rose, principal autor de *Managing Content* Marketing, apresenta o argumento de que o caso do marketing de conteúdo assume os mesmos componentes que um plano de negócios normal.

1. **Qual é a necessidade?** O que você espera conseguir com o seu marketing de conteúdo?
2. **Qual é a intensidade dessa necessidade?** A necessidade é grande o suficiente para se construir um plano inteiro em torno dela?
3. **Qual é o modelo de negócio?** Como funciona? O que você tem que fazer?
4. **Qual é o seu valor diferenciador?** Por que esta iniciativa é mais importante do que outras coisas em que você está gastando dinheiro?
5. **Quais são os riscos?** O que se interpõe no caminho do sucesso – ou o que acontece se você fracassar?

O que não está incluído nesta lista deveria ser óbvio: o custo e o retorno sobre o investimento (ROI), ou o que eu chamo de "retorno sobre o objetivo" (ROO). Esses assuntos serão tratados amplamente no Capítulo 24. Por ora, você só precisa ter certeza de que o barco esteja boiando na água e rumando na direção certa.

ARGUMENTAÇÃO A FAVOR

Nos últimos três anos, nós do CMI temos analisado a adesão dos executivos ao marketing de conteúdo, como parte de nossa pesquisa anual. Todos os anos, os profissionais de marketing que se consideram "ineficazes" quase sempre têm muitos problemas para conseguir a adesão dos executivos.

Então, o que um profissional de marketing pode fazer para ensinar e justificar o valor do marketing de conteúdo para a equipe executiva? As reflexões a seguir são de alguns colaboradores do CMI sobre o que seria o valor do marketing de conteúdo e como eles explicariam o marketing de conteúdo para alguém que entende melhor os caminhos do marketing tradicional.

> "O marketing de conteúdo é **pensar primeiro nas necessidades do público-alvo**. Até mesmo os executivos conservadores devem instintivamente achar que isto é uma coisa boa. Mas a comprovação real está nos resultados. **Mostre-lhes os dados de uma campanha de marketing de conteúdo em comparação com a de uma campanha típica voltada para o produto. Depois, espere.**"
>
> DOUG KESSLER (@DOUGKESSLER)

> "Mais do que qualquer outra coisa, os profissionais de marketing querem se envolver com os clientes. **Uma das desvantagens da publicidade tradicional era a característica de mão única da conversa: as vendas eram uma de suas únicas medições para ver se o envolvimento estava realmente acontecendo. Com o marketing de conteúdo você pode ter uma conversa de duas mãos (ou sentidos de direção) com seus clientes e usar várias ferramentas para medir o envolvimento.** Ver os clientes interagirem com sua marca faz com que a mídia social e o marketing de conteúdo sejam divertidos e emocionantes. E ao perceber que não está conseguindo os resultados esperados, você pode rapidamente mudar de caminho sem grandes investimentos em impressão, espaço publicitário e custos de produção."
>
> AHAVA LEIBTAG (@AHAVAL)

"O valor do marketing de conteúdo está no envolvimento entre o cliente e sua empresa. **A publicidade tradicional grita para os clientes prospectivos enquanto o marketing de conteúdo conversa com eles.** Essencialmente trata-se da criação e participação em conversas importantes e do desenvolvimento de relações. O marketing de conteúdo pode beneficiar sua empresa aumentando as oportunidades de vendas e posicionando a sua empresa/marca como uma líder de pensamento, além de aumentar o número de visitantes ao seu *site*."

AMANDA MAKSYMIW (@AMANDAMAKSYMIW)

"Ao falar com qualquer nível administrativo sobre a estratégia de marketing de conteúdo, você precisa colocar o enfoque sobre o benefício das indicações boca a boca. Os gestores, especialmente os da alta administração, geralmente não estão interessados em teorias ou filosofias. Todo mundo adora depoimentos de clientes e histórias de sucesso, e sabe como eles podem ser eficazes. **Venda o marketing de conteúdo como o veículo para maximizar as indicações boca a boca.**"

SARAH MITCHELL (@GLOBALCOPYWRITE)

"A publicidade tradicional é o 'processo' e o marketing de conteúdo é a 'prova deste processo'.

Em outras palavras, nós usamos a publicidade tradicional para tornar as pessoas conscientes de nossa marca e, em muitos aspectos, para demonstrar a alma de nossa marca. **O marketing de conteúdo é que pode trazer uma prova viva de nossa marca para os nossos clientes** sob a forma de demonstrações de vídeo e entrevistas, *webinars* educativos, estudos de caso, documentos técnicos, ideias e conselhos em *blogs* e muito mais.

Esta prova é o que os manterá voltando para o nosso *site* e que incentivará a sua lealdade para com a nossa marca."

LISA PETRILLI (@LISAPETRILLI)

"A publicidade tradicional se baseia na mentalidade de empurrar – ou fazer contato direto (*outbound*) – para colocar mensagens diante de um público-alvo. Mas os compradores de hoje estão cansados de serem interrompidos por mensagens 'tamanho único para todos'. Felizmente para eles, a Internet fortalece os compradores para buscar e consumir informações que sejam valiosas e relevantes, permitindo-lhes ignorar as mensagens sem sentido que os bombardeiam a todo o momento. **Ao abraçar os princípios do marketing de conteúdo, as empresas podem oferecer o tipo de informação que**

os *prospects* (prospectivos) estão buscando – alinhado com seus interesses, função, setor de atividade e lugar no ciclo de compra – e atrair compradores para seus *sites*."

STEPHANIE TILTON (@STEPHANIETILTON)

"Você já notou como muitos dos métodos de publicidade tradicional em que você tem se baseado para se conectar com os clientes não são mais tão eficazes como costumavam ser? Eu notei, e é por isso que considero o marketing de conteúdo fundamental. Mas o marketing de conteúdo não funciona contra o marketing tradicional.

O marketing de conteúdo funciona lindamente com ferramentas estabelecidas do marketing tradicional. Ainda melhor, pois o **marketing de conteúdo acrescenta relevância, significado e dimensão às abordagens tradicionais para que você se envolva com possíveis clientes. O marketing de conteúdo ajuda o seu marketing geral a trabalhar com mais força por você.**

Mais especificamente, o marketing de conteúdo lhe permite contar aos possíveis clientes quem você é; ele pré-qualifica os clientes. Imagine compartilhar em termos relevantes aos clientes a história por trás de como você ajuda os clientes. Visualize construir relações de confiança e significativas com eles antes de tentar a venda, antes que percebam que precisam de você. O resultado é uma relação comercial mais rica, profunda e satisfatória.

Não vale a pena trazer isso para a sua organização?"

CB WHITTEMORE (@CBWHITTEMORE)

A lição a extrair? Há muitas maneiras de explicar a diferença entre o marketing tradicional e o de conteúdo, de modo que pense naquilo com o que a sua equipe de gestão se preocupa mais. Veja como o marketing de conteúdo se distingue do marketing tradicional:

- Trata-se do cliente, não de você.
- Ele atrai clientes com conteúdo relevante em vez de mensagens "tamanho único para todos".
- É uma conversa de duas mãos em vez de um monólogo (você fala aos seus clientes em vez de gritar para eles).
- É mais dinâmico e mais fácil de mudar.
- Envolve menos risco.
- Tem uma vida útil muito mais longa.
- Fornece a prova de que o marketing está funcionando e é mais fácil de medir.

- Maximiza um de seus recursos mais importantes: indicações boca a boca.
- Acontece antes e depois de uma venda.

QUATRO BENEFÍCIOS OCULTOS DO MARKETING DE CONTEÚDO

Joe Chernov, vice-presidente de marketing de conteúdo da Kinvey (e profissional de marketing de conteúdo do Ano de 2012).

O CONTEÚDO PODE LHE DAR UMA VANTAGEM NO RECRUTAMENTO

Em um setor competitivo, o recrutamento de talentos de alto calibre é uma prioridade de primeira ordem. De fato, de acordo com o capitalista de risco (e extraordinário profissional de marketing de conteúdo) Fred Wilson, recrutar os melhores talentos é uma das únicas três prioridades para todo CEO. No entanto, apesar da importância do recrutamento, seria fácil esquecer o impacto que um programa de marketing de conteúdo envolvente pode ter sobre esta prioridade fundamental para os negócios.

Aqui está a lição a se extrair: **faça uma parceria com seu departamento de recursos humanos (RH).** Quando sua empresa contratar pessoal, faça seu recrutador pedir aos novos contratados para explicarem os motivos pelos quais eles entraram na empresa e compartilhar esta informação com suas equipes internas. A capacidade de provar que seus esforços de conteúdo tiveram impacto no recrutamento ajudará a torná-lo - e a seus esforços de conteúdo - indispensável para a organização.

O CONTEÚDO PODE AJUDAR A REFORÇAR O MORAL DA EMPRESA

Quando eu trabalhava em uma empresa de relações públicas, lembro-me de haver questionado um cliente que queria que ajudássemos sua companhia a assegurar cobertura em uma publicação que não necessariamente influenciaria os compradores. Quando pressionei sobre a prioridade, o CEO me disse: "O artigo não é para os nossos clientes. Ele é para a nossa equipe. A empresa se ilumina quando é coberta pela imprensa... e eu sei que muitos de nossos funcionários leem esta revista." Eu nunca mais me esqueci desta lição e o marketing de conteúdo pode ajudar a realizar este mesmo objetivo.

Quando você publica em uma mídia popular, os aplausos recebidos na *Web* social podem validar os esforços de toda a empresa. Sua volta olímpica da vitória é a volta olímpica da vitória de todos, de modo que procure "vender" a popularidade de seu conteúdo para seus colegas - não para se vangloriar pessoalmente, mas para lembrar-lhes que por mais que a *Web* esteja repleta de informações, a sua empresa conseguiu se destacar.

O CONTEÚDO ABRE LINHAS DE COMUNICAÇÃO

Um conteúdo marcante não consegue apenas fazer com que os clientes atuais e futuros conversem, ele faz também com que seus clientes internos repercutam essas conversas. Ele dá aos seus colegas algo para compartilharem entre si, algo para discutir ou algo para questionar. Ele abre portas, faz os telefones tocarem e faz as cabeças espiarem por sobre as divisórias dos cubículos. Também lhe dá uma oportunidade para recrutar apoiadores e participantes.

Quando os colegas se envolvem com o seu conteúdo, isto cria uma oportunidade para convidá-los a contribuir para futuros programas. Como o marketing de conteúdo mexe com muitas funções organizacionais diferentes, ele tem um surpreendente papel político. Procure mobilizar os apoiadores quando tiver sua atenção.

O CONTEÚDO GERA CONFIANÇA

Em um recente artigo na *Fast Company*, o expoente do marketing Don Peppers argumentou de forma convincente que a chave para a vantagem competitiva é "ser confiável de forma proativa." **Criar conteúdo que seja tão valioso que as pessoas pagariam por ele, ainda que você o forneça de graça, é uma maneira segura de ganhar a confiança do público.** É precisamente por conta disso que a transferência de valor no marketing de conteúdo deve ser da instituição para o indivíduo, o que é um modelo de cabeça para baixo para os profissionais de marketing tradicional. Em outras palavras, quando a confiança é o objetivo, as empresas devem se esforçar para **vender sem vender**.

Nada disto tem como intenção sugerir que os profissionais do marketing de conteúdo não devam aspirar serem medidos - é claro que devemos. Mas também precisamos encontrar formas para realçar o valor que oferecemos - especialmente se não houver nenhum indicador-chave de desempenho (KPI) atrelado a isso.

DOIS MÉTODOS INFALÍVEIS PARA ADERIR

Ao longo de meus anos em marketing de conteúdo, eu vi dois métodos que funcionam melhor quando se trata de conseguir a adesão ou orçamento adicional para novos projetos de marketing de conteúdo.

O PILOTO

Como a maioria das pessoas sabe, antes de um programa de televisão ser lançado por uma rede é feita a produção de um piloto. O piloto é uma amostra do que está por vir, o que dá aos executivos da rede um *feedback* dos consumidores que permite decidir se mais episódios devem ser produzidos.

Ao apresentar o seu plano de marketing de conteúdo como um piloto, você imediatamente verá que os principais tomadores de decisão ficam de guarda baixa. Deixa de ser um compromisso tão grande quanto o de uma estratégia de marketing de conteúdo completa. Mas ao vender o piloto de marketing de conteúdo procure incluir o seguinte:

- A duração do piloto; ela deve ser de, pelo menos, seis meses.
- O objetivo geral do piloto, ou como os negócios serão diferentes após o piloto.
- Estipule indicadores; ao atingi-los, você poderá seguir em frente com "mais episódios." Os indicadores poderiam ser o aumento nos *leads*, mais assinaturas, menor tempo para fechar negócio e/ou um aumento nos leads de "qualidade", para citar apenas alguns.

MEDO

Quando tudo mais falhar, o medo pode funcionar tão bem ou melhor do que um argumento racional. Ao demonstrar como os concorrentes estão usando o marketing de conteúdo a favor deles e contra a sua empresa, você certamente conseguirá obter a atenção de alguém.

Para que o plano do "medo" funcione, você precisa antes fazer uma pesquisa sobre a concorrência. Pegue a líder de conteúdo em seu campo e determine:

- Quantos assinantes de conteúdo (*e-mail*, Facebook, Twitter, e assim por diante) ela possui em comparação com os seus?
- Como ela se classifica na busca por palavras-chave em comparação com a sua classificação?
- Como ela se compara em termos de compartilhamento de conteúdo nas mídias sociais?
- Ela tem um boca a boca positivo *on-line* (confira isso no Twitter)?
- Ela está recrutando ativamente *on-line* e conseguindo os melhores talentos?

Estes são apenas alguns aspectos. A chave nesta estratégia é determinar o que é de fundamental importância para o principal tomador de decisão e então direcionar o argumento para isso. Mostre claramente como o concorrente está usando determinadas estratégias de conteúdo que estão deixando você (e seu conteúdo) para trás.

Eu vi isto funcionando dezenas de vezes à perfeição quando argumentos racionais eram simplesmente ignorados. Então, se a ideia do piloto não funcionar, tente a tática do medo.

PENSAMENTOS ÉPICOS

- O marketing tradicional sempre foi o de colocar os produtos e serviços diante do público certo. Já o marketing de conteúdo refere-se a atender as necessidades de informação dos clientes para que eles se interessem por você.
- Não vá "com tudo" no marketing de conteúdo desde o início. Comece com um programa piloto e medições específicas. A prova estará nos resultados.

RECURSOS ÉPICOS

- Don Peppers, *The Only Lasting Competitive Advantage Is Extreme Trust, Fast Company,* 19 de janeiro de 2012, http://www.fastcompany.com/1809038/the-only-lasting-competitive-advantage-trust.

CAPÍTULO 6

As Empresas de Mídia de Amanhã

"Se a única ferramenta que você tem é um martelo, tudo começa a se parecer com um prego."

BERNARD BARUCH

Se você já assistiu ao filme *Jerry McGuire – A Grande Virada*, deve se lembrar da melancólica declaração de missão. Este é o momento no filme em que Jerry McGuire (interpretado por Tom Cruise) acorda suando frio e escreve o que ele acredita ser o futuro direcionamento de sua agência de esportes: uma agência com menos clientes, mais serviços ao cliente e mais atenção individual aos atletas.

Jonathan Mildenhall, vice-presidente de estratégia global de publicidade da Coca-Cola teve uma visão semelhante – exceto que ao invés de ser despedido como aconteceu com Jerry McGuire no filme, ele liderou a Coca-Cola na revolução do marketing de conteúdo. A "melancólica declaração de missão" de Mildenhall se chama Conteúdo 2020 da Coca-Cola (ver Figura 6.1).

O Conteúdo 2020 da Coca-Cola é composto de dois vídeos (com aproximadamente 17 min de duração somando os dois) e traça a estratégia da Coca-Cola para a próxima década (caso ainda não tenha assistido aos vídeos, por favor, dedique alguns momentos para vê-los em http://bitly.com/epic-cm2020).

Durante o vídeo, Mildenhall afirma: "Todos os anunciantes necessitam de muito mais conteúdo para que possam manter o envolvimento com os consumidores novos e relevantes, por causa da conectividade durante 24 h por dia, 7 dias da semana. Para alcançar o sucesso no mundo todo, você precisa ter ideias densas e fecundas em sua base."

Fonte: youtube.com

Figura 6.1 **O projeto Conteúdo 2020 da Coca-Cola era no início uma estratégia interna para o departamento de marketing da Coca-Cola. Hoje é usado por organizações no mundo todo como exemplo de estratégia de marketing de conteúdo.**

POR QUE O CONTEÚDO 2020 É TÃO IMPORTANTE?

O Conteúdo 2020 foi originalmente criado como um vídeo interno de marketing preparado especialmente para o grupo de marketing da Coca-Cola, para a equipe executiva e para as agências parceiras, apresentando a visão estratégica da empresa para o futuro. No geral, é a estratégia de que o futuro do marketing da Coca-Cola deve se apoiar nos ideais do marketing de conteúdo – o que eles chamam de "narrativa fluida" (*"liquid storytelling"*, no original em inglês). Os principais pontos do Conteúdo 2020 são os seguintes:

- A Coca-Cola precisa passar da **excelência criativa para a excelência de conteúdo.**
- A empresa precisa desenvolver conteúdos que **estabeleçam um compromisso com tornar o mundo um lugar melhor e desenvolver valor e significado na vida das pessoas** enquanto, ao mesmo tempo, impulsionam os objetivos de negócios da Coca-Cola.
- Através das histórias que a Coca-Cola conta, provocar conversas e **conquistar uma participação proporcionalmente maior na cultura popular**.

No início dos vídeos, afirma-se que a Coca-Cola deve criar o conteúdo mais atraente do mundo. Perto do final é feito o comentário de que a Coca-Cola não pode mais depender de 30s centrados na TV. O fato de a Coca-Cola gastar bilhões de dólares em publicidade a cada ano faz com que esta afirmação tenha um impacto muito profundo no universo da mídia, que em sua maior parte é paga. A Coca-Cola percebe que a publicidade não é mais suficiente e que histórias, não interrupções, é que vão conquistar os corações e mentes dos clientes.

UMA ENTREVISTA SOBRE O CONTEÚDO 2020*

Quando me deparei pela primeira vez com o projeto Conteúdo 2020, fiquei imediatamente impressionado com o objetivo de negócio apresentado logo no início: "Temos a intenção de duplicar o tamanho de nosso negócio", diz Mildenhall no vídeo. E, conforme ele assinala, a empresa pretende fazer isso ao mesmo tempo em que percebe que "as histórias geradas pelos consumidores superam as histórias da empresa sobre a maioria de suas marcas."

Você alguma vez já falou ao seu chefe que quer duplicar o tamanho dos negócios? E que vai usar histórias da marca (marketing de conteúdo) como principal propulsor para chegar lá? Então, claro, me tornei um fã quase que de imediato.

---

* Esta entrevista foi entre o diretor de estratégia do CMI, Robert Rose, e Jonathan Mildenhall (reproduzido com permissão).

Robert Rose – Conte-nos sobre o nascimento da ideia Conteúdo 2020.

Jonathan Mildenhall – Em primeiro lugar, a marca Coca-Cola, como empresa, tem constantemente definido seus próprios padrões de referência em marketing. Fomos a primeira marca a fazer amostragem. Fomos a primeira marca a fazer cupons. Fomos os primeiros a retratar as mulheres no local de trabalho. A Coca-Cola é uma história de inovações. E nos encontramos diante dessa enorme mudança em termos de distribuição de tecnologia e distribuição de criatividade.
Temos a sorte de que milhões de consumidores querem agora produzir conteúdo e participar ativamente de nossa conversa. Isto nos deu a oportunidade de dispor de algum tempo e realmente pensar sobre como articular a nossa agenda criativa desenvolvida para nossas principais marcas globais e regionais.

Rose – Então, como é que vocês efetivamente criaram a iniciativa?

Mildenhall – Deslocamos 40 pessoas de toda a empresa – todos eles trabalhando no grupo de Excelência Criativa. Demos a nós mesmos um período de cinco dias para que pudéssemos escrever coletivamente um manifesto do conteúdo. Nós o subdividimos em assuntos e alocamos cada assunto para um subgrupo. Os executivos apresentavam então suas ideias e o restante da sala desmontava os pontos de vista e, em seguida, os juntava novamente. De segunda a quinta-feira meu papel era simplesmente o de ter uma atitude questionadora e fazer perguntas.

Então, na quinta-feira à noite daquela semana, eu peguei o que produzimos e fiquei acordado a noite toda e basicamente escrevi as palavras do manifesto que você vê no vídeo.

Na manhã seguinte eu entrei e apresentei-o na sala, e quando terminamos, todos colocaram suas assinaturas no manifesto.

Nós sabíamos desde o primeiro momento que havíamos criado algo importante.

Rose - Como você decidiu "divulgá-lo" - isto é, divulgar um documento fundamental de sua estratégia de marketing?

Mildenhall - A resposta é muito simples. A Coca-Cola é a maior compradora de serviços de marketing no mundo. Não há como ter uma conversa tranquila sobre isso. Eu disse ao meu diretor de marketing que para colocar o projeto em vigor precisaríamos passar os próximos dois anos explicando para cada agência parceira como fazer isso, ou poderíamos simplesmente divulgar para eu passar direto ao trabalho.

Escolhemos esta última opção e o projeto tem sido extraordinariamente bem sucedido. Temos participado de *blogs* e falado a respeito em diversas publicações em todo o mundo. O mais importante de tudo é que o setor de publicidade tem realmente correspondido. A Coca-Cola Company está tendo o seu ano de maior sucesso em todos os tempos, em termos de volume e prêmios de criatividade.

Rose - Como você vê o Conteúdo 2020 sendo integrado no marketing e publicidade tradicionais? Ele será incorporado, adicionado ou simplesmente substituirá o que vocês vêm fazendo do ponto de vista de publicidade e promoções tradicionais?

Mildenhall - Certamente acrescentado. Compreendemos perfeitamente que ainda teremos promoções, mensagens de preço, pacotes ao comprador, publicidade tradicional, etc. - isto não vai desaparecer. Mas o **conteúdo** é a forma como os consumidores entendem o papel e a relevância das marcas da Coca-Cola Company. Temos que garantir que essas "histórias imediatas" façam parte das histórias maiores da marca.

Mas para os que se preocupam mais com os aspectos financeiros da organização eu digo isto: se eu puder preencher o nível emocional da marca, então **eu tenho que cada vez menos tirar vantagem disso**. Acreditem ou não, ainda estamos nos envolvendo com novos consumidores que não têm o seu emocional bem atendido. Todos os dias, novos consumidores entram na classe média em todo o mundo. Assim, do ponto de vista global, precisamos oferecer soluções para os consumidores de primeira viagem - e, naturalmente, manter aqueles que conhecem e amam nossas marcas, querendo voltar em busca de mais.

Rose - Eu gosto muito da ideia na parte do Conteúdo 2020 em que você fala que diferentes modelos requerem diferentes processos sob os mesmos princípios. Isto foi música para meus ouvidos. Esta é muitas vezes uma briga que as empresas maiores com quem eu trabalho tentam administrar. Elas lutam com um processo em vários silos (marketing de marca, marketing de produto, relações públicas e assim por diante) e uma fonte de conteúdo (por exemplo, devemos terceirizar ou fazer internamente?). Como você tem conduzido as batalhas políticas fora dos silos (ou não?) entre marketing de produto, marketing de marca, relações públicas e outras equipes para que todos falem a mesma língua?

Mildenhall - Nós temos várias áreas - e cada uma delas tem suas próprias atribuições. Dito isso, temos estratégias horizontais de desenvolvimento criativo, desenvolvimento de ideias e produção. Assim, a missão de todos é ser horizontal ou integrado no pensamento. Temos silos como qualquer grande organização. Mas no final, você pode estar chefiando o pessoal ou relações públicas ou produção, mas suas soluções, suas soluções de equipe, devem funcionar horizontalmente por todas as funções na área de marketing.

Rose - No vídeo você fala sobre o modelo de investimento 70/20/10. Você diz que 70% do orçamento vai para o conteúdo que você "deve produzir", 20% vai para o conteúdo que é ligeiramente fora do usual e 10% vai para o conteúdo criativo de "alto risco." Você não acha que gasta uma quantia muito grande em conteúdo de alto risco?

Mildenhall - Na verdade, é totalmente o oposto. Na verdade é muito mais barato produzir os 10%. Mas leva muito mais tempo de criação para efetivamente produzi-lo. Aqui é onde eu, reconhecidamente, tenho um pouco de vantagem. Várias outras marcas têm o desejo de se alinhar com a marca Coca-Cola - desde outras marcas de consumo até provedores de tecnologia que querem inovar e explorar novas fronteiras.

Estamos cada vez mais abertos a essas ideias. Se você pensar um pouco sobre isso, a Coca-Cola pode ser considerada uma enorme marca de mídia com incrível alcance e frequência. Se existem discursos de venda por aí de pessoas que querem fornecer conteúdos e experiências, nós estamos abertos a ouvi-los. A pergunta que nos fazemos é a seguinte: "Podemos usar nossos ativos como conteúdo e podemos criar conteúdo a partir de nossos ativos?"

Rose – Como você vê o futuro do conteúdo e do marketing?

Mildenhall – Na verdade, o grande Cálice Sagrado neste momento é como entrar no marketing em tempo real. Eu tenho que garantir que esteja pegando conteúdo, notícias e tudo o mais que acontece ao redor do mundo e transformando isso em comunicações de marketing. Eu realmente acredito que a tecnologia e o envolvimento do consumidor estão criando a oportunidade para o marketing em tempo real. Mas coisas como direito de uso, direitos de propriedade intelectual e assim por diante estão se interpondo no caminho neste momento. Eu poderia literalmente estar produzindo novos conteúdos a cada dia da semana. No entanto, com uma agência em tempo real você tem uma série de desafios legais.

Eu também penso que veremos uma grande mudança para a curadoria de marca, onde as marcas podem ajudar a alavancar umas às outras; por exemplo, o nosso comercial do *Super Bowl* em que tivemos os ursos polares comentando sobre outros anúncios. De novo, trata-se de uma tendência real, mas a maioria das grandes organizações precisará superar o nervosismo dos desafios legais envolvidos.

Mas este é realmente o nosso objetivo. Nós queremos dar ao público o conteúdo mais atraente – e conquistar uma participação proporcionalmente maior na cultura popular. Este é o poder do conteúdo.

O CONTEÚDO 2020 EM AÇÃO

Em 2016 Mildenhall contratou a agência *Starlight Runner* para trabalhar na campanha *Fábrica de Felicidade* da Coca-Cola. Apesar da maior parte da campanha focar em publicidade paga, a agência foi contratada especificamente para escrever a *Bíblia da Fábrica da Felicidade* (ver Figura 6.2), que acabou se tornando a espinha dorsal de todo o programa.

Fonte: youtube.com

Figura 6.2 **Para o projeto Fábrica da Felicidade da Coca-Cola foi desenvolvido todo um mundo na *Bíblia da Fábrica da Felicidade*, incluindo uma história de todos os personagens usados na campanha.**

De acordo com a *Forbes*, a *Bíblia da Fábrica da Felicidade* era "um livro que descrevia todo um mundo dentro da máquina de venda automática, desde regiões geográficas até nomes e motivações dos personagens individuais." Basicamente, a Coca-Cola desenvolveu todo um enredo, ou manual de marketing de conteúdo, para ajudar a contar a história da Fábrica da Felicidade de forma impressa, *on-line*, nas mídias sociais, em *videogames* e na televisão.

O que originalmente parecia um experimento estranho levou a um aumento de **4%** nas vendas globais, algo que a Coca-Cola atribuiu ao programa.

COCA-COLA JOURNEY

Em novembro de 2012, a Coca-Cola apresentou o Coca-Cola Journey (ver Figura 6.3). Em vez de ter um *site* tradicional, a Coca-Cola transformou a sua página inicial (*home page*) em uma máquina de publicação *on-line*. A nova publicação apresenta conteúdo específico da empresa em nove categorias, incluindo todas as marcas de bebidas de propriedade da Coca-Cola Company (como a Sprite, por exemplo).

Fonte: coca-cola.com

Figura 6.3 A Coca-Cola lançou o projeto Journey com 4 escritores em tempo integral e 40 *freelancers*.

De acordo com o *The New York Times*:

> "Quatro funcionários em tempo integral se dedicam ao *site* corporativo... e o conteúdo também está sendo criado por 40 escritores e fotógrafos *freelancers*, assim como por pessoas em todo o sistema Coca-Cola, em marketing e relações públicas."

A Coca-Cola lançou o Journey como uma plataforma para histórias que a empresa acredita que interessarão aos seus clientes, tratando desde negócios e esportes até sustentabilidade. Os resultados não estão disponíveis ainda para medir o impacto do Journey no lucro final da Coca-Cola, mas está claro que o direcionamento de marketing da Coca-Cola mudou... e os empresários e profissionais de marketing deveriam prestar atenção.

UMA NOVA EMPRESA DE MÍDIA: RED BULL?

> "A marca de bebida energética austríaca consolidou-se como a Coca-Cola da **era de conteúdo compartilhável**, disposta a gastar livremente para produzir conteúdo tão bom que chega a ser confundido com conteúdo que não é de marketing. A Red Bull é verdadeiramente uma empresa de mídia, que por acaso vende refrigerantes."
>
> BRIAN MORRISSEY, DIGIDAY

Durante as discussões, quando as pessoas me perguntam qual é o melhor exemplo no mundo de alguém fazendo marketing de conteúdo, eu simplesmente respondo: "Red Bull." No centro do universo de histórias da Red Bull está um grupo chamado Red Bull Media House (indicado para a lista de Empresas Mais Inovadoras de 2012, da *Fast Company*). Através de uma variedade de esforços de conteúdo, a Red Bull assegurou para a empresa um dos públicos mais fiéis do planeta. O Red Bull Media House é o motor que faz isso acontecer, e faz isso através de uma série de iniciativas:

- **Banco de conteúdos Red Bull.** A empresa licencia mais de 50.000 fotos e 5.000 vídeos para empresas de mídia. Sim, você ouviu direito: as empresas de mídia pagam à Red Bull para obter licença e adquirir os direitos para mostrar conteúdos com a marca Red Bull.
- **Discos Red Bull.** Com escritórios em Los Angeles e Londres, a Red Bull Records assina contratos de gravação com artistas que se alinhem com a mentalidade "Red Bull te dá asas." Além disso, a Red Bull Music Publishing apoia pessoas aspirantes a compositor. Em seguida, a Red Bull licencia os direitos dessas canções como parte de seu banco de conteúdos e de outros programas Red Bull.
- ***Red Bulletin.*** Uma revista mensal impressa e digital, a *Red Bulletin* é entregue para 4,8 milhões de assinantes em todo o mundo e é publicada em 11 países e em 4 idiomas.

E isto é só o começo. O Red Bull Media House engloba dezenas de outras marcas em televisão, rádio, filmes e eventos especiais como o Red Bull Stratos (Stratos foi o salto de Felix Baumgartner da borda do espaço, que foi convenientemente patrocinado pela Red Bull. O salto foi documentado pela Red Bull na forma de muitas imagens, assim como 15 filmes vistos mais de 350 milhões de vezes só no YouTube).

Segundo a *Fast Company*, a Red Bull detém uma participação de mercado de 44% no setor competitivo de bebidas energéticas, com um crescimento de receitas de dois dígitos. Hoje, a Red Bull financia a maior parte de seus esforços de conteúdo através da venda do produto (bebida energética), mas no futuro, a Red Bull espera lucrar diretamente das histórias e conteúdos que ela cria.

JYSKE BANK: EMPRESA DE MÍDIA E BANCO

Quantos bancos no mundo também produzem programas de televisão e vídeos premiados, diariamente? Provavelmente nenhum, com exceção de um: o Jyske (pronuncia-se Iu-sca) Bank.

O Jyske Bank possui um dos estúdios de produção de televisão de mais alta tecnologia na Dinamarca. Ele se autoproclama como sendo, ao mesmo tempo, uma empresa de mídia e um banco. A Jyskebank.tv cobre simultaneamente uma incrível programação financeira e histórias interessantes que a empresa acredita serem relevantes para seu público principal de consumidores mais jovens e pequenas empresas.

O seu programa de conteúdo é composto de dois elementos (valores) principais: 1º) manter-se fiel à visão da organização (chamada de "a Fundação") e (2) contar boas histórias. Para tanto, a empresa tem uma rede de correspondentes ao redor do mundo constituída por funcionários do Jyske e escritores *freelancers*.

Cada conteúdo que a empresa produz pode ser embutido ou compartilhado com outros *sites*. Por causa desta filosofia de "compartilhamento", **80% de seu conteúdo são vistos, não em seu *site* ou em canais de sua propriedade, mas a partir de fontes externas**. Este tipo de compartilhamento de conteúdo abre oportunidades revolucionárias para qualquer empresa, ainda mais um banco. Em vez de pagar por muitos patrocínios tradicionais como faz a maioria dos bancos e marcas corporativas, o Jyske é procurado para parcerias de mídia. Isto significa que em vez do Jyske desembolsar dinheiro, as organizações fazem parceria com a instituição por causa de sua credibilidade e alcance (ela é tratada como uma empresa de mídia). Tanto o Mobile World Congress quanto o Festival de Cannes procuraram o Jyske para fazer exatamente isso, oferecendo acesso ao Jyske para colocação do logotipo e entrevistas exclusivas antes reservadas para empresas de mídia. Com o seu alcance e um público fiel surgem daí grandes oportunidades.

E este tipo de compartilhamento não é apenas para clientes externos. Toda sexta-feira de manhã o Jyske mantém um programa de televisão ao vivo e com acesso irrestrito disponível para todos os funcionários. Este tipo de treinamento interno reforça a visão central da empresa de ser aberta e honesta com todas as pessoas.

O Jyske não precisa comprar a atenção da mídia; a instituição é a primeira empresa de mídia do seu tipo que, por acaso, também é um banco.

OPENVIEW VENTURE PARTNERS: UM ESTUDO DE CASO DE UMA PEQUENA EMPRESA

Talvez você esteja pensando: **a Coca-Cola, a Red Bull e até mesmo o Jyske podem triunfar porque possuem orçamentos de vários milhões de dólares de marketing e publicação.**

Não é bem assim.

Scott Maxwell, CEO da OpenView Venture Partners chamou-me no outono de 2008 com um problema. Depois de ler *Get Content Get Customers*, Scott passou a acreditar plenamente que o marketing de conteúdo era o futuro para sua empresa, mas ele não sabia como começar.

A OpenView Venture Partners é uma empresa de capital de risco centrada em ajudar os empreendedores a expandir as suas empresas. Geralmente, a OpenView busca empresas entre US$ 2 e US$ 20 milhões que querem levantar entre US$ 5 e US$ 15 milhões para financiar iniciativas de crescimento. A missão da OpenView sempre foi como a de uma empresa de capital de risco que agrega valor – em outras palavras, além de financiar ela faz todas as pequenas coisas para agregar valor, como educação, treinamento, orientação e tutoria.

Geralmente, a OpenView encontrava novos clientes prospectivos por meio de indicações de consultores, funcionários e da equipe executiva. Scott rapidamente descobriu que esta não era a melhor maneira de fazer uma organização crescer.

Ele percebeu que as histórias e os recursos de conteúdo da organização estavam com seus pouco mais de 20 funcionários. Por exemplo, um CEO de uma carteira chama a OpenView para se aconselhar sobre um problema operacional. O CEO é colocado em contato com um consultor da OpenView, que trabalha com o CEO para determinar uma solução útil. Sim, o problema inicial foi resolvido, mas esta informação vale ouro. E se a OpenView pudesse aproveitar este conteúdo individual, disponibilizando esta história na *Web* para qualquer pessoa acessar?

Ao contrário dos programas de grande porte da Coca-Cola e da Red Bull, os esforços da OpenView começaram com um simples *blog* de um funcionário. Em setembro de 2009 a OpenView lançou o seu próprio *blog*, e desde então a empresa nunca mais foi a mesma. Sob a direção e motivação de Scott, os funcionários começaram a compartilhar suas ideias sobre marketing, operações, finanças e temas que os empreendedores estavam ativamente à procura.

Os resultados são simplesmente incríveis. Em apenas três anos, mais de 18.000 subscritores assinaram o boletim informativo eletrônico da OpenView. Agora, em vez de utilizar o antigo processo de indicações, a OpenView recebe todo mês milhares de empreendedores em seu *site* respondendo às perguntas essenciais dessas pessoas, não apenas em reuniões individuais, mas também *on-line*, disponível para o mundo. O conteúdo da OpenView é facilmente encontrado nos resultados dos mecanismos de busca e compartilhado através de canais de mídia social como o Twitter e o LinkedIn. O ciclo de vendas da OpenView foi essencialmente cortado pela metade, tudo porque a OpenView não precisa sair em busca de prospectos. Eles vêm até ela. A OpenView tem agora a tarefa muito mais fácil de trabalhar através de *leads* e, então, escolher quem ela quer que esteja em sua carteira de clientes.

Hoje o *site* OpenView Labs, uma plataforma de conteúdo para aspirantes a empreendedor, contém milhares de artigos, *posts*, *podcasts* e vídeos, todos eles destinados a ajudar os prospectivos da OpenView a se tornar mais bem-sucedidos (ver Figura 6.4). A OpenView passou a ser uma empresa de consultoria de confiança em todo o mundo, levando a consulta inicial individual para um patamar totalmente novo.

Fonte: labs.openviewpartners.com

Figura 6.4 A OpenView Labs, a plataforma de conteúdo para a OpenView Venture Partners é um dos principais recursos educacionais para empreendedores de tecnologia em busca de financiamento.

RIVER POOLS AND SPAS

No final de 2009, a River Pool and Spas, um instalador de piscinas de fibra de vidro com 20 funcionários na área de Virgínia e Maryland, estava em apuros. Os proprietários de casas não estavam mais correndo para comprar piscinas de fibra de vidro durante a "grande recessão" nos EUA. Pior ainda, os clientes que já haviam planejado comprar uma piscina estavam ligando para a River Pools para solicitar os seus depósitos de volta, que, em alguns casos, giravam em torno de US$ 50.000 ou mais.

Por várias semanas, a River Pools deixou a sua conta corrente a descoberto. Não só estava ficando difícil pagar os funcionários, como a empresa estava analisando a possibilidade de sair dos negócios para sempre.

Marcus Sheridan, CEO da River Pools and Spas, acreditava que a única maneira de sobreviver seria roubar participação de mercado da concorrência, e isto significava pensar de forma diferente sobre como ir ao mercado.

No início deste processo, A River Pools tinha pouco mais de US$ 4 milhões em receitas anuais e gastava aproximadamente US$ 250.000 por ano em marketing. Havia quatro concorrentes na área de Virgínia com maior participação de mercado que a River.

Passados dois anos, em 2011, a River Pools and Spas vendeu mais piscinas de fibra de vidro que qualquer outro instalador na América do Norte (sim, você leu certo). A empresa também **reduziu** seus gastos em marketing de US$ 250.000 para cerca de US$ 40.000, enquanto ao mesmo tempo ganhava 15% a mais de contratos e cortava o seu ciclo de vendas pela metade. O construtor médio de piscinas perdeu de 50 a 75% em vendas durante o período de tempo em que a River Pools aumentou as suas vendas para mais de US$5 milhões.

Não é preciso dizer que a River Pools and Spas não fechou as portas.

Sua receita para o sucesso foi o marketing de conteúdo; tão bem-sucedida para Marcus que ele agora viaja o mundo falando para empresários sobre sua história e o poder do marketing de conteúdo.

Como ele fez isso? Na verdade, foi um processo simples. Marcus escreveu todas as possíveis perguntas que um cliente poderia fazer e respondeu-as em seu *blog*. Funcionou tão bem que se você digitar em um mecanismo de busca: "Qual é o custo de uma piscina de fibra de vidro?", estando em Cleveland ou em Fort Lauderdale (eu tentei), o resultado número um em ambos os locais é um *post* no *blog* de Marcus Sheridan.

Falaremos mais adiante sobre como Marcus conseguiu esse feito. Antes, porém, tive a oportunidade de entrevistar Marcus pessoalmente sobre sua estratégia de marketing e seu processo.

A ENTREVISTA DE MARCUS SHERIDAN

Joe Pulizzi (JP) - Eu ouvi você dizer que os profissionais de marketing costumam pensar demais o marketing de conteúdo. Em vez de fazer todo tipo de plano complicado, eles deveriam apenas começar e se ajustar na medida em que avançam. De onde vem esse tipo de atitude sensata e direta?

Marcus - Sou abençoado por ter vindo do mundo dos trabalhadores de instaladoras de piscinas. Não fui a uma escola para me tornar profissional de marketing. Se um de meus filhos viesse até a mim e dissesse: "Quero ser um profissional de marketing e quero ir à escola para aprender marketing", eu ficaria morrendo de medo com a possibilidade de isso arruinar a vida dele ou dela.

Tenho escrito sobre a maldição do conhecimento mais do que qualquer outro assunto em meu *blog*. A maldição do conhecimento é algo que tenho pensado muito, e vejo tantas pessoas que sofrem com isso - especialmente *on-line*. Alguns desses "líderes" *on-line* que falam sobre marketing, você pode dizer que estiveram mergulhados em seu próprio mundo por tempo demais. Eu leio seus *posts* no blog e não sei o que diabos a pessoa acabou de falar, pois era muito nebuloso nas nuvens, sem dizer nada de concreto e não tendo nenhuma aplicação. Não é isso que eu quero ser.

JP - Você fala sobre respeito e cortesia em seu *blog*. Você vê exemplos de desrespeito em publicações ou *blogs* de negócios? Que tipo de conselho você dá aos blogueiros sobre esta questão?

Marcus - Francamente eu não vejo muitas opiniões sendo expressas. A maioria das empresas, especialmente B2Bs, vive em sua área cinzenta. Elas têm tanto medo de emitir qualquer opinião que seu *blog* cheira mal. Elas procuram agradar a todos e no fim não saem do lugar.

As pessoas me perguntam o tempo todo: "Como você pega um assunto que não é muito *sexy* (isto é, piscinas) e consegue tantos seguidores?." Em primeiro lugar, ele é escrito de forma pessoal. Eu escrevo da mesma forma como falo. Em segundo lugar, o meu *blog* expressa opiniões. Eu não vivo em uma área cinzenta. Eu vivo em preto e branco. Temos uma carência de liderança de pensamento por que todo mundo tem medo de assumir uma posição.

Agora, você tem que ser respeitoso. Eu não saio dizendo: "Este sujeito é um idiota." Eu nunca vou fazer algo assim. Mas eu direi:

"Estou olhando para esse produto, serviço ou crença e isso não faz sentido para mim – e aqui está o motivo."

Se não estiver fazendo as pessoas pensarem um pouco em seu setor de atividade, eu não acho que você irá se sair bem. Não hoje em dia. Há conteúdo demais. Eu falo de algo que chamo de ISC, o **Índice de Saturação de Conteúdo**. O ISC em cada setor de atividade está crescendo diariamente em grandes saltos. Tudo se resume a qualidade. A qualidade inicia o lado social das coisas.

JP – Você discute os prós e contras de diferentes plataformas de tecnologia em seu blog, como os *rankings* Alexa e o Livefyre. Quais aplicativos e plataformas você acha que os blogueiro precisam conhecer – ou até mesmo usar – para ter sucesso?

Marcus – Um que eu falo muito a respeito é o HubSpot. O HubSpot foi a primeira empresa verdadeiramente completa (por exemplo, *blogs*, estatísticas, marketing por *e-mail*, nutrição de *leads*, mídia social). O HubSpot vai muito mais fundo em termos de conhecer o comportamento de seus *leads* do que o Google Analytics.

Eis a questão: se, como blogueiro, você não puder dizer, "eu sei que meu *blog* me produziu pelo menos 'esse tanto' de vendas no ano passado", há uma boa chance de que você não esteja medindo as coisas da forma certa. Você precisa fazer melhor do que apenas o Google Analytics. O Google Analytics monitora o tráfego, mas não rastreia pessoas e nomes. Há muito mais poder em conseguir dizer: "Jeff visitou o meu *site* hoje e preencheu um formulário. E Jeff visualizou essas cinco páginas do meu *site*" (ver Figura 6.5 para uma amostragem do tráfego no *site* da River).

O Google Analytics diz o inverso: "Hoje eu tive 1.000 visitantes em meu *site*, e estas são as páginas que eles visualizaram, e esta é a taxa de rejeição e estes são os lugares que eles clicaram." O que diabos é isso? Como vendedor, eu quero saber o que Jeff fez. Eu não me importo com os outros 999. Eu realmente, de verdade, quero saber o que Jeff fez. É por isso que precisamos ser bons profissionais de marketing de atração, e temos que fazer as pessoas preencherem nossos formulários em nosso *site*. Temos que conseguir ver o comportamento verdadeiro, e não ter todas essas hipóteses baseadas no que o Google Analytics está nos dizendo. O Google Analytics é bom, mas claramente não tem a profundidade que você precisa do ponto de vista de vendas.

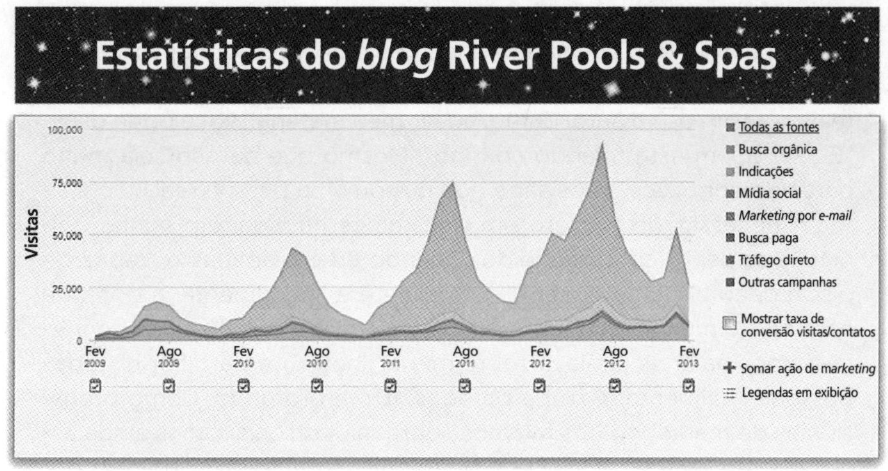

Fonte: Marcus Sheridan

Figura 6.5 **Após poucos anos com o *blog*, a River Pools and Spas conseguiu atrair quase 100.000 visitantes únicos para o *site* em apenas um mês.**

Eu escrevi um *post* no *blog* algum tempo atrás: "Meu *blog* fez mais de US$2 milhões em vendas: que tal isso como ROI?." Esse foi um momento esclarecedor para muitas pessoas, pois elas viram: "Uau, você consegue realmente fechar todo o ciclo. Você pode dizer esta é uma palavra-chave que a pessoa digitou, este é o artigo que elas leram, estas são as páginas que elas visitaram e este é o formulário que elas preencheram para se tornar um *lead*." Quando esta pessoa se torna um lead (vamos chamá-la de John), nós iniciamos o processo de vendas e começamos a rastreá-la, não apenas com base no *site*, mas em todas as nossas comunicações com John. Quando John acaba se tornando um cliente, nós o bloqueamos em nossas estatísticas e rastreamos de volta para aquela palavra-chave inicial e aquele artigo inicial. Neste momento, você pode dizer: "Se eu não tivesse escrito este artigo no *blog*, John nunca teria visitado o *site* e se tornado cliente." Portanto, esse artigo é a razão direta para a venda. E esta venda para este cliente específico, John, foi de US$ 75.000 para a minha empresa. Isso é uma coisa linda.

JP – Você compartilha muito a respeito de si mesmo, sua família, sua fé – muito mais do que o empresário médio. Diga-me o motivo.

Marcus – Eu quero que você comece a desenvolver um relacionamento comigo desde logo. Eu quero que você saiba, antes de qualquer coisa, quem eu sou. Isso é importante porque você precisa conseguir colocar um rosto junto com o conteúdo. Em segundo lugar, eu quero que você sinta que eu sou exatamente como você, uma pessoa real com uma família de verdade, com dificuldades, triunfos, tragédias reais, e assim por diante. Então, ao ler meu material, você pode dizer: "Eu sei quem está falando comigo." Mesmo que eu não seja muito parecido com você, você sabe que eu sou uma pessoa real.

A necessidade número um que temos na vida, em minha opinião, é se sentir compreendido. Quando eu era apenas o "rapaz da piscina", eu batia na porta de um cliente e, literalmente, a dona da casa saia e me dava um abraço. Ela me tratava como se nos conhecêssemos há anos e falava sobre meus filhos. Compartilhar histórias pessoais realmente derruba paredes. Isto é profundo. Como profissionais de marketing nós falamos sobre mídias sociais, mas ainda assim queremos ser antissociais; bem, que se dane isso. Eu entro por inteiro, literalmente. Coloco todas as fichas no centro da mesa. Estou aqui para ser social, e é isso que eu sou!

O RESTANTE DESTE LIVRO

A primeira parte deste livro foi concebida para lhe dar uma base sólida sobre o que é o marketing de conteúdo e onde estão as possibilidades. O restante deste livro tratará de como você pode encontrar a sua história, como pode entender melhor o processo de desenvolvimento de conteúdo épico e como pode transformar sua organização em uma fábrica de marketing de conteúdo que atrai e retém mais do tipo certo de clientes.

Você está pronto? Vamos lá!

PENSAMENTOS ÉPICOS

- Quando a Coca-Cola faz qualquer coisa, as pessoas ouvem. O fato de ela estar levando o marketing de conteúdo tão a sério é importante para todos nós no marketing e na geração de negócios.
- A Red Bull e o Jyske Bank parecem mais empresas de mídia do que fabricante de bebida energética e um banco. Deveremos ver mais desta tendência no futuro.
- O marketing de conteúdo não é apenas para grandes empresas. A OpenView Venture Partners e a River Pools and Spas têm dominado seus respectivos setores através de criação de conteúdo épico, Você também pode.

RECURSOS ÉPICOS

- *Jerry McGuire – A Grande Virada*, dirigido por Cameron Crowe (1996; Tristar Pictures/Sony Pictures Entertainment).
- Joe Pulizzi, *Coca-Cola Bets the Farm on Content Marketing: Content 2020*, ContentMarketingInstitute.com, 4 de janeiro de 2012, http://contentmarketinginstitute.com/2012/01/coca-cola-content-marketing-20-20/.
- David M. Ewalt, *Once Upon a Soda, Forbes*, 25 de janeiro de 2013, http://www.forbes.com/sites/davidewalt/2013/01/25/once-upon-a-soda/.
- Mark Sherbin, *Big Content Marketing Plays from Coke, Pepsi and Red Bull*, ContentMarketingInstitute.com, 18 de novembro de 2012, http://contentmarketinginstitute.com/2012/11/content-marketing-plays-coke--pepsi-red-bull/.
- Stuart Elliott, *Coke Revamps Web Site to Tell Its Story, The New York Times*, 11 de novembro de 2012, http://www.nytimes.com/2012/11/12/business/media/coke-revamps-web-*site*-to-tell-its-story.html.
- James O'Brien, *How Red Bull Takes Content Marketing to the Extreme*, Mashable.com, 19 de dezembro de 2012, http://mashable.com/2012/12/19/red-bull-content-marketing/.
- *The World's 50 Most Innovative Companies*, Red Bull Media House, em FastCompany.com, 2012, http://www.fastcompany.com/most-innovative-companies/2012/red-bull-media-house.
- Brian Morrissey, *What Red Bull Can Teach Content Marketers*, Digiday, 15 de outubro de 2012, http://www.digiday.com/brands/what-red-bull-can-teach-content-marketers/.
- Coca-Cola Journey, consultado em 5 de março de 2013, http://www.coca-colacompany.com/.
- Red Bull Media House, consultado em 5 de março de 2013, http://www.redbullmediahouse.com/.
- OpenView Labs, consultado em 18 de março de 2013, http://labs.openviewpartners.com.
- Jyske Bank Case Study, consultado em 22 de março de 2013, http://www.youtube.com/watch?v=-js2tMxBWH4.
- Jyske Bank Foundations, consultado em 23 de março de 2013, http://dok.jyskebank.dk/Unit/jyskebank/jyskebankinfo/Ourfoundations/.
- River Pools and Spas, consultado em 28 de março de 2013, http://www.riverpoolsandspas.com/.
- Mark Cohen, *A Revolutionary Marketing Strategy: Answer Customers Questions, The New York Times*, 27 de fevereiro de 2003, http://www.nytimes.com/2013/02/28/business/smallbusiness/increasing-sales-by--answering-customers-questions.html?_r=0.

PARTE II

Definição do Nicho e Estratégia do Seu Conteúdo

CAPÍTULO 7

Mais Certo ou Menos Certo

"Julgue um homem pelas suas perguntas, não pelas suas respostas."

VOLTAIRE

Na casa dos Pulizzi, isso se passa com apenas três palavras: **isenção de responsabilidade**. Deixe-me explicar. Enquanto eu crescia, e chegando até os dias de hoje, minha mãe sempre foi meticulosa na escolha e compra de presentes para os membros de nossa família. Quando eu recebia presentes pelo meu aniversário ou no Natal, minha mãe chegava para me entregar... e então fazia uma pausa. Antes de entregar o que havia comprado, as palavras que saíam de sua boca eram o que minha irmã, Lea, e eu, sempre chamávamos de **"isenção de responsabilidade".**

A isenção de responsabilidade ocorria porque eu poderia não gostar do presente – porque poderia não ser o presente perfeito para mim. Geralmente vinha acompanhado de algum tipo de recibo que possibilitasse a troca do presente e, às vezes, de uma lista de outros presentes que poderiam ser mais adequados para mim. Francamente, eu sempre amei isso em minha mãe. Ela sempre demonstrou muita atenção e carinho ao comprar qualquer presente para qualquer pessoa.

Portanto, é justo eu não poder escrever um livro sobre *marketing de conteúdo épico* sem minha própria versão de isenção de responsabilidade.

ISENÇÃO DE RESPONSABILIDADE

Do mesmo modo que com muitos outros livros, minha esperança é que este livro seja tão valioso para você que mude sua vida, carreira e negócios de alguma maneira. Mas este livro não é uma **estratégia milagrosa**. Não existe nenhum milagre.

Estive envolvido em literalmente centenas de estratégias de marketing de conteúdo, desde as das maiores marcas no mundo até as de empresas iniciantes com apenas uma pessoa. Cada uma delas (e realmente quero dizer **cada uma**) foi diferente, Cada uma funcionou de forma diferente, por diferentes motivos.

SUA AFIRMAÇÃO PESSOAL

No filme de 2012 de James Bond, *007 - Operação Skyfall*, Bond conhece seu novo armeiro (Q), que lhe fornece sua nova arma no início do filme. Após a entrega, Q afirma que a arma só pode ser ativada com a impressão da palma de Bond e que só ele consegue dispará-la, e completa dizendo: "Isto é menos que uma máquina de matar aleatoriamente, e mais de uma afirmação pessoal."

A sua estratégia e plano de marketing de conteúdo também precisa ser uma afirmação pessoal que combine seus próprios objetivos de negócios com a necessidade de informação do seu público. O seu plano de conteúdo não pode ser copiado de qualquer outra empresa, mas você pode aprender com outras empresas e aproveitar o melhor dos outros em seu próprio plano.

MAIS CERTO OU MENOS CERTO

Meu amigo e colega Jay Baer, autor de *Youtility*, diz que não existe certo ou errado quando se trata do marketing de conteúdo, apenas "mais certo" ou "menos certo". Muitos profissionais de marketing e empresários estão à procura desta metodologia milagrosa que irá resolver todos os seus problemas de negócios. Você pode parar com esta procura.

O melhor que eu posso esperar é que você venha a fazer mais perguntas certas, que o levem a planejar "mais certo" do que "menos certo". Os melhores livros de negócios que eu li, desde Seth Godin até David Meerman Scott, têm sempre me desafiado a formular as melhores perguntas. Ao longo dos anos, tenho observado que a maioria dos planos de marketing não funciona porque não são feitas perguntas suficientes. Não cometa este erro.

ONDE VOCÊ ESTÁ? O MODELO DE MATURIDADE DO MARKETING DE CONTEÚDO

Robert Rose, diretor de estratégia do CMI e coautor junto comigo de *Managing Content Marketing* vem trabalhando em um modelo de maturidade para o marketing de conteúdo. A finalidade é ajudar as empresas a identificar onde elas estão no marketing de conteúdo e onde precisam estar. Ele foi muito gentil em esboçar este modelo a seguir.

O marketing de conteúdo é uma abordagem, uma prática, para o marketing que ajuda as empresas a entregar um valor diferenciado aos clientes. Conforme diz Jeff Ernst da Forrester: "Os consumidores não compram mais nossos produtos e serviços, eles compram nossa abordagem para resolver seus problemas." É por isso que empresas como a Zappos são tão diferenciadas - porque a arte do serviço e da conversa têm sido transformados em seu marketing. É por isso que a Red Bull se diferencia - porque entende que não se trata apenas de bebida energética, trata-se da construção da história inspiradora que vem junto com a bebida. E é por isso que a Cisco Systems se diferencia - por entender que não se trata apenas de roteadores e cabos, trata-se de demonstrar que pessoas reais conseguem inovar a comunicação, dada a tecnologia certa.

Mas isto não é uma proposição **"tudo ou nada"**. Dependendo da área de atuação de sua empresa, você pode ter diferentes necessidades em termos de desenvolvimento e sofisticação de conteúdo. É uma escala - não de capacidade, mas de abordagem. Entender onde você está atualmente em sua jornada do marketing de conteúdo (consciente do conteúdo, líder de pensamento ou contador de histórias) é fundamental para começar no caminho certo (ver Figura 7.1).

CONSCIENTE DO CONTEÚDO

Na base desta escala está o que eu chamo de **"consciente do conteúdo"**. Isto é simplesmente utilizar o conteúdo para se destacar no ruído da publicidade baseada na interrupção e direcionar um conhecimento confiável para seu produto ou serviço. O exemplo clássico disto é o marketing de atração (empresas que usam conteúdo para "serem encontradas"). **Trata-se de uma estratégia que atende a demanda.** A estratégia consiste em gerar lotes de conteúdo confiável e útil para ser encontrado, aumentar a consciência de marca e gerar confiança em seu público-alvo.

Fonte: CMI/ Robert Rose.

Figura 7.1 **Onde você está em sua jornada do marketing de conteúdo?**

Exemplo: Tenon Tours. A Tenon Tours usa o HubSpot para gerar lotes de conteúdo em seu *blog* sobre a cultura irlandesa, eventos locais e dicas de viagem. A empresa passa o seu tempo otimizando os *posts* para o *ranking* de busca. Como resultado, ela aumentou os visitantes do *site* em 54%. A chave para o sucesso está em se concentrar nos *posts* que geram os melhores *rankings* nos mecanismos de busca, nos que têm maior compartilhamento nas redes sociais e nos que atraem mais visitantes.

LÍDER DE PENSAMENTO

Depois de "consciente do conteúdo", a próxima fase é trabalhar para se tornar um **"líder de pensamento"** ou **"liderar com envolvimento"**. Isto é quando você, como marca, cria conteúdo que agrega valor, além do escopo de seu produto ou serviço. A empresa reivindica e conquista a liderança na categoria do setor de atividade ao criar e facilitar conteúdo que não só atende a demanda, como também cria uma confiança na marca que vai além de apenas mostrar como usar o produto ou serviço. Nesta fase, a empresa vai além da criação de conteúdo para as principais *personas* de seu comprador e passa a criar conteúdo para formadores de opinião.

No caso de transações entre empresas (B2B) isto é a criação de um funil de compra mais eficiente (em essência, ajudando os seus compradores a comprar), pois a empresa está diferenciando os negócios em relação a seus concorrentes reivindicando e ganhando experiência. A empresa pode criar conteúdo que fala sobre o uso de outros produtos que complementam o seu. Ela pode oferecer pesquisas ou conteúdo ampliado que chega aos (ou é originado por) formadores de opinião do setor. O objetivo desta fase é usar o conteúdo para elevar a marca para um patamar que gere confiança por parte do consumidor, o que gera, portanto, uma abordagem diferenciada para resolver o problema do cliente, ou de forma mais simples, eliminar o que está atrapalhando a decisão de compra.

Exemplo: OpenView Venture Partners. A OpenView tem uma abordagem holística para sua estratégia de marketing de conteúdo. A empresa possui um *blog* completo, eventos virtuais, eventos físicos, vídeos, infográficos e canais de mídia social que atendem a sua missão central de comunicar a sua crença de que novas formas de marketing podem afetar positivamente as empresas iniciantes. A OpenView usa formadores de opinião do setor, bem como seus próprios funcionários para contar a sua história. Além de hospedar formadores de opinião para ajudar a OpenView a gerar conteúdo, a empresa ativamente busca chegar aos influenciadores para gerar conteúdo para eles também. A organização realmente se estabeleceu como líder de pensamento do crescimento empresarial no setor de capital de risco – que se preocupa profundamente com as empresas de sua carteira. Isto diferencia a organização de outras empresas de capital de risco e, subsequentemente, eleva a OpenView para ser consultada por empreendedores mais criativos e inovadores do que seria de outra forma, dado o seu porte.

CONTADOR DE HISTÓRIAS

A fase final é a de **"contador de histórias"**. Nesta etapa a marca integra o conteúdo em uma narrativa maior da marca e alinha completamente a sua estratégia de conteúdo em torno de uma estratégia de envolvimento do cliente. A empresa vai além de se tornar uma líder de pensamento no setor ao atrair clientes, prospectivos e formadores de opinião para um relacionamento emocional com a marca. A estratégia de contador de histórias educa, entretém, envolve e tem um impacto sobre o público, pois o conteúdo vai bem além do escopo do produto ou serviço para a razão pela qual a organização existe. **Ela realmente cria demanda por produtos e serviços** que o público pode não saber ainda que existem (ou que podem nunca existir). Ela cria entusiasmo e interesse naqueles que não são clientes, faz com que os clientes existentes se tornem evangelizadores e se concentra em atrair o público para se envolver com a marca de várias maneiras (este tem sido tradicionalmente o papel de empresas de mídia, como o *The New York Times* ou a NBC). O objetivo da estratégia de contar histórias é criar clientes melhores. Ela cria uma eficiência global em marketing e vendas, pois permite que a marca se diferencie ao ponto de ser capaz de cobrar um adicional por seus produtos e serviços ou de fazer um desconto menor.

Exemplo: Coca-Cola. Há muitas estratégias diferentes de contar histórias sendo executadas. A da Coca-Cola provavelmente é a melhor; a empresa cria histórias que têm por objetivo, todas elas, de **"espalhar a felicidade"** (ver Capítulo 6). No âmbito do B2B, a Cisco Systems conta histórias através da criação de documentários que se conectam emocionalmente com os consumidores (embora eles realmente não vendam mais para consumidores), de modo que há uma influência no setor para se preocupar com a marca Cisco. A GE faz isso falando sobre inovação e criando histórias de marca que fazem os consumidores se preocupar com a marca GE; isto influencia as empresas que podem comprar produtos GE.

Na medida em que você avança pelo restante do livro, é importante pensar sobre onde você quer estar. Às vezes é suficiente se tornar consciente do conteúdo para conseguir atender a demanda, o que é feito através da criação de conteúdo épico. Mas as verdadeiras oportunidades de receitas e crescimento estão na fase de contador de histórias. É algo que todas as empresas deveriam se esforçar para alcançar. Apesar disso, esta é uma decisão que você precisa tomar enquanto amadurece em sua prática de marketing de conteúdo.

PENSAMENTOS ÉPICOS

- Não existe nenhum milagre quando se trata de marketing de conteúdo, Cada empresa precisa encontrar o seu próprio caminho.
- É importante entender onde você está no modelo de maturidade do conteúdo. Você precisa saber onde está atualmente antes de tomar uma decisão sobre onde você quer estar.

RECURSOS ÉPICOS

- *007 - Operação Skyfall,* dirigido por Sam Mendes (2012; Eon Productions).
- Jay Baer, *Youtility,* Portfolio/Penguin, 2013.
- Jeff Ernst, *It's Time to Take a Stand . . . in Your Marketing, Jeff Ernst's Blog,* Forrester.com, 7 de junho de 2011, http://blogs.forrester.com/jeff_ernst/11-06-07-its_time_to_take_a_stand_in_your_marketing.
- Tenon Tours, consultado em 18 de março de 2013, http://www.tenontours.com/.

CAPÍTULO 8

O Que é Marketing de Conteúdo Épico?

"O primeiro problema para todos nós, homens e mulheres, não é aprender, mas desaprender."

GLORIA STEINEM

Antes de mergulhar no que faz o marketing de conteúdo funcionar, vamos analisar por que o seu atual conteúdo pode não estar funcionando ou beneficiando os seus negócios.

O conteúdo só trata de você. Lembre-se: os clientes não se preocupam com você; eles se importam consigo mesmos e com os seus próprios problemas. Nós muitas vezes esquecemos este ponto quando descrevemos como é maravilhoso o nosso produto (com o qual ninguém se importa). Quanto mais você fala sobre si mesmo e seus produtos, menos este conteúdo é espalhado ou gera envolvimento.

Você tem medo de falhar. Assumir riscos com seu conteúdo e fazer um pouco de experimentação revela as possibilidades para o seu marketing de conteúdo e descobre novas histórias valiosas de clientes.

Você estabeleceu uma meta muito baixa. O seu marketing de conteúdo deveria ser o melhor do seu setor de atividade – melhor do que o de todos os outros concorrentes e melhor do que o da mídia e dos editores em seu espaço. Como você pode ser considerado o especialista confiável em seu setor, se isso não acontece?

Você não está buscando fontes corretamente. A maioria das marcas terceiriza uma parte do processo de marketing de conteúdo. Não tenha medo de procurar bons desenvolvedores internos de conteúdo e jornalistas, escritores e agências externas de conteúdo para ajudá-lo a contar a sua história.

Você está se comunicando em silos. Você está contando histórias diferentes em relações públicas, nas comunicações corporativas, nas mídias sociais, no marketing por *e-mail* e em outras mídias? Todos os departamentos seguem uma narrativa corporativa consistente? O *marketing de conteúdo épico* significa que sua empresa está contando uma história consistente.

Você não procura o desconforto. Seth Godin afirma em seu livro *Você é Indispensável?* que caso não saia consistentemente de sua zona de conforto, você está fadado a permanecer no *status quo*. Faça algo completamente inesperado com seu conteúdo de vez em quando.

Não há uma chamada para ação. Cada item de conteúdo deve ter uma chamada para ação. Se isso não acontecer, pelo menos o reconheça como tal e a finalidade real por trás de haver desenvolvido o conteúdo.

Você está se concentrando demais em um canal específico. Pare de pensar apenas em termos de boletins informativos por *e-mail* ou Facebook. Pense no problema que você está resolvendo para seus clientes. Conte-lhes esta história de diferentes maneiras em todos os lugares em que seus clientes buscam informações fidedignas.

Você cria um plano B. Só existe tentar e reiterar. Esqueça o plano B. Um plano B (por exemplo, publicidade paga por clique ou patrocínio) é admitir o fracasso antes mesmo de começar.

Não existe dono do conteúdo. Alguém em sua organização (possivelmente você) deve tomar posse do plano de marketing de conteúdo.

Não há adesão da alta administração. As organizações sem adesão da alta administração têm uma probabilidade 300% maior de fracassar no marketing de conteúdo do que as empresas com adesão dos executivos (de acordo com pesquisa do CMI).

Você não está imerso em seu setor de atividade. Em todos os lugares onde os seus clientes estiverem, você precisa estar (seja *on-line*, impresso ou pessoalmente).

Você não está atendendo bem a um determinado nicho. Você precisa ser o principal especialista do mundo em seu nicho. Escolha uma área de conteúdo que seja significativa para o seu negócio e que seja alcançável.

Você é lento demais. Por mais que eu deteste dizer isso, a velocidade bate a perfeição em muitos casos. Descubra um processo simplificado para a sua narrativa.

A distribuição de conteúdo é inconsistente. O seu marketing de conteúdo é uma promessa para seus clientes. Pense no jornal de manhã (se você o recebe): quando não chega a tempo, você não fica irritado? Você precisa ter a mesma mentalidade com o seu marketing de conteúdo. Distribua o conteúdo de forma **consistente** e **pontual**. Desenvolva o calendário editorial de seu marketing de conteúdo (ver Capítulo 14).

Você deve pensar sempre com a busca em mente. Muito provavelmente, a maior parte do tráfego do *site* vem dos mecanismos de busca. Ao criar o conteúdo tendo a busca em mente, você fica focado no problema e em como os clientes comunicam este problema. Além disso, você é encontrado!

OS SEIS PRINCÍPIOS DO MARKETING DE CONTEÚDO ÉPICO

Talvez agora você ache que não há mais necessidade de um conteúdo relacionado a vendas. Isto está muito longe da verdade. O problema é que os clientes só precisam de conteúdo relacionado a vendas em um momento muito específico do processo de vendas. Se você for honesto sobre o conteúdo que possui, sua organização já deve ter bastante conteúdo relacionado com as características e benefícios dos produtos. O que você precisa são histórias que envolvam os seus clientes... e que os estimulem a agir.

Agora, antes de analisar os princípios do marketing de conteúdo, lembre-se de que o objetivo do conteúdo é fazer com que o cliente “se mexa” de alguma forma. Nós, profissionais de marketing, precisamos afetá-los positivamente, engajá-los e fazer o que for preciso para ficar envolvidos em suas vidas e em suas conversas. A seguir apresentamos os seis princípios do *marketing de conteúdo épico*: **apliquem-nos atentamente**.

Satisfaça uma necessidade. O seu conteúdo deve responder a alguma necessidade não atendida ou a uma pergunta de seu cliente. Precisa ser útil de alguma forma para o cliente, para além do que você pode oferecer como produto ou serviço.

Seja consistente. A grande característica de um editor de sucesso é a consistência. Seja assinando uma revista mensal ou um boletim informativo diário por *e-mail*, o conteúdo precisa ser entregue sempre no prazo e conforme o esperado. É nesse ponto que muitas empresas vacilam. Seja o que for que você se comprometer em seu marketing de conteúdo, isto deve ser entregue de forma consistente.

Seja humano. As vantagens de não ser uma entidade jornalística é não ter nada que o impeça de ser você mesmo. Encontre a sua própria voz e a compartilhe. Se a história de sua empresa tem tudo a ver com humor, compartilhe isso. Se for um pouco sarcástica, tudo bem também.

Tenha um ponto de vista. Isto não é conteúdo de enciclopédia. Você não está fazendo um relatório da história. Não tenha medo de tomar partido em questões que possam posicionar você e sua empresa como especialistas.

Evite "falar de vendas". Quando criamos um conteúdo no CMI que seja exclusivamente sobre nós e não para um propósito educativo, ele só obtém **25% da quantidade normal de acessos e compartilhamento em mídias sociais** (ver Figura 8.1). Quanto mais você fala sobre si mesmo, menos as pessoas valorizarão o seu conteúdo.

Seja o melhor da categoria. Embora você possa não conseguir alcançar isso no início, o objetivo para o seu conteúdo é o de, em última instância, ser o melhor da categoria. Isto significa que, para o seu nicho de conteúdo, o que você distribui é o melhor dentre o que é encontrado e está disponível. Se você espera que seus clientes passem tempo com seu conteúdo, você deve entregar-lhes um **valor que seja incrível**.

Fonte: CMI

Figura 8.1 Nós no CMI queremos divulgar os prêmios de Marketing de Conteúdo da empresa, mas estamos bastante conscientes de que os *posts* promocionais são compartilhados a uma taxa que é apenas 25% dos *posts* normais, educativos.

O *MARKETING DE CONTEÚDO ÉPICO* EM AÇÃO

Pense nas fontes de conteúdo em que você se baseia diariamente. O que as torna tão especiais? Elas fornecem informações que você não consegue encontrar em nenhum outro lugar? Elas são entregues consistentemente ao redor do mesmo dia e horário? Elas têm um ponto de vista específico que você gosta? Elas lhe ajudam a viver uma vida melhor ou a crescer em sua carreira?

Há uma série de fontes de conteúdo das quais sou "assinante" que se tornaram parte de minha vida.

- Revista *Inc.* (uma empresa de mídia): eu realmente fico animado quando esta publicação impressa chega pelo correio. Frequência: mensal.
- Romances de P. J. Tracy (um escritor). Frequência: anual.

- *Posts* no *blog* de Seth Godin (um autor). Frequência: diária.
- Relatórios da Fisher Investments (uma empresa de investimento). Frequência: trimestral.
- *Posts* da Copyblogger Media (uma empresa de *software*). Frequência: diária.

Como empresa, o seu objetivo é se tornar parte da malha de conteúdos para seus clientes. Se fizer isso, vender para eles passa a ser relativamente fácil. Por exemplo, eu normalmente testo todos os softwares que a Copyblogger Media divulga. Tenho grande confiança nesta organização.

O CONTEÚDO PERFEITO

Jason Calacanis fala frequentemente sobre o que ele acredita ser o conteúdo perfeito: em tempo real, voltado para fatos, visual, eficiente e que passe por uma curadoria (gerenciado). Vamos analisar:

Conteúdo em tempo real. Será que o seu conteúdo aproveita as tendências atuais e as notícias? A Oreo teve muito sucesso com seu agora famoso tuíte no *Super Bowl* "Você ainda pode comer uma bolacha no escuro", que foi enviado em um momento perfeito durante o apagão que ocorreu no jogo entre Ravens x 49ers. A imagem foi retuitada mais de 10.000 vezes e recebeu divulgação gratuita por quase todas as empresas de mídia do planeta. Embora a Oreo possa ter tido muita sorte nesse caso, o ponto é claro: aqueles que conseguem criar conteúdo aproveitando a cultura popular ou as notícias do setor de atividade têm uma vantagem competitiva.

Conteúdo voltado para fatos. Independentemente de seu ponto de vista, o conteúdo desenvolvido por você deve se basear em fatos. Exatamente como na escola, quando todos nós costumávamos citar nossas fontes, aproveitar estatísticas e informações confiáveis nunca foi mais importante. Quase todas as empresas de mídia no planeta empregam um verificador de fatos: alguém cuja única responsabilidade é se certificar de que aquilo que a empresa está dizendo é 100% correto.

Se apenas um item do conteúdo que você divulgar estiver incorreto, a *Web* social será implacável com sua marca. O seu trabalho é estabelecer processos para que isto nunca aconteça.

Conteúdo visual. No final de 2011, a Skyword, uma plataforma de marketing de conteúdo, fez uma análise do conteúdo de todos os seus clientes. Ela constatou que os *posts* e artigos com **imagens** tiveram um desempenho

91% melhor do que os sem imagens. Por que isso acontece? Em outro estudo patrocinado pela 3M, 90% das informações transmitidas através do cérebro são de natureza visual, e o conteúdo visual é processado 60.000 vezes mais rápido do que a palavra escrita.

Assim, mesmo com conteúdo em textos, o projeto visual é fundamental e deve fazer parte de cada item de seu marketing de conteúdo.

Conteúdo eficiente. Quando no CMI começamos com *posts* diários no *blog*, eram apenas duas pessoas trabalhando: Michele Linn e eu. Fizemos o melhor que podíamos com os recursos disponíveis. Agora, quase quatro anos depois, Michele conduz a estratégia, Jodi Harris administra o conteúdo diário, Lisa Higgs comprova e verifica o conteúdo, Tracy Gold revisa todos os títulos e Mike Murray edita os nossos *metatags* para otimização dos mecanismos de busca.

Ao longo dos anos, temos conseguido aperfeiçoar o processo, trazendo especialistas em áreas fundamentais, procurando ser o mais eficiente possível com nossos recursos.

Curadoria de conteúdo. Pawan Deshpande, CEO da Curata, define **curadoria de conteúdo** como "a prática de encontrar, organizar e compartilhar o conteúdo que seja melhor e mais relevante sobre um assunto específico, em vez de apenas criar sozinho todo o seu conteúdo". Mesmo as empresas de mídia mais inteligentes do planeta, como o *Huffington Post, The Wall Street Journal* e *Mashable*, produzem histórias aproveitando o conteúdo de outras pessoas. O seu trabalho, igual ao trabalho de um curador de museu, é o de descobrir o melhor conteúdo do planeta em seu nicho, de modo que o seu museu não feche por falta de público.

O PROCESSO DO *MARKETING DE CONTEÚDO ÉPICO*

Agora que você entende do que realmente é feito o conteúdo épico, o seu trabalho é desenvolver um processo organizacional para o marketing de conteúdo. Como você verá nos próximos capítulos, este processo começa com o seguinte:

- A meta ou objetivo.
- Definição do público.
- Entender como o público compra.
- Escolher o seu nicho de conteúdo.
- Desenvolver a sua declaração de missão do marketing de conteúdo.

Isto pode parecer muito para apenas uma parte do seu programa de marketing (na verdade, não é), mas é exatamente o que as principais empresas de mídia fazem quando lançam uma revista, boletim informativo ou programa de televisão. Como você também é um editor, você precisa seguir essas mesmas etapas. Muitas pequenas e grandes empresas começam a desenvolver conteúdo sem ter um plano claramente definido. Espero que isto não aconteça com você.

PENSAMENTOS ÉPICOS

- Se você quiser ter sucesso no marketing de conteúdo, o seu objetivo deve ser o de desenvolver e distribuir a melhor informação em seu setor de atividade. Caso contrário, por que os seus clientes se importariam?
- Quais são as fontes de informação em que você confia? Por que você se envolve com elas? O que as torna especiais? Você poderia estar nesta lista para seus clientes?

RECURSOS ÉPICOS

- *Oreo's Super Bowl Tweet: 'You Can Still Dunk in the Dark', Huffington Post,* 4 de fevereiro de 2013, http://www.huffingtonpost.com/2013/02/04/oreos-super-bowl-tweet-dunk-dark_n_2615333.html.
- Caleb Gonsalves, *Skyword Study: Add Images to Improve Content Performance,* Skyword.com, 11 de outubro de 2011, http://www.skyword.com/post/skyword-study-add-images-to-improve-content-performance/.
- Mike Parkinson, *The Power of Visual Communication,* BillionDollarGraphics.com, consultado em 9 de julho de 2013, http://www.billiondollargraphics.com/infographics.html.
- Pawan Deshpande, *4 Content Curation Tips You Can Take from Brand Success Stories,* ContentMarketingInstitute.com, 27 de fevereiro de 2013, http://contentmarketinginstitute.com/2013/02/content-curation-tips-from-brand-success-stories/.
- Seth Godin, consultado em 2 de abril de 2013, http://sethgodin.typepad.com/
- P. J. Tracy, consultado em 2 de abril de 2013, http://www.pjtracy.net/.
- Fisher Investments, consultado em 13 de março de 2013, http://www.fisherinvestments.com/.
- Copy*blog*ger Media, consultado em 13 de abril de 2013. http://copy*blogger*.com.

CAPÍTULO 9

O Objetivo de Conseguir Assinaturas

"Veja a bola. Acerte a bola."

CLINT EASTWOOD EM *CURVAS DA VIDA*

O meu comercial favorito de Michael Jordan para a empresa Nike foi lançado mais para o final de sua carreira. É um anúncio de 30 s de Jordan saindo de seu carro, passando pelos fotógrafos e entrando por uma porta. Não há *flashes* e nenhum arremesso para vencer o jogo. É apenas Michael... e então você ouve a sua voz:

> "Eu errei mais de 9.000 arremessos em minha carreira. Perdi quase 300 jogos. Por 26 vezes me confiaram o último arremesso para vencer a partida e eu errei. Eu falhei muitas e muitas vezes em minha vida. E é por isso que tive sucesso."

A única coisa que a maioria das pessoas tira deste comercial é que você precisa **tentar para ter sucesso**. Mas eu acho que o significado é muito mais profundo do que isto quando aplicado a objetivos de marketing e conteúdo.

SOBRE A DEFINIÇÃO DE OBJETIVOS

O sucesso é mais fácil de definir para os atletas (desculpem-me os atletas). **Geralmente há um objetivo bem específico que um atleta está buscando,** ou seja, um campeonato, uma medalha de ouro, uma meta de tempo ou simplesmente ganhar um jogo. Michael Jordan sempre afirmou que o seu objetivo era ser o melhor jogador de basquete de todos os tempos. Ele considerou ter alcançado este objetivo ao vencer seis campeonatos da NBA, incluindo inúmeros títulos de cestinha do campeonato e prêmios de **Melhor Jogador**.

Para nós meros mortais, empresários e gerentes de marketing, o lugar em que devemos começar é o seguinte: **devemos ter pelo menos um objetivo concreto**.

Michael Jordan sabe quando falhou porque sabe qual é o seu objetivo. Se uma pessoa não tem um objetivo, não pode haver fracasso. Eu acredito que é por isso que muitos não estabelecem objetivos para si mesmos – eles não querem se expor a nenhum fracasso na vida. Em alguns casos, o mesmo vale para profissionais de marketing.

Encontrar objetivos de conteúdo que, em última análise, orientem os seus negócios, pode ser um processo excruciante. **É preciso paixão, determinação e algum exame de consciência para verdadeiramente determinar que tipo de conteúdo você precisa criar para ter um impacto imediato em seu cliente.**

Mas será que existe um objetivo que nós, profissionais de marketing e empresários, possamos identificar como sendo o *Moneyball* do marketing de conteúdo? (No livro de 2003 de Michael Lewis, *Moneyball – O Homem que Mudou o Jogo* e no filme sobre o mesmo com Brad Pitt, o sucesso do time de beisebol Oakland Athletics se baseava em um número. Este número, que determinava o valor geral de um jogador de beisebol, era a estatística de seu desempenho). Será que existe um número, medida ou objetivo geral como a quantidade de campeonatos ganhos que possa orientar o nosso negócio?

OS OBJETIVOS DE NEGÓCIO DO MARKETING DE CONTEÚDO

Com o marketing de conteúdo há uma série de possíveis objetivos de negócio que você pode ter. Os parágrafos seguintes mostram alguns deles, que compõem os objetivos fundamentais por trás do funil de compra do marketing de conteúdo (ver Figura 9.1).

CONSCIÊNCIA OU REFORÇO DA MARCA

Quase sempre, a primeira coisa que se pensa quando você olha para o marketing de conteúdo é a consciência de marca. O objetivo pode ser o de que você esteja apenas tentando encontrar uma forma mais eficaz do que a publicidade para criar a conscientização sobre seu produto ou serviço. Esta é a estratégia de cauda longa. O marketing de conteúdo é um grande veículo para isso, pois é orgânico, autêntico e uma ótima maneira de começar a incentivar o envolvimento com a sua marca.

CONVERSÃO E NUTRIÇÃO DE *LEADS*

A forma como você define um *lead* pode variar, mas do ponto de vista do marketing de conteúdo, a conversão de *lead* é quando você incentivou os outros, por meio de troca de conteúdo envolvente, a liberarem informações suficientes sobre si mesmos de modo que agora, você tem permissão para "vender" a eles. Esta troca de informações pode incluir inscrever-se para receber um "demo", cadastrar-se para um evento, subscrever seu boletim informativo eletrônico ou obter acesso à sua central de recursos. Uma vez tendo a permissão do cliente prospectivo, você pode usar o conteúdo para ajudar a conduzi-lo através do ciclo de compra.

Fonte: Managing Content Marketing

Figura 9.1 **O funil do marketing de conteúdo leva em conta o processo de compra antes, durante e depois do ciclo de vida útil de um cliente.**

CONVERSÃO EM CLIENTE

Em muitos casos, você já tem bastante conteúdo para conversão em cliente. Nós, profissionais de marketing, temos tradicionalmente nos concentrado nesta área – os "argumentos de prova" ("*proof points*") para a venda. Os exemplos incluem estudos de caso que você envia aos seus prospectivos ilustrando como você resolveu o problema antes, ou uma seção de "depoimentos" na sua página de clientes. Em última análise, este é o conteúdo que você criou como profissional de marketing para ilustrar ao provável futuro cliente por que a sua solução é melhor ou será a única a atender as necessidades dele ou dela.

SERVIÇO AO CLIENTE

O marketing de conteúdo pode realmente ganhar alguns grupos de "assinantes" com o serviço ao cliente. Você está usando bem o conteúdo para criar valor ou reforçar a decisão do cliente **após** a venda? Este empreendimento vai bem além de ter um manual do usuário, um processo documentado para o sucesso e uma seção de **"perguntas mais frequentes"** (FAQs) em seu *site*. Trata-se das melhores práticas sobre como usar seu produto ou serviço. Como os clientes poderiam extrair o máximo de seu produto ou serviço? Quais são as formas inovadoras e bem-sucedidas que você já viu o seu produto ou serviço sendo utilizado para outras soluções?

FIDELIZAÇÃO E RETENÇÃO DE CLIENTE

Do mesmo modo que você tem um processo planejado de nutrição de *leads* para transformar prospectivos em clientes, você também precisa de uma estratégia planejada de retenção de clientes. Se o seu objetivo final for transformar os clientes em assinantes apaixonados que compartilham as suas histórias, esta área precisa de maior atenção. As opções podem ser um boletim informativo eletrônico ou impresso ao cliente, uma revista impressa ou em *tablet*, ou possivelmente um evento ao usuário ou uma série de *webinars*.

VENDA CASADA AO CLIENTE

Atualmente, o marketing continua mesmo após o cliente clicar no botão "finalização da compra". Se você for particularmente bom em usar o conteúdo para atender o cliente em um modelo de assinatura, você também tem a oportunidade de ser eficaz na criação de um envolvimento contínuo para outros produtos e serviços que oferece. Por que parar de se comunicar com prospectivos depois que eles se tornam clientes? Em vez disso, comunique-se com eles mais frequentemente (certamente não de uma forma assustadora), e envolva-os com valor agregado. Os objetivos de retenção do cliente e de venda casada podem trabalhar lado a lado.

ASSINANTES APAIXONADOS

Caso consiga levar os clientes para este estágio, você realmente atinge uma meta importante. O conteúdo – e especialmente o conteúdo gerado por clientes satisfeitos – pode ser uma das formas mais eficazes de alcançar qualquer objetivo de negócio. Isto é quando o marketing de conteúdo começa a trabalhar para você de forma exponencial. O CMI tem mais de 40.000 assinantes ativos de *e-mail* para o nosso conteúdo diário ou semanal. Essas pessoas "optaram" por receber o nosso conteúdo e nos deram a permissão para vender para eles. A maior parte das nossas fontes de receita vem dessa base de assinantes. Os negócios realmente passaram a decolar quando começamos a nos concentrar nas assinaturas como um objetivo fundamental para o marketing de conteúdo.

Então, qual desses objetivos faz sentido para o seu marketing de conteúdo? Talvez seja apenas uma iniciativa de marketing de atração e você só esteja tentando ajudar a direcionar mais leads para o processo de vendas e marketing. Talvez você esteja tentando criar um programa que amplie a consciência de marca, abaixe o custo de tráfego orgânico para o seu *site* e aumente a sua posição nos mecanismos de busca. Talvez você esteja trabalhando para melhorar a sua taxa de retenção de clientes. Separe alguns minutos agora para refletir um pouco. Escreva seu objetivo de marketing de conteúdo e coloque-o em algum lugar que lhe permita ver todos os dias.

ASSINATURAS

> "Grandes ideias geralmente recebem violenta oposição de mentes medíocres."
>
> ALBERT EINSTEIN

Brian Clark e sua empresa de *software*, Copyblogger Media, têm aproximadamente 200.000 pessoas que fizeram assinaturas para receber regularmente suas atualizações de conteúdo.

A Kraft Foods tem mais de um milhão de pessoas que solicitaram e pagam para receber a revista impressa da empresa, *Kraft Food & Family*.

A OpenView Venture Partners tem aproximadamente 20.000 empresários e CEOs que solicitaram receber o boletim informativo eletrônico semanal da organização.

Dois indivíduos conhecidos como Smosh começaram a desenvolver e distribuir vídeos no YouTube em 2005. Passados oito anos, Smosh comanda o canal mais popular no YouTube, com oito milhões de assinantes.

A Copyblogger vende *software* para blogueiro. A Kraft é uma das maiores empresas de alimentos do mundo. A OpenView é uma empresa de capital de risco. Smosh é uma rede de comédia. Embora com negócios muito diferentes entre si, a subscrição é fundamental.

O CONTEÚDO COMO UM ATIVO

A maioria dos profissionais de marketing vê o marketing de conteúdo como um ativo?

A resposta é **não** – quase em todos os setores. Os profissionais de marketing consideram os gastos com marketing de conteúdo como uma despesa. **Isto precisa mudar.**

Antes de tudo, uma pergunta: **o que é um ativo?**

De acordo com a *Investopedia*, um ativo é "um recurso com valor econômico que.... (uma) corporação... possui ou controla, com a expectativa de que venha a fornecer benefícios futuros". Um ativo, como uma casa ou investimento em ações, é uma aquisição que pode aumentar de valor ao longo do tempo.

Tradicionalmente, o gasto em marketing tem sido considerado uma despesa. Pegue a publicidade: os anunciantes criam o anúncio e o distribuem ao longo de um tempo fixo, e depois acabou. Espera-se que a despesa tenha sido transferida para algum valor da marca ou vendas diretas, mas o evento em si terminou.

O marketing de conteúdo é diferente; ele precisa ser visto e ser tratado de forma diferente.

AQUISIÇÃO DO ATIVO CONTEÚDO

Sejam quais forem os seus objetivos – vendas diretas, geração de *leads*, otimização para mecanismos de busca, ou presença nas mídias sociais – você está gastando dinheiro em aquisição e distribuição de conteúdo. Este motivo, sozinho, já seria o suficiente para você pensar de forma diferente sobre a aquisição de ativos de conteúdo.

Você não está adquirindo despesas de conteúdo. Você está adquirindo um ativo!

PENSANDO COMO UM EDITOR

Todos nós somos editores, e isto significa pensar de forma diferente sobre o conteúdo e sua importância para a nossa organização.

Quando você investe em um vídeo, um *podcast*, ou um documento técnico, esses itens de conteúdo criam valor de duas maneiras importantes.

Em primeiro lugar, **o conteúdo acabado é utilizado ao longo de um período de tempo; ele tem um prazo de validade.** O conteúdo que você cria possui um valor muito tempo depois que o investimento é pago (encaixando-se na definição de um ativo; ver Figura 9.2). Um exemplo é o conteúdo criado para otimização para mecanismos de busca. Um *post* no *blog* pode proporcionar retornos durante anos após a produção.

Em segundo lugar, **o conteúdo pode e deve ser reinventado e reaproveitado.** Você pode começar investindo em um vídeo, mas no final do ano, este vídeo pode resultar em 10 vídeos, 5 *posts* no *blog*, 2 *podcasts* e 30 ferramentas de vendas adequadas para diferentes níveis do ciclo de compra.

Ao pensar como editor, tudo o que você desenvolve para fins de publicação é um ativo. Ter esta mentalidade significa que você precisa pensar de forma diferente sobre todos os recursos que criam e distribuem este conteúdo. Não se trata de uma campanha de marketing; trata-se de criar um envolvimento de longo prazo com os clientes por meio de conteúdo épico.

DE QUE FORMA O FATO DE PENSAR NO CONTEÚDO COMO UM ATIVO PODE AJUDAR?

Pensar nesses termos irá ajudá-lo de duas maneiras.

Se você tratar o conteúdo como um ativo, as pessoas em sua organização vão **parar de tratar o conteúdo como aquela "coisa fofa e macia" que elas podem pegar ou largar**. Em cada reunião ou conversa que você tem, use a palavra ativo. Viva isso. Este esforço começará a contagiar e o conteúdo ganhará importância na empresa.

Ao pensar desta maneira, você irá mais ativamente **comercializar o ativo.** Eu ouvi recentemente uma história sobre uma empresa que investiu US$30.000 em um documento técnico e recebeu um *download*. Este é um problema de marketing, não um problema de conteúdo. Você planejaria vender a sua casa, mas não contar a ninguém sobre isso? Muitas organizações fazem exatamente isso com seus conteúdos: elas produzem o conteúdo, mas não deixam os clientes atuais e futuros saberem que está disponível por meio de marketing básico pago e orgânico (ver Parte IV deste livro para mais informações sobre divulgação de suas histórias). Cerifique-se de não cometer este erro.

Precisamos elevar a prática do marketing de conteúdo.

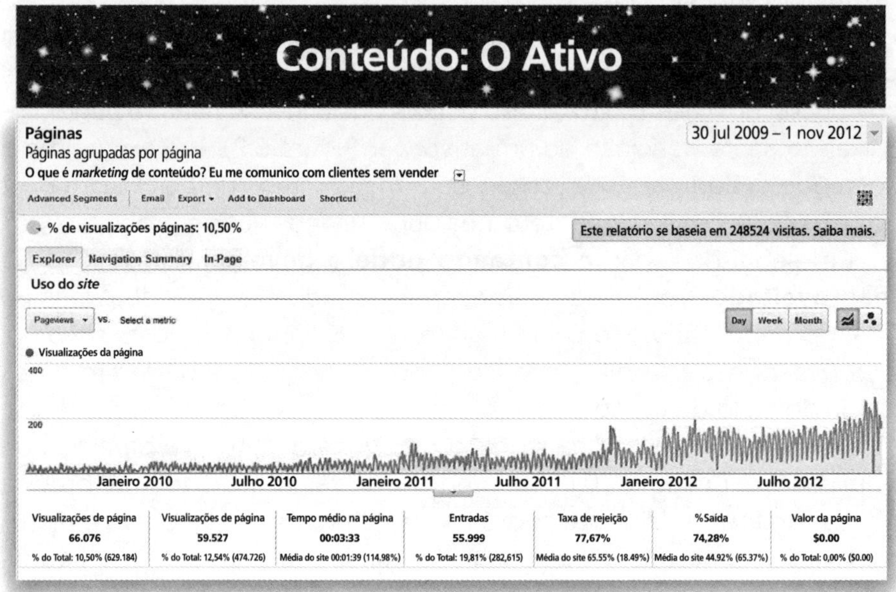

Fonte: CMI

Figura 9.2 **O *post* "O que é marketing de conteúdo" no *blog* do CMI tem recebido tráfego de forma consistente durante anos (e médias acima de 200 visitantes por dia... apenas para este *post*). Este é o motivo por que nós no CMI gostamos de criar "conteúdo perene" que pode permanecer relevante durante anos após a criação.**

COMECE COM O OBJETIVO FINAL EM MENTE

Em 2008, o CMI tinha apenas um ano de idade. Nós contávamos aproximadamente com 3.000 assinantes de nosso boletim informativo eletrônico semanal, que era enviado toda sexta-feira. À medida que fomos ficando mais sofisticados em nosso marketing, decidimos fazer uma análise de nossos assinantes. O que descobrimos sobre o assinante médio do CMI nos surpreendeu e nos encantou:

- O assinante era mais propenso a participar de nossos eventos e de adquirir os nossos produtos.
- O assinante era mais propenso a compartilhar o nosso conteúdo em sua rede de contatos.

- Uma vez dentro do processo de vendas (para nosso serviço de consultoria), o assinante fechava o negócio três vezes mais rápido do que um não assinante.

No CMI nós tínhamos os objetivos de conhecimento de marca, geração de *leads* e liderança do pensamento, provavelmente igual à sua organização. Mas o que nós não percebemos até esta análise é que podíamos cumprir diversos objetivos de marketing através de um único objetivo unificado de subscrição.

Descobrimos que através do desenvolvimento do *marketing de conteúdo épico* em uma base consistente, estávamos criando clientes melhores para o nosso negócio, bem como realizando uma série de objetivos de marketing.

A nossa compreensão sobre o valor dos assinantes transformou o nosso pequeno negócio de algo que estava apenas sobrevivendo para uma marca que passou a prosperar e crescer. Realmente é muito importante.

A PEGADA DIGITAL

Em 2009 tive o prazer de ouvir uma palestra de Dan McCarthy, na época CEO da Network Communications e agora sócio da DeSilva & Phillips, um dos principais bancos de investimento em mídia. Dan falou sobre a mudança de mentalidade de sua empresa de mídia e de como ela expandiu a sua definição de **subscrição.**

A subscrição ou assinatura, para a maioria das empresas de mídia, é mais conhecida como **circulação.** A circulação de uma revista ou boletim informativo é o número que você pode usar para vender anúncios. Por exemplo, a revista do CMI, *Chief Content Officer*, é entregue para 22.000 executivos de marketing a cada trimestre. Esse 22.000 (a quantidade de executivos alcançados) é o número sobre o qual baseamos o valor que cobramos de nossos patrocinadores (geralmente em torno de US$7.000 por anúncio de página inteira). Se o público fosse de 10.000, teríamos que cobrar muito menos por anúncio de página inteira.

Dan disse que sua empresa de mídia estava evoluindo para uma mentalidade centrada na subscrição onde os clientes estavam – em outras palavras, a **"pegada digital"**.

As fontes próprias de subscrição (por exemplo, impresso e *e-mail*) ainda são primárias, pois os criadores de conteúdo (também conhecidos como editores) podem realmente possuir os dados desses canais. As fontes secundárias de subscrição, como os seguidores no Twitter ou os assinantes no YouTube, também são importantes, mas como os dados são possuídos por outras empresas (e não pelos criadores do conteúdo), você não pode colocar uma ênfase muito grande nelas.

Você é sua própria empresa de mídia. Como uma empresa de mídia, você precisa se concentrar em seus canais de subscrição a fim de cumprir os seus objetivos de marketing. E a única coisa que mantém esses canais de subscrição vibrantes e crescendo são as quantidades consistentes de conteúdo épico.

Aqui estão algumas dicas para impulsionar as assinaturas:

- **Faça ofertas de conteúdo por conteúdo.** Na medida em que os leitores vão se envolvendo com o seu conteúdo, certifique-se de que você tenha uma oferta clara que leve o seu conteúdo para o próximo nível. Isto significa oferecer um *e-book* valioso, um relatório de pesquisa ou um documento técnico em troca da inscrição em sua lista de *e-mails*.
- **Caixas de diálogo (*pop-ups*).** Por mais que eu deteste caixas de diálogo (*pop-ups*) ou caixas de sobreposição (*pop-overs*) como leitor, eu as adoro como profissional de marketing de conteúdo. No CMI utilizamos o Pippity como nosso serviço de *pop-over*, em que oferecemos um *e-book* sobre *100 Content Marketing Examples* (*"100 Exemplos de Marketing de Conteúdo"*, em tradução livre). Mais de 50% de nossas assinaturas diárias vêm do Pippity (o Pippity também se integra muito bem com o WordPress, o nosso sistema de gerenciamento de conteúdo).
- **Foco.** Muitas empresas querem jogar 100 ofertas diante de seus leitores. Não misture os assuntos. Se o seu objetivo é subscrição, esta deve ser a sua principal (e única) chamada para ação.

Uma vez se concentrando na subscrição como seu objetivo, **torne prioritário descobrir o que um assinante faz de diferente para o seu negócio em comparação com um não assinante.** Quando você descobrir esta coisa que torna um assinante verdadeiramente único, tudo começará a se encaixar em seu programa de marketing de conteúdo.

PENSAMENTOS ÉPICOS

- Como profissional de marketing não crie conteúdo apenas pelo conteúdo; faça-o por querer que os seus negócios cresçam. Concentrar-se em seus objetivos é fundamental.
- Pare de pensar em seu marketing como uma despesa. Invista em ativos que façam os seus negócios crescerem continuamente em longo prazo.

Se você olhar para o marketing mais como uma energia renovável, isto fará toda a diferença em seu planejamento.

RECURSOS ÉPICOS

- Michael Jordan *Failure* Nike Commercial, YouTube.com, uploaded em 26 de agosto de 2006, http://www.youtube.com/watch?v=45mMioJ5szc.
- Kraft Food & Family Magazine Archive, consultado em 11 de junho de 2013, http://www.kraftrecipes.com/foodfamilyarchive/magarchive/magazine_archive.aspx.
- SMOSH, consultado em 22 de março de 2013, http://www.smosh.com/.
- Joe Pulizzi, *The 7 Business Goals of Content Marketing: Inbound Marketing Isn't Enough*, Content*Marketing*Institute.com, 11 de novembro de 2011, http://content*marketing*institute.com/2011/11/content-*marketing*-inbound-*marketing*/.
- Pippity.com, consultado em 2 de abril de 2013.

CAPÍTULO 10

A *Persona* do Público

"O verdadeiro prazer está mais na descoberta do que no saber."

ISAAC ASIMOV

Repita esta frase: **eu não sou o alvo para o meu conteúdo**. Esta ideia é fundamental à medida que você avança neste capítulo. Os empresários e os profissionais de marketing tendem a pender o conteúdo para o que eles estão pensando. Não caia nesta armadilha.

Caso esteja pensando e agindo como uma empresa de mídia e editora, tudo o que você faz com o seu marketing de conteúdo deve começar e terminar em seu público. Se você não entender os desejos e necessidades de seu público, não há como ter sucesso com o seu conteúdo.

Na maioria das vezes, os profissionais de marketing acham que o seu público de conteúdo é o mesmo que o seu público de compra. Por exemplo, a John Deere distribui a revista *Furrow* para fazendeiros. Esses fazendeiros são as mesmas pessoas que compram equipamentos da John Deere. Mas, para a sua situação, o público de compra direta pode não ser o mesmo que o público do seu conteúdo.

Vamos usar uma universidade como exemplo. Ela tem muitos públicos: alguns são compradores, alguns são formadores de opinião e alguns são partes interessadas. O primeiro público, mais provável, são os alunos. Mas há também os pais, que ajudam a sustentar e financiar os alunos. E há os ex-alunos. Não se esqueça dos professores. E quanto ao governo municipal, estadual e federal? Dependendo do objetivo do seu programa de conteúdo, você pode ter como alvo dezenas de públicos diferentes.

Portanto, antes de iniciar qualquer programa de conteúdo, você precisa ter uma compreensão clara sobre quem é o público e, finalmente, o que você quer que ele faça.

POR QUE A *PERSONA* DO PÚBLICO É IMPORTANTE?

A *persona* do público é uma ferramenta útil para usar como parte de seu programa de marketing de conteúdo. Trata-se de com **"quem"** e para **"quem"** você está falando.

Quando o conteúdo é desenvolvido tendo em vista o seu programa de marketing de conteúdo é a *persona* que dá o contexto. Em qualquer momento no tempo você pode ter funcionários, escritores *freelance*, agências e até mesmo blogueiros externos criando conteúdo para você. **A *persona* mantém todos pensando da mesma maneira sobre com quem está se falando e por que a comunicação é importante para os negócios.**

VÁRIAS *PERSONAS*

Você precisará de uma *persona* para cada grupo que você cria conteúdo. Em outras palavras, se uma pessoa passa por um processo de compra diferente em relação à outra, você precisa de uma *persona* diferente para cada uma delas. Esse processo é diferente para um homem e para uma mulher? Depende: se você estiver vendendo joias, a resposta é sim; se você estiver vendendo *software* de automação de marketing, a resposta é **não**.

Mas não fique preocupado. Caso esteja apenas começando com o marketing de conteúdo, você pode iniciar com apenas uma ou duas *personas*. Por exemplo, se estiver vendendo serviços e equipamentos de ar condicionado, você pode começar com uma persona principal do seu público: a **mulher dona de casa** (que toma a maioria das decisões sobre aquecimento, ventilação e ar-condicionado). Quando se sentir confortável com esta *persona* e com a criação de conteúdo para ela, você pode passar para o próximo público.

PONHA O SEU JORNALISTA PARA TRABALHAR

O que você precisa saber sobre a sua *persona*? A maneira mais fácil de descobrir é fazendo as seguintes perguntas:

1. Quem é ele ou ela? Como essa pessoa vive em um dia comum?
2. Qual é a necessidade desta pessoa? Isso não é: "Por que ele ou ela precisa de nosso produto ou serviço?", mas "Quais são as suas necessida-

des de informação e pontos problemáticos no que tange às histórias que iremos contar?".

3. Por que essa pessoa se importa conosco? Lembre-se, a *persona* muito provavelmente não se importa com os seus produtos ou serviços, de modo que são as informações fornecidas para ele ou ela é que atrairão a sua atenção ou farão essa pessoa se importar.

A *persona* de seu público não precisa ser perfeita, mas precisa ser suficientemente detalhada para que seus criadores de conteúdo tenham uma compreensão clara de com quem estão se envolvendo.

EXEMPLO DE *PERSONA* PARA UMA EMPRESA DE SERVIÇOS FINANCEIROS AO CONSUMIDOR: EDDIE, PERTENCENTE À ELITE (*PERSONA* RICA PARA EMPRESA FINANCEIRA)

Eddie tem 42 anos de idade, é casado há 17 anos e tem duas filhas adolescentes (Dar, 16 e Mary, 14 anos). Eddie, agora vice-presidente executivo de uma grande empresa internacional, acumulou uma boa soma de dinheiro.

Eddie viaja pelo mundo como parte de seu trabalho (acumulou 200.000 milhas de viagem no ano passado) e também gosta tanto quanto possível de viajar para as ilhas na costa da Croácia nas férias. Onde quer que Eddie vá, o seu BlackBerry o mantém em contato com o escritório, embora nos últimos meses ele venha pensando em trocar para um *iPhone* ou *Samsung Galaxy*. Jogar golfe é a definição de Eddie de viver bem.

Ao longo das últimas semanas, Eddie tem trabalhado para consolidar suas finanças em um único provedor; ele deu passos concretos nesta direção ao recentemente constituir um fundo (*trust*) para sua família. Eddie está constantemente preocupado em tomar a decisão certa para que em longo prazo a sua família esteja segura.

ERROS COMUNS AO CRIAR *PERSONAS*

Adele Revella, fundadora do Buyer Persona Institute, é talvez a principal especialista na criação e implementação de *personas*. Em seu *e-book The Buyer Persona Manifesto*, ela define a *persona* como "uma imagem geral da pessoa real que compra, ou pode comprar, produtos como os que você comercializa, com base no que você apreendeu a partir de entrevistas diretas com compradores reais".

A seguir estão os **quatro erros principais** de *persona* identificados por Adele e como corrigir cada um deles.

ERRO NÚMERO 1: INVENTAR COISAS SOBRE OS COMPRADORES

Os profissionais de marketing geralmente reúnem fatos sobre os compradores conversando com um representante de vendas, reunindo-se com um especialista no produto ou realizando pesquisas *on-line*.

Não chega a ser uma surpresa que essas fontes não tenham as informações que os profissionais de marketing realmente necessitam. Os representantes de vendas prontamente admitem que os compradores enganam ou até mesmo mentem sobre como comparam e escolhem uma solução em detrimento de outra. Além disso, mesmo os especialistas no produto provavelmente não são especialistas em pessoas compradoras, pois interagem principalmente com pessoas que já são clientes ou fazem parte de um seleto grupo de grandes clientes prospectivos. E os dados obtidos *on-line* levam a *personas* que são pouco mais do que descrições de emprego com um grau elevado de pontos problemáticos.

Se a intenção é que o marketing de conteúdo se beneficie do desenvolvimento de *personas*, ele precisa descobrir características específicas desconhecidas de seus concorrentes ou de qualquer pessoa dentro de sua empresa. Esta informação é tão valiosa que você nunca iria postá-la em seu *site*. No entanto, ela lhe dirá, com precisão surpreendente, exatamente o que você precisa fazer para entregar conteúdo que convença os compradores a escolher você.

Como corrigir este erro. A única maneira de reunir informações claras e inesperadas sobre como os seus compradores tomam decisões é **ter uma conversa com eles.** Tenha como objetivo passar algumas horas por mês entrevistando compradores recentes, incluindo tanto os que optaram por você quanto aqueles que não o fizeram. Peça aos compradores para explicarem sua decisão, começando com o momento em que decidiram resolver seu problema. Cada conversa aprofundada deve levar 20 ou 30 min, mas o tempo que você economizará em planejamento, redação e revisão do conteúdo será imenso.

ERRO NÚMERO 2: DISTRAIR-SE COM CURIOSIDADES IRRELEVANTES

Os profissionais de marketing, por vezes, cometem o erro de reunir informações sobre os compradores que não os ajudam realmente a entregar conteúdos ou campanhas mais eficazes. Se a sua equipe de marketing estiver discutindo se a *persona* de seu comprador é um homem ou uma mulher, ou se você estiver ocupado demais apenas para encontrar a imagem correta da sua *persona*, então você está se concentrando nas coisas erradas. A menos que você seja um profissional de marketing de empresa voltada para o consumidor (B2C), o gênero, estado civil e os passatempos do comprador são raramente relevantes.

Como corrigir este erro. Você pode decidir incluir outras informações sobre as *personas* de seus compradores, mas os profissionais de marketing de conteúdo realmente precisam de apenas cinco *insights*:

1. **Iniciativas prioritárias.** Quais são os três a cinco problemas para os quais a *persona* de seu comprador dedica tempo, orçamento e capital político?
2. **Fatores de sucesso.** Quais são os indicadores ou recompensas tangíveis ou intangíveis que o comprador associa com o sucesso, tais como "aumentar a receita em X" ou uma promoção?
3. **As barreiras percebidas.** Quais são os fatores que podem levar o comprador a questionar se a sua empresa e suas soluções podem ajudá-lo a alcançar seus fatores de sucesso? Aqui é quando você começa a descobrir fatores ocultos, tais como interesses conflitantes, política, ou experiências anteriores com sua empresa ou uma empresa similar.
4. **Processo de compra.** Que processos esta *persona* segue na análise e seleção de uma solução que pode superar as barreiras percebidas e alcançar os fatores de sucesso dele ou dela?
5. **Critérios de decisão.** Que aspectos de cada produto o comprador considera na avaliação das soluções alternativas disponíveis? Para serem úteis, os critérios de decisão devem incluir características tanto do comprador que escolheu um concorrente quanto de um que decidiu não comprar solução alguma.

Esses "cinco anéis de *insight*", quando reunidos diretamente a partir de entrevistas com compradores, lhe dirão como alcançar os compradores indecisos com um conteúdo que aborde os pontos principais de seu processo de tomada de decisão. O uso do Perfil da *Persona* do Comprador e dos Cinco Anéis de *Insight* de Compra (vá para a página de recursos de bônus do *site* EpicContentMarketing.com para acessar este modelo) irá ajudá-lo a organizar os seus resultados a partir dos contatos com compradores para que todos em sua equipe tenham acesso a essas características fundamentais.

ERRO NÚMERO 3: DESENVOLVER *PERSONAS* DEMAIS

Este erro acontece quando os profissionais de marketing separam as *personas* de compradores em seus segmentos de mercado existentes, frequentemente definidos por dados demográficos, como setor de atividade ou tamanho da empresa. Muitas pessoas acham que devem criar uma nova *persona* de comprador para cada um dos cargos relevantes em cada um desses segmentos. Não precisa.

Uma empresa com a qual trabalhei tinha inicialmente previsto construir 24 *personas* diferentes de comprador. Ambicioso? **Sim**. Necessário? **Não**. Quando começaram a entrevistar os compradores, eles conseguiram aparar esta lista para 11 *personas*. Como os profissionais de marketing estão continuamente realizando novas entrevistas com compradores e obtendo novos *insights*, eles esperam consolidar esta lista ainda mais.

Como corrigir este erro. Quando tiver obtido os cinco anéis de *insight* sobre os compradores, você verá que as diferenças de cargos, tamanho da empresa e setor de atividade não necessariamente estão relacionadas com as diferenças em suas características. Para o marketing de conteúdo e a maioria das outras decisões de marketing você só precisa de uma *persona* separada quando há uma diferença significativa em vários desses resultados. Por exemplo, você pode constatar que os compradores de sua tecnologia RFID (identificação por radiofrequência) nos setores de consumo e de hotelaria têm iniciativas prioritárias (uma demanda para ser mais competitivo) e barreiras percebidas (é necessária uma abordagem incremental) quase idênticas. Se você tiver uma história robusta de divulgar informações sobre cada um desses pontos, uma única *persona* pode ser a melhor maneira de assegurar marketing de conteúdo e mensagens eficazes.

ERRO NÚMERO 4: REALIZAR ENTREVISTAS COM ROTEIRO DE PERGUNTA E RESPOSTA COM OS COMPRADORES

Usar um roteiro pelo telefone ou pesquisa *on-line* para conhecer os seus compradores não irá revelar nada que você já não saiba – inevitavelmente, a primeira resposta de seu comprador para qualquer pergunta é algo óbvio, superficial e não particularmente útil. A estrutura imposta por pesquisas e roteiros leva a gráficos bonitos, mas não revela as características novas que você precisa.

Como corrigir este erro. É preciso um pouco de prática, mas você consegue aprender como ter conversas espontâneas que levem os compradores recentes a lhe contar, com detalhes incríveis, exatamente como ponderaram suas opções e compararam as soluções de sua empresa com as ofertas dos concorrentes.

A chave para o sucesso é fazer perguntas de sondagem com base nas respostas de seus compradores. Por exemplo, se os compradores lhe dizem que escolheram você porque a sua solução é fácil de usar, você deve fazer perguntas na sequência para entender por que a solução precisava ser assim. Ou você poderia perguntar sobre que treinamento os compradores esperam participar antes que a solução seja considerada "fácil" em suas mentes. Outra questão de sondagem poderia buscar um panorama geral sobre os recursos que os compradores irão consultar, ou as etapas que irão cumprir, para comparar a facilidade de uso de sua solução com a de outras opções.

Quando você evita esses quatro erros, as necessidades de seus compradores passam a ser o foco de suas estratégias e táticas de marketing. Você ficará tão sintonizado com o ponto de vista de seus compradores que irá impressioná-los de forma consistente, proporcionando um conteúdo de confiança que responde às suas perguntas, persuadindo-os a escolhê-lo.

CRIAÇÃO DE POSTOS DE ESCUTA

Eu comecei a trabalhar no setor editorial em fevereiro de 2000 na Penton Media. Aprendi qual era a importância de uma grande narrativa com o meu mentor, Jim McDermott. Jim falava constantemente sobre a importância de **"postos de escuta"**. Os postos de escuta procuram obter *feedback* da maior variedade de fontes possível para que você possa encontrar a verdade.

A criação de postos de escuta é muito importante para todos os editores, jornalistas, repórteres e contadores de histórias, para garantir que eles realmente saibam o que está acontecendo no setor. Para você, os postos de escuta são essenciais para ter *personas* corretas do público e para verdadeiramente compreender o "problema" pelo qual eles estão passando diariamente. Todos nós precisamos de postos de escuta para realmente descobrir as necessidades de nossos clientes. Seguem alguns meios para a obtenção de *feedback* dos clientes – na verdade, funcionando como se fossem postos de escuta.

1. **Conversas um a um.** Como no ponto chave de Adele Revella, nada consegue substituir a conversa direta com os seus clientes ou o seu público.
2. **Busca de palavras-chave**. Usando ferramentas como o Google Trends e o Google Alerts para acompanhar o que os clientes estão buscando e onde estão socializando na *Web*.

3. **Estatísticas na *Web*.** Seja usando o Google Analytics ou outro provedor como o Omniture, mergulhar em suas estatísticas na *Web* é fundamental. Descobrir com quais conteúdos os seus clientes estão envolvidos (e com quais não) pode fazer toda a diferença para o seu sucesso.
4. **Ouvir as mídias sociais.** Seja através de grupos do LinkedIn ou *hashtags* e palavras-chave no Twitter, você pode facilmente descobrir o que seus clientes estão compartilhando, conversando ou tendo dificuldades em suas vidas e trabalhos.
5. **Pesquisas com clientes.** Ferramentas de pesquisa como o SurveyMonkey podem facilmente ser implantadas para reunir *insights* importantes sobre necessidades de informação dos seus clientes.

AMOSTRAS DE *PERSONAS* DO PÚBLICO

No CMI, temos seis *personas* diferentes que estabelecemos como alvo em nossos programas de conteúdo. Eu incluí os resumos aqui para uma referência útil. Observação importante – CCO significa revista *Chief Content Officer*; CMW significa participante do Content Marketing World (nosso evento).

RESUMO DAS *PERSONAS* DO CMI

Susan com 20 e poucos anos de idade: assistente de marketing

- Relacionamento com o CMI: leitora do CMI/CCO, participante do CMW, possível *blog*ueira para o CMI.

Ben com 30 e poucos anos de idade: gerente de marketing

- Relacionamento com o CMI: leitor do CMI/CCO, participante do CMW.

Jim com 30 e poucos anos de idade: vice-presidente de marketing

- Relacionamento com o CMI: formador de opinião promovendo o CMI, colaborador e leitor do CMI/CCO, palestrante no CMW.

Lisa com 40 e poucos anos de idade: diretora de marketing

- Relacionamento com o CMI: formadora de opinião promovendo o CMI, colaboradora e leitora do CMI/CCO, palestrante no CMW.

Robert com 40 e poucos anos de idade: consultor de marketing

- Relacionamento com o CMI: formador de opinião promovendo o CMI, colaborador e leitor do CMI/CCO, palestrante no CMW.

Brian com 50 e poucos anos de idade: diretor executivo de marketing

- Relacionamento com o CMI: formador de opinião promovendo o CMI, colaborador e leitor do CMI/CCO, participante do CMW.

SEÇÃO DE BÔNUS SOMENTE *ON-LINE*: para uma completa abertura de cada uma dessas *personas* de comprador vá para a seção de recursos de bônus do *site* EpicContentMarketing.com para fazer o *download* dos detalhes.

FERRAMENTA ÚTIL

A MLT Creative e a Ardath Albee construíram uma ferramenta útil para a criação de *personas* no *site* upcloseandpersona.com. É gratuito e pode ajudar a orientá-lo no processo de criação de *personas*.

PENSAMENTOS ÉPICOS

- À medida que evoluir como profissional de marketing de conteúdo, você terá muitas, talvez dezenas ou mais de pessoas em sua equipe criando conteúdo. As *personas* do público colocam todos os colaboradores pensando de maneira semelhante.
- Quase certamente, você tem múltiplas *personas* que compram os seus produtos ou serviços. Pode ficar complicado. Comece com a *persona* mais importante para o seu plano de conteúdo.

RECURSOS ÉPICOS

- Adele Revella, *Developing a Buyer Persona? Avoid These 4 Common Mistakes*, Content*Marketing*Institute.com, 23 de agosto de 2012, http://content*marketing*institute.com/2012/08/4-common-persona-mistakes-to-avoid/.
- Buyer Persona Institute, consultado em 22 de março de 2013, http://www.buyerpersona.com.
- Up Close and Persona, consultado em 22 de março de 2013, http://www.upcloseandpersona.com.

CAPÍTULO 11

Definição do Ciclo de Envolvimento

"Dizem que o tempo muda as coisas, mas na verdade é você que tem de mudá-las."

ANDY WARHOL

Criar um ciclo de envolvimento para o seu conteúdo é incrivelmente difícil. Muitas empresas pequenas nem tentaram enfrentar isso. Mas é importante... muito importante.

ALGUÉM SE IMPORTA COM O SEU PROCESSO DE VENDAS?

Em resumo, o ciclo de envolvimento é uma combinação de seu processo interno de vendas com a forma como você definiu o ciclo de compras do cliente. Se o seu objetivo é (tentar) entregar o conteúdo certo na hora certa para seus clientes e assinantes, precisa entender como ambos funcionam juntos em harmonia. Sem a definição de um ciclo de envolvimento, você estará apenas criando um monte de conteúdo e esperando pelo melhor.

Assim como na vida real quando você conhece alguém, determinar o que você quer dizer para uma *persona* é uma combinação de duas coisas: **conteúdo** (que é função do seu ponto de vista) e **contexto** (você precisa determinar o momento certo e o local correto para iniciar a conversa certa).

A forma tradicional de publicidade é levar o seu ponto de vista e divulgar a mensagem para (espera-se) o grupo-alvo para seu produto ou serviço. Diz a teoria que se você divulgar alto o suficiente, durante um tempo suficiente e na direção geral de suas *personas*, você acabará atingindo algumas delas. Embora a publicidade ainda funcione, há sempre um grande desperdício – ela pode não ser feita no momento certo, no lugar certo, com o conteúdo certo, e assim por diante. O processo de compra mudou. Os consumidores agora controlam o envolvimento com você; eles controlam quando e se querem receber a sua mensagem. Cabe a você ter uma conversa relevante com eles desde a primeira vez que se encontram.

Mas a realidade é que você não consegue estar preparado para ter todas as conversas sobre o seu produto ou serviço a todo momento. Não importa quantos recursos a sua organização tenha, é quase impossível se preparar para cada cenário em que você estará falando com um cliente atual ou futuro.

Além disso, quando os consumidores têm acesso às informações em todos os momentos, o processo de compra do cliente pode ser caótico e não linear. No passado, quando havia poucas fontes para os consumidores obterem informações de compra, uma empresa podia prever, com alguma certeza, como um cliente ficou sabendo sobre uma necessidade para um produto. Isto dava às empresas muito controle sobre como comercializariam os seus produtos.

Foi por isso que, historicamente, os profissionais de marketing desenvolveram um processo de vendas (ou funil) de forma a colocar alguma ordem neste caos e ter uma linguagem comum em nosso negócio para as categorias de oportunidades de vendas. Dependendo do seu negócio, você pode classificar seus consumidores como "visitantes", "*leads*", "prospectivos" ou "leitores" – e, finalmente, "clientes" ou "membros".

Se a sua organização for como a maioria, mesmo que você não tenha um processo formal de vendas, em certa medida você tenta entregar uma mensagem relevante ao cliente durante o processo de vendas. Por exemplo, caso esteja vendendo dispositivos *on-line*, você pode sempre tentar fazer venda cruzada ou venda casada **após** os usuários terem colocado itens em seus carrinhos de compras. Caso esteja vendendo itens caros, seu pessoal de vendas provavelmente tem um funil bem definido por onde passam *leads* (prospectivos, qualificados, e assim por diante) e estes emitem estudos de caso e depoimentos após se tornarem "qualificados".

Mas hoje as empresas estão tentando não só criar um "cliente", mas também criar assinantes que realmente querem se envolver no conteúdo das companhias. E embora seja importante para você mapear internamente o seu conteúdo para o seu processo de vendas, é preciso lembrar que seja uma experiência de carrinho de compras, um funil de vendas tradicional de nutrição de *leads*, ou a conversão de cientes em evangelizadores que adoram falar sobre a sua empresa, este processo de vendas é um processo interno e superficial que você sobrepõe à experiência de compra dos clientes.

Seus compradores não se importam nem um pouco com o seu processo de vendas. O funil de vendas não captura os pontos de decisão emocionais e realistas que os compradores percorrem durante o **"processo de compra"**. E, na verdade, o objetivo ou chamada para ação pode **não** ser a de ter os "clientes" comprando alguma coisa. Na verdade, pode ser a de tê-los "indicando um novo cliente" ou "compartilhar a história deles".

O CICLO DO ENVOLVIMENTO

Para entregar o melhor conteúdo no momento certo, você precisa de um processo melhor, mais granular. Deve combinar o seu processo interno de vendas com o processo de "compra" de seu cliente e desenvolver algo novo... algo que eu chamo de **"ciclo de envolvimento"**.

Um ciclo de envolvimento é um processo definido pelo qual o seu público passa enquanto você o ajuda a cada vez mais se envolver com sua marca. O ciclo de envolvimento não é perfeito, mas pode ser útil no desenvolvimento de conteúdo atraente em determinadas fases do processo de compra que ajudam o prospectivo a comprar ou auxilia o cliente na divulgação de seu conteúdo. Em resumo, você precisa trabalhar com afinco para entregar a conversa certa no momento certo.

Vamos analisar cada um dos processos separadamente antes de colocá-los juntos.

MAPEIE AS *PERSONAS* DO PÚBLICO PARA O SEU PROCESSO DE VENDAS

O processo de vendas é como você observa o consumidor proceder diante de seus esforços de vendas e marketing. O seu funil deve ser muito bem organizado – como no caso de marketing de empresas B2B ou determinadas compras em vendas B2C (por exemplo, um carro ou casa). Nesses casos existem camadas de conversas muito definidas e específicas em que cada fase é definida pelo comportamento do consumidor (*lead*, prospectivo, qualificado, e assim por diante).

No entanto, caso administre um varejo *on-line* ou uma loja física tradicional, você pode ter processos de vendas mais soltos ou mais generalizados. Um processo pode envolver a seguinte progressão: visitante, navegador, cliente, para comprador; curiosamente, estas fases podem acontecer no intervalo de segundos. Ou se você for um editor, o funil poderia ser de visitante para assinante. Muitos editores só têm o objetivo de gerar um assinante, a quem, em seguida, utilizam para rentabilizar por meio de publicidade ou venda casada. Independentemente do tempo envolvido ou do nome disso, o ciclo de vendas é como nós, profissionais do marketing de conteúdo, identificamos esses clientes que:

- Não sabem nada a nosso respeito.
- Em seguida, sabem algo sobre nós.
- Um pouco depois, estão interessados no que temos para oferecer.
- Depois, nos comparam com outras soluções.
- Finalmente, fazem o que nós queremos que eles façam.

Por exemplo, se você for uma empresa de *software* para pequenos negócios tendo como alvo tomadores de decisão de tecnologia da informação (TI), você possui um processo de funil de vendas bastante simples, que envolve o seguinte:

- **Contatos.** São as pessoas que você contatou ou com quem você tem algum grau de conhecimento.
- ***Leads.*** São as pessoas que você identificou que têm um interesse ativo em sua solução.
- **Oportunidades qualificadas.** Você tem *leads* qualificados com interesse e orçamento e de quem uma compra de algum tipo é provável.
- **Finalistas.** São as oportunidades qualificadas com pessoas que diminuíram a lista de fornecedores para uma ou duas alternativas e que têm a sua empresa como uma das opções.
- **Acordo verbal.** Você é a solução escolhida e em processo de negociação.

O seu funil de vendas pode ser mais (ou menos) complexo do que isto, ou pode ser completamente diferente. Mas independentemente de sua complexidade, você deveria elaborar algum tipo de funil para o seu negócio que tente entender os padrões de compra.

A GRADE DE SEGMENTAÇÃO DE CONTEÚDO

Simplificando, a grade de segmentação de conteúdo é uma mescla de seu processo de vendas e do conteúdo que você tem para fazer os clientes avançarem neste processo. Por que esta grade é tão importante?

Tenho certeza que você já viu empresas, possivelmente concorrentes, criando muitos conteúdos e jogando-os em qualquer lugar que puderem. Embora isso possa funcionar e tenha funcionado no passado, não é muito diferente da publicidade **"espalhe e reze"**. O desenvolvimento de uma grade de segmentação de conteúdo minimiza a possibilidade de que o seu conteúdo não funcione e também proporciona a você claras oportunidades para obter *feedback* e fazer melhorias.

Como construir a grade de segmentação de conteúdo. Você fará isso em dois eixos. O primeiro eixo é o das *personas* e o segundo eixo é o do funil de vendas.

Uma vez tendo a sua grade, comece preenchendo as células com seus itens de conteúdo novos ou existentes (você pode escolher dentre os tipos do Capítulo 16). Voltando ao exemplo do *software*, a sua grade de segmentação de conteúdo poderia ser algo como a da Figura 11.1.

Grade de Segmentação de Conteúdo

PERSONAS	VENDAS	CONTATOS	*LEADS*		QUALIFICADO		FINALISTA	FINALISTA
	Ben, gerente de marketing	Documento técnico	Assinatura do *blog*		Avaliação on-line	Webinar	Estudo de caso	
	Haley, diretora de marketing	Documento técnico		Revista		Avaliação *on-line*		

Figura 11.1 A grade de segmentação de conteúdo em ação.

Uma coisa que você pode observar neste exemplo é que a maioria do marketing de conteúdo se concentra na parte superior do funil. Isto é quase universalmente comum, de modo que não se preocupe se esse for o seu caso também. Uma estratégia de marketing de conteúdo sempre começa concentrando-se na conscientização e na educação, o que quase inevitavelmente está na parte superior do funil.

Um dos benefícios deste exercício é que ele muitas vezes revela que o marketing de conteúdo está ou muito leve ou muito pesado em uma fase ou em uma *persona*. O centro da grade de segmentação de conteúdo, geralmente chamado de "miolo confuso" é geralmente onde é preciso desenvolver novos conteúdos para preencher as lacunas.

Uma vez armado com sua grade de segmentação de conteúdo, você está pronto para dar o próximo passo, que é o de estratificar o processo de compra de cada persona do público.

MAPEAR AS *PERSONAS* EM FUNÇÃO DOS SEUS CICLOS DE COMPRA

O processo de compra é como os seus clientes compram de você ou, uma vez tendo comprado, o que você quer que eles façam em seguida. Qual é o processo deles? Para seu produto ou serviço pode variar por produto – ou por *persona* – mas o que você precisa fazer é mapear como seus clientes compram de você. A Figura 11.2 mostra o ciclo de compra do cliente para o exemplo de *software* de TI.

O ciclo de compra é representado como uma órbita porque geralmente não é um processo linear. Na verdade, durante o processo de compra os consumidores muitas vezes saltam para dentro e para fora das órbitas na medida em que se movem para mais perto. Mas quando os consumidores se aproximam do centro de gravidade, o foco sobre o que eles querem fica mais pronunciado e o que eles buscam fica mais limitado à medida que atravessam cada fase. Assim, por exemplo, com a solução de *software* de TI, cada fase se parece com o seguinte:

- **Conscientização.** Os consumidores estão tentando descobrir que opções existem.
- **Busca de informação.** Agora os consumidores estão buscando informações e encontrando soluções para os seus problemas; esta pode ser a primeira vez que você recebe um telefonema.

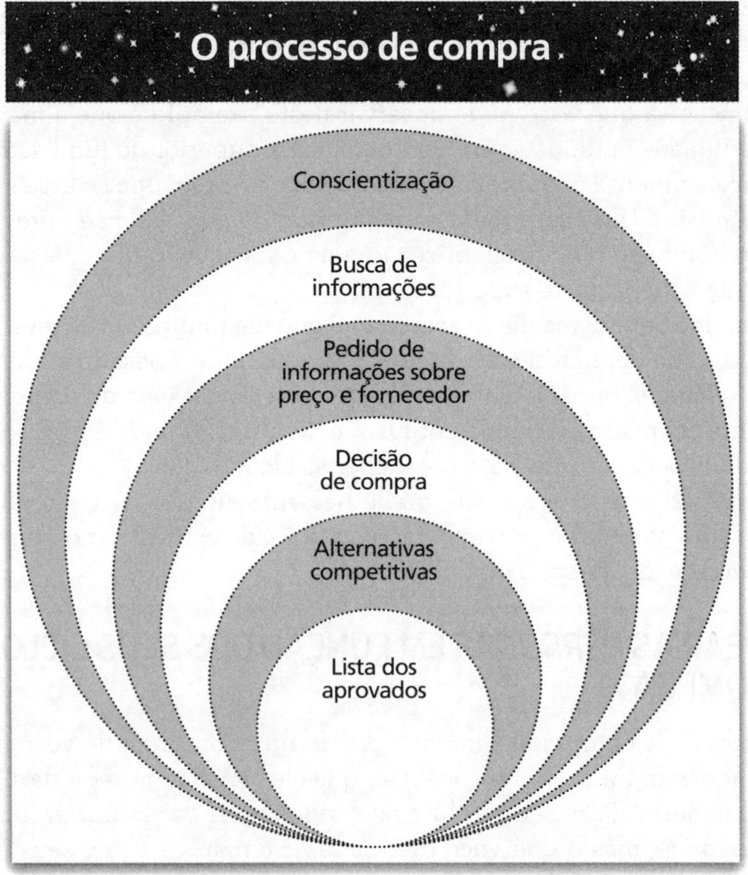

Fonte: Managing Content Marketing

Figura 11.2 A órbita do processo de compra.

- **Pedido de informações sobre preço/fornecedor.** Você foi identificado. Pergunte a si mesmo: "O que nos torna melhores? Qual é o nosso preço para esta solução?".
- **Decisão de compra.** Este nem sempre é o último passo. As pessoas muitas vezes continuam pesquisando uma solução para suas necessidades e então decidem não fazer a compra. Mas aqueles que decidem fazer a compra voltam aos fornecedores e fazem uma comparação final.
- **Alternativas competitivas.** As buscas *on-line* começam. Você alguma vez já recebeu um telefonema de consumidores que parecem estar adiantados em seu processo? E realmente estão. Esta é a fase de comparação de características. Em muitos casos, os consumidores podem ficar surpresos com o que está faltando (ou com o que encontraram lá) e podem percorrer todo o caminho de volta para a fase de conscientização.
- **Lista dos aprovados.** Nesta fase as soluções são analisadas de perto e, em seguida, um contrato para a venda é apresentado.

Novamente, isto não é perfeito, mas o mapeamento é um exercício de valor inestimável.

CRIAR A GRADE DE SEGMENTAÇÃO DE CLIENTE/CONTEÚDO

Agora que o processo de vendas foi esboçado e colocado lado a lado com o processo de compra, você pode compreender melhor o ciclo de envolvimento misturando tudo com os seus ativos de conteúdo.

Como você pode ver na Figura 11.3, o funil de vendas é mapeado com os contatos se transformando em *leads*, depois sendo qualificados e, em seguida, indo para finalista (ou lista dos aprovados). Mas em seguida, nessa categoria, o processo de compra, conscientização/educação e assim por diante são mapeados.

Observação importante – Há sobreposição entre o funil de vendas e o processo de compra. Na verdade, existem muito mais camadas de conversão – ou pontos de decisão – através do processo de compra do que no funil de vendas. Mas isso lhe dá uma maneira de começar a ter um vocabulário em comum e um caminho em comum para traçar uma estratégia de marketing de conteúdo.

Você pode encontrar, por exemplo, muito conteúdo desenvolvido para *leads* que estão na fase "Conscientização/Educação", mas não muito conteúdo para *leads* que estão na fase "Busca de informações". Isto indica que talvez você queira gastar um tempo adicional desenvolvendo conteúdo que não apenas educa o público para os benefícios de seu tipo de solução, como também posiciona a sua empresa como uma fornecedora dessa solução.

Não fique sobrecarregado com este processo; não é uma exigência chegar a algo desta dimensão. E você certamente não precisa desenvolver grades de segmentação de conteúdo para todo produto, processo ou *personas* do público. Você pode fazê-lo apenas para o processo a que sua nova iniciativa de marketing de conteúdo é direcionada. Ou talvez você só precise fazê-lo para ajudar a mover os clientes para evangelizadores que adoram você e que compartilharão ativamente tudo sobre você e sua empresa.

Grade de segmentação de conteúdo com ciclo de compra

VENDAS	CONTATOS	*LEADS*		QUALIFICADO		FINALISTA	VERBAL
Ciclo de compras	Conscientização e educação	Busca de informações do fornecedor	Pedido de informações do fornecedor	Tomada de decisão de compra	Buscas alternativas	Lista de fornecedores aprovados	Contrato
PERSONAS: Ben, gerente de marketing	Documento técnico	Assinatura do *blog*		Avaliação *on-line*	*Webinar*	Estudo de caso	
PERSONAS: Haley, diretora de marketing	Documento técnico		Revista		Avaliação *on-line*		

Figura 11.3 A grade de segmentação de conteúdo combinada com o processo de compra.

No final, a criação de um ciclo de envolvimento e o mapeamento disso com as *personas* para criar uma grade completa de segmentação do conteúdo é uma maneira eficaz para ver onde há lacunas na sua história.

PENSAMENTOS ÉPICOS

- Seu processo de vendas (interno) não tem nada a ver com a forma como seus clientes compram (externo).
- O caminho mais fácil é povoar a sua grade de conteúdo com grande quantidade de conteúdo na parte superior do funil. Este é um impulso completamente natural, mas as oportunidades podem estar no "miolo confuso", onde os clientes precisam de um pequeno empurrão para se aproximar desta decisão de compra.
- Não fique preso nesta parte do processo. Se você sentir que não está pronto, passe para os Capítulos 12 e 13, que tratam do nicho de conteúdo e da missão do marketing de conteúdo. Honestamente, a maioria

das empresas não mapeia o seu conteúdo para o processo de compra (e é por isso que existe esta oportunidade aqui).

RECURSOS ÉPICOS

- Robert Rose e Joe Pulizzi, *Managing Content Marketing,* Cleveland: CMI Books, 2011.

CAPÍTULO 12

Definição do Seu Nicho de Conteúdo

"Se a intenção é fazer uma torta de maçã a partir do zero, você deve primeiro criar o universo."

CARL SAGAN, ASTRÔNOMO

Durante os *workshops* de marketing de conteúdo do CMI para pequenas empresas, eu normalmente faço a seguinte pergunta:

Em que assunto você pode ser o principal especialista detentor de informações no mundo?

As marcas não levam o seu conteúdo suficientemente a sério. Certamente, elas criam conteúdo em dezenas de canais para vários objetivos de marketing. Mas a **mentalidade** de sua organização está centrada em ser o principal fornecedor de informações para seus clientes? Se não estiver, por que isso não é a sua prioridade?

Os seus clientes e prospectivos podem obter informações em qualquer lugar para tomar decisões de compra. Por que essas informações não deveriam vir de você? Isso não deveria ser pelo menos o objetivo?

FICANDO DESCONFORTÁVEL EM SEU NICHO

Uma de minhas partes favoritas de *10X – A Regra que Faz a Diferença* de Grant Cardone é a de **estabelecer objetivos desconfortáveis**: "Aqueles que têm sucesso são os que – em um momento ou outro de suas vidas – se dispõem a ficar em situações que são desconfortáveis, enquanto os que não têm sucesso buscam o conforto em todas as suas decisões."

O mesmo vale para os objetivos do seu marketing de conteúdo. Seus objetivos últimos.... aqueles objetivos grandes, cabeludos e audaciosos (BHAGs, na sigla em inglês), deveriam fazer você tremer, pelo menos um pouco.

Eu **discordo completamente** dos consultores e especialistas de marketing que dizem que não é necessário ser o principal fornecedor de informações em seu setor de atividade.

Sim, é um pouco audacioso se expor e afirmar claramente que o seu conteúdo de marketing deve ser um recurso insubstituível para seus clientes... que você realmente se conduz para onde o mercado está indo do ponto de vista da informação (como uma empresa de mídia). Dito isso, **seja audacioso**!

Caso não esteja se esforçando para ser o recurso principal de referência no nicho de seu setor de atividade, **você está se contentando com o confortável**, seja o que for que isso signifique para você em termos de estabelecimento de objetivos.

E SE O SEU CONTEÚDO DESAPARECESSE?

Digamos que alguém recolhesse todo o seu conteúdo e o colocasse em uma caixa, como se nunca tivesse existido. **Alguém sentiria falta dele? Você deixaria uma lacuna no mercado?**

Se a resposta a isso for **não, então você tem um problema.**

Você deve ter clientes e prospectivos necessitando – não, na verdade, **ansiando por** – seu conteúdo. O seu conteúdo precisa tornar-se parte de suas vidas e de seus empregos.

Faz com que você se sinta um pouco desconfortável, certo? É isso aí.

O que você e sua equipe de marketing de conteúdo terão de fazer para alcançar este objetivo? Em que tipo de criação, distribuição e venda original e ousada de seu conteúdo você terá que se envolver para verdadeiramente ser o principal recurso?

Este é o seu território. Não fique parado aí deixando que os seus concorrentes em informações roubem o tempo de seus clientes.

O ESPECIALISTA CONFIÁVEL

Se você realmente tem um produto ou história que seja digno de se falar a respeito (caso contrário, você tem problemas maiores do que o marketing de conteúdo), então **tornar-se o especialista confiável em seu setor de atividade é fundamental para que você venda mais de forma consistente.**

Hoje é cada vez mais difícil obter a atenção. Você precisa conquistá-la. Conquistá-la hoje, amanhã e daqui a cinco anos, fornecendo as informações mais impactantes que seus clientes poderiam pedir. Defina os objetivos desconfortáveis que levarão a sua empresa para o próximo nível.

PENSAR GRANDE, AVANÇAR PEQUENO

Digamos que você administre uma pequena loja de suprimentos para animais de estimação na comunidade local. Você acha que o seu nicho de conteúdo é o de suprimentos para *pets*. **Você está errado!**

Pense nisso por um segundo: é possível ser o principal especialista no nicho de suprimentos para *pets*? Provavelmente não. Empresas como a Petco e a Petsmart colocam milhões de dólares por trás deste conceito.

Isto significa que mesmo que você queira pensar grande com seus objetivos, seu nicho de conteúdo real precisa ser pequeno. Quanto pequeno? Tão pequeno quanto possível.

Voltemos ao exemplo da loja para animais. Ao analisar as principais *personas* de seu público, você observou que a maioria dos problemas, bem como os seus produtos de maior margem, gira em torno de pessoas mais velhas que são donas de animais de estimação e que gostam de viajar com seus *pets*. Bingo! Embora provavelmente não possa ser o principal especialista em suprimentos para animais, você pode ser o principal especialista em suprimentos para pessoas mais velhas que são donas de *pets* que viajam pelo país com seus animais.

Mas vamos subdividir isso um pouco mais usando o Google Trends. A tendência "viajar com *pets*" tem diminuído constantemente ao longo dos últimos oito anos. Isto significa que menos pessoas estão procurando na Internet esse assunto específico. Agora, se você clicar na aba "Ascensão" ("Rising") para ver os termos de busca com o melhor desempenho do grupo, você constatará que voando com *pets*, viajando com gatos e viajando com cães são termos que se destacam (ver Figura 12.1).

Embora não seja uma ciência exata, você pode usar as tendências de busca para identificar oportunidades de conteúdo para sua área de nicho.

COMO NÓS ESCOLHEMOS O MARKETING DE CONTEÚDO COMO O NOSSO NICHO DE CONTEÚDO?

Eu fundei o que agora é o CMI em abril de 2007. Embora eu usasse de vez em quando o termo "marketing de conteúdo" nos seis anos anteriores, naquela época ainda era uma expressão muito jovem.

O termo predominante no setor costumava ser "publicação customizada". De minhas conversas com executivos de marketing (um de meus públicos-alvo no CMI), pude notar que este termo não era algo que dizia muito para eles. Mas será que havia uma oportunidade para o marketing de conteúdo?

Eu comecei a mexer com a ferramenta Google Trends na busca por algumas variações da frase. Aqui está o que eu encontrei:

"Publicação customizada". Se esta era uma frase de uso corrente, nós no CMI definitivamente não iríamos querer possuí-la. A cada ano as pessoas procuravam esse termo com menos frequência. Além disso, muitos dos artigos se referiam à impressão de livros customizados e não à nossa ideia de marcas criando conteúdo.

Fonte: Google Trends

Figura 12.1 **A caça por termos em destaque (*breakout*) no Google Trends pode dar algumas ideias sobre os assuntos quentes para a sua base de clientes.**

"Conteúdo customizado". Este era um termo em ascensão, mas novamente encontramos resultados confusos. Achou-se "conteúdo customizado" sendo utilizado como descrição para um pacote de *software* no popular jogo *SimCity*. Isto foi um grande alerta, pois estávamos tentando nos destacar na multidão e não colidir com buscas irrelevantes.

"Marketing de conteúdo". O termo nem sequer aparecia registrado no Google Trends. Eu comecei a pensar que se fosse criada uma quantidade suficiente do conteúdo certo, poderíamos iniciar um movimento em torno do termo. Com a confusão associada aos outros termos, era provável que o setor necessitasse de um novo termo que congregasse os principais líderes do pensamento. Além disso, sem um líder claro no grupo de "marketing de conteúdo", nós do CMI poderíamos avançar rapidamente e ganhar participação de mercado nos mecanismos de busca. Como você pode ver na Figura 12.2, esta estratégia valeu a pena.

Fonte: Google Trends

Figura 12.2 **Quais ações você gostaria de possuir: marketing de conteúdo ou publicação customizada?**

Assim, uma combinação de conversa com o nosso público e o uso de ferramentas gratuitas como o Google Trends, ajudou-nos no CMI a definir o nicho de conteúdo.

MARKETING FRACTAL

O seu nicho de conteúdo pode realmente atingir um público constituído por uma pessoa. Andrew Davis, autor do livro *Brandscaping*, define um conceito chamado "marketing fractal" como sendo aquele no qual se busca repetidamente subdividir seus clientes em um nicho mais específico. Desta maneira, ele desenvolve um nicho de conteúdo mais definido para uma população menor de clientes valiosos. Andrew Davis tem utilizado esta técnica com perfeição ao longo dos anos. Aqui estão dois exemplos:

No início de sua carreira, Drew queria trabalhar na Jim Henson Company. Havia dois problemas: Drew tinha uma experiência limitada e não possuía conexões na Jim Henson Company. A solução? Drew escreveu uma carta a cada mês durante três anos até a empresa finalmente ceder e contratá-lo em tempo integral.

Mais recentemente, Drew saiu em uma cruzada para ajudar a resolver o problema da indústria jornalística. Ele acredita que só existe uma pessoa na face da Terra que pode ajudar em seu esforço: o primeiro e único bilionário filantropo Warren Buffett.

Em sua página "Letters 2 Warren" no Tumblr lê-se o seguinte: "Meu objetivo: reunir-me com Warren Buffett e Terry Kroeger para revitalizar a indústria jornalística. Meu método: uma carta escrita à mão por semana."

Na nota original de Drew em 17 de dezembro de 2012, lê-se:

> "Sr. Buffett,
>
> Espero que você esteja passando um Natal maravilhoso! Ao embarcar em minha busca por revolucionar a indústria jornalística, não posso deixar de acreditar que o recurso mais subutilizado nos jornais de hoje é o poder do jornalista individual para conquistar um público e gerar demanda pelo conteúdo criado por ele. Vamos mudar a forma como as marcas conquistam um público!"
>
> - Andrew Davis

Em 12 de março de 2012, Drew atualizou a sua página com a seguinte nota para seus leitores:

> "Tenho o prazer de comunicar que obtive a confirmação de que o sr. Buffett está recebendo e lendo minhas cartas.
>
> Na noite passada, Carol Loomis, a autora de *Quando o Trabalho é a Melhor Diversão* (a quem me referi nas cartas da última semana), telefonou-me para esclarecer o seu acordo de trabalho com a *Fortune, Time Warner* e sua editora.
>
> Carol explicou que Warren lhe tinha enviado uma cópia de minha carta e que ela queria me ajudar a entender como o contrato de seu livro beneficiou a *Fortune* (no que se refere à licença para utilização dos artigos publicados anteriormente na revista).

Eu não poderia estar mais feliz ao saber que o sr. Buffett está dedicando um tempo toda semana para pensar em novas maneiras para gerar receitas para o negócio de jornais e revistas.

Próximo passo: uma reunião com Warren Buffett."

Drew nos mostra que quanto menor for o seu nicho de conteúdo, maior o retorno em longo prazo. Embora provavelmente você nunca venha a ter como alvo um público de uma pessoa, quanto mais você conseguir restringir as *personas* de seu público e, assim, o nicho de conteúdo a ser coberto, **maior será o seu sucesso**.

O MELHOR LUGAR PARA COMEÇAR

Ardath Albee, a autora de *eMarketing Strategies for the Complex Sale*, afirma que, por vezes, focar nos seus melhores clientes é o lugar para começar com a sua estratégia de conteúdo. Quando fundou a empresa Einsoft, ela não tinha os recursos para atingir múltiplos compradores em vários nichos. Então, decidiu agrupar os seus 10 melhores clientes e olhar para as semelhanças entre eles. Isto se tornou a *persona* do público e o nicho de conteúdo foi criado centrando neste grupo (de apenas 10).

Não há uma solução milagrosa, mas começar com o grupo menor e mais rentável de clientes é o melhor método para decidir qual nicho de conteúdo você deve explorar como empresa. Depois de aperfeiçoar a estratégia de conteúdo para este grupo, você pode passar para outros nichos de conteúdo dirigidos a públicos diferentes.

PENSAMENTOS ÉPICOS

- A inclinação natural é começar grande com o seu nicho de conteúdo, para tentar ter uma cobertura maior de seu mercado. Evite esse impulso. Pense grande com o seu marketing de conteúdo avançando pequeno com o seu nicho.
- Concentre-se em seu nicho na parcela mais valiosa de seu público e, talvez, nos poucos clientes melhores que você possui.

RECURSOS ÉPICOS

- Grant Cardone, *10X – A Regra que Faz a Diferença*, Da Boa Prosa, 2012.
- *Traveling with Pets*, Google Trends, consultado em 6 de abril de 2013, http://www.google.com/trends/explore#q=traveling%20with%20*pets*.

- *Content Marketing [versus] Custom Publishing*, Google Trends, consultado em 6 de abril de 2013, http://www.google.com/trends/explore#q=%22custom%20publishing%22%2C%20%22content%20*marketing*%22&cmpt=q.
- Andrew Davis, *Brandscaping*, CMI Books, 2012.
- Andrew Davis, *Letters 2 Warren*, Tumblr.com, consultado em 9 de julho de 2013, http://letters2warren.tumblr.com/.
- Ardath Albee, *eMarketing Strategies for the Complex Sale*, McGraw-Hill, 2009.

CAPÍTULO 13

A Declaração de Missão do Marketing de Conteúdo

"Eu não posso lhe dar a fórmula para o sucesso, mas posso lhe dar a fórmula para o fracasso, ou seja: tentar agradar a todos."

HERBERT B. SWORE, JORNALISTA NORTE-AMERICANO

Na sala de jantar de nossa casa, existe uma declaração de missão pendurada na parede. Eu me remeto a ela muitas vezes. O mesmo acontece com meus dois filhos, agora com 10 e 12 anos de idade.

A declaração de missão é o propósito de nossa família. É o que nos esforçamos para ser hoje e no futuro. Eu acredito que a declaração de missão foi crucial para o sucesso e a felicidade da nossa família.

Aqui está o que diz:

A MISSÃO PULIZZI

Enquanto família Pulizzi, nós reconhecemos o seguinte como propósito e ação permanentes:

- **Agradecemos a Deus** todos os dias por nossas bênçãos, mesmo nos dias em que somos desafiados ou enfrentamos dificuldades.
- **Nós sempre compartilhamos** o que temos com os outros, e ajudamos sempre que possível quem quer que esteja passando necessidade.
- **Nós louvamos um ao outro,** pois cada um é abençoado por Deus com talentos únicos.
- **Nós sempre terminamos** o que começamos, **sempre tentamos** embora possamos estar com medo e **sempre damos** à atividade do momento toda a nossa atenção.

Versão curta:

- **Agradecer a Deus, sempre compartilhar. Dizer coisas agradáveis. Dar o melhor de si.**

Para ser honesto, inicialmente pensei que isto era apenas uma ideia legal e um lema de vida para a nossa família. Agora, uma dezena de anos depois, nossa declaração de missão tem desempenhado um papel fundamental em nossas vidas. Por quê? Porque nunca há uma área cinzenta para os objetivos de nossa família. Quando os garotos têm dúvidas sobre o que devem ou não fazer, minha esposa e eu nos referimos à declaração de missão. Agora, depois de anos agindo assim, meus filhos se remetem eles mesmos à declaração de missão – às vezes relutantemente.

E a melhor parte? Quando os visitantes entram em nossa casa, a declaração de missão é imediatamente notada e quase sempre comentada. É uma daquelas pequenas coisas que fazem a diferença.

A DECLARAÇÃO DE MISSÃO DO MARKETING DE CONTEÚDO

Uma declaração de missão é a razão da existência de uma empresa. É o motivo de a organização fazer o que faz. Por exemplo, a declaração de missão da Southwest Airlines foi sempre a de **democratizar a experiência de viagem**. A declaração de missão da CVS é a de ser a varejista de farmácia mais fácil para os clientes usarem. Assim, em termos simples, a declaração de missão deve responder à pergunta: **"Por que existimos?".**

Em quase todas as minhas palestras, eu falo da declaração de missão do marketing de conteúdo. É fundamental ajustar o tom para a ideia de marketing de conteúdo... ou qualquer marketing, aliás. Os profissionais de marketing de pequenas e grandes empresas ficam com tamanha fixação em canais como *blogs*, Facebook ou Pinterest, que realmente não têm ideia alguma sobre o motivo subjacente para usar este canal. Assim, o **por quê** deve vir antes do **o quê.** Isto parece óbvio, mas a maioria dos profissionais de marketing não tem nenhuma declaração de missão ou estratégia central por trás do conteúdo que desenvolvem. O *marketing de conteúdo épico* é impossível sem um **por quê** claro e extraordinário.

Pense nisso da seguinte maneira: e se você fosse a revista de negócios líder em sua área de nicho? E se o seu objetivo não fosse o de primeiro vender produtos e serviços, mas o de causar impacto em seus leitores com informações fantásticas que mudam suas vidas e carreiras?

POR QUE A *INC.* TEM SUCESSO

A revista *Inc.* (ver Figura 13.1) tem sua declaração de missão na primeira linha de sua página **"Sobre Nós"** (*"About Us"*):

> "Bem-vindo à Inc.com, o lugar onde os empreendedores e empresários podem encontrar informações úteis, conselhos, *insights*, recursos e inspiração para administrar e fazer crescer os seus negócios."

Fonte: Inc.com

Figura 13.1 E se todos nós começássemos a pensar em nossos *sites* como as editoras fazem?

Vamos dissecar isso um pouco. A declaração de missão da *Inc.* inclui:

- **O público-alvo principal:** empreendedores e empresários.
- **O material que será entregue ao público:** informações úteis, conselhos, *insights*, recursos e inspiração.
- **O resultado para o público:** o crescimento de seus negócios.

A declaração de missão da *Inc.* é incrivelmente simples e não inclui palavras que possam ser mal interpretadas. A **simplicidade** é a chave de como você vai usar sua declaração de missão do marketing de conteúdo.

DECLARAÇÕES DE MISSÃO DO MARKETING DE CONTEÚDO EM AÇÃO

A P&G (Procter & Gamble) tem produzido o HomeMadeSimple.com por mais de uma década agora (ver Figura 13.2). Milhões de consumidores assinaram o Home Made Simple para receber dicas e atualizações regulares para ajudá-los a ser mais eficientes em casa.

Fonte: HomeMadeSimple.com

Figura 13.2 HomeMadeSimple.com, uma das plataformas de marketing de conteúdo da P&G.

Esta é a declaração de missão do marketing de conteúdo para o HomeMadeSimple.com:

> "Quer se trate de uma receita deliciosa, uma ideia de decoração inspiradora, uma abordagem moderna para organizar, nós nos esforçamos para ajudá-la (uma mãe) a criar um lar que seja verdadeiramente seu. Tudo o que fazemos aqui é concebido para capacitar e inspirar você a tornar o seu lar ainda melhor e, mais importante, um lugar que você goste de estar."

A missão do Home Made Simple inclui:

- **O público-alvo principal -** Mães ativas (a P&G não diz isso explicitamente em seu *site* por razões óbvias, mas este é o seu público).
- **O que será entregue para o público -** Receitas, ideias inspiradoras e novas abordagens para a organização.
- **O resultado para o público -** Melhorias em sua vida doméstica.

Portanto, para a P&G, se a ideia da história não se encaixar nesses três princípios, será descartada.

Por que a declaração de missão do marketing de conteúdo é tão fundamental para empresas e seu conteúdo? Sua equipe precisa produzir grandes ideias de conteúdo o tempo todo – para o *blog*, para a sua página no Facebook, para o seu boletim informativo. A maneira de saber se as ideias de histórias são apropriadas ou não, é analisar cada uma delas em relação à sua declaração de missão do marketing de conteúdo.

Se alguém da P&G tem uma boa ideia direcionada para os pais e quiser colocar no Home Made Simple, ela não será aceita; é o público-alvo errado. E se a história for sobre como consertar um pneu? Não, ela não se encaixa na promessa daquilo que será entregue consistentemente.

Aqui estão algumas outras declarações de missão que vale a pena conferir:

- **OPEN Forum do American Express**. "O OPEN Forum é uma comunidade *on-line* para intercâmbio de ideias, receber conselhos de especialistas e construir conexões para ajudá-lo a alimentar o sucesso de seu pequeno negócio."
- **Content Marketing Institute (CMI)**. "Fornecer conselhos sobre como fazer marketing de conteúdo no mundo real em todos os canais (*on-line*, impresso e pessoalmente) para ajudar os profissionais de marketing de empresas a ficarem menos dependentes de canais de mídia externos."
- ***Blogs* do Parametric Technology (PTC) Product Lifecycle.** "Fornecer notícias de interesse geral, não de produtos específicos, relacionadas,

direta ou indiretamente, com o tema do desenvolvimento do produto e de como isso se relaciona com engenheiros de *design*. O objetivo é que os engenheiros de *design* pensem de forma diferente sobre inovação e desenvolvimento de produtos."

- **Kraft Foods**. "Criar soluções deliciosas de refeições que inspirem histórias surpreendentes de alimentos que se espalhem para impulsionar as vendas e criar valor para a Kraft Foods."
- **Williams-Sonoma.** "Ser a líder em cozinhar e entreter entregando excelentes produtos, serviço de classe mundial e **conteúdo envolvente**." (ênfase minha).

COMPETÊNCIA PARA PUBLICAR

Julie Fleischer, diretora da Kraft Foods na área de envolvimento com os consumidores e meios de comunicação, defende que as marcas só devem criar programas de conteúdo sobre temas em que têm competência. "Na Kraft, faz sentido para os nossos clientes falar de alimentos, receitas e similares", afirmou Fleischer. "A Kraft pode ter competência sobre esses assuntos, e isso funciona para nossos clientes e, por sua vez, para os nossos objetivos de marketing. Mas não temos competência sobre questões financeiras ou consertos domésticos. Se você for uma marca e estiver entrando em marketing de conteúdo, convém entender em que assuntos você tem competência para se comunicar", complementou Julie Fleischer.

O AMEX não fala sobre alimentos. A John Deere não fala sobre bebidas energéticas. A IBM não fala sobre cavalos.

Você já viu alguma vez uma imagem em uma página de empresa no Facebook ou um artigo em um *blog* corporativo que simplesmente não se encaixa? Nós todos já vimos. As empresas que fazem isso muito provavelmente não possuem uma declaração de missão do marketing de conteúdo como filtro.

Ao desenvolver sua declaração de missão do marketing de conteúdo procure se certificar de que o conteúdo em torno do qual você cria histórias seja de uma área que você realmente conhece. Se não for assim, qual é o sentido?

MELHORES PRÁTICAS DE MISSÃO DE MARKETING DE CONTEÚDO

Lembre-se: o marketing de conteúdo não é sobre "o que você vende" e sim sobre "o que você representa". As necessidades de informação de seus clientes e prospectivos vêm em primeiro lugar. **Embora devam existir objetivos claros de marketing por trás da declaração de missão, eles não precisam ser descritos aqui.** A declaração de missão da *Inc.* não diz nada sobre vender mais publicidade ou inscrições em eventos pagos. A declaração de missão da P&G não diz nada sobre vender mais espanadores de pó. Para funcionar, a sua declaração de missão tem que se referir apenas aos pontos problemáticos (em outras palavras, "o que mantém seus clientes acordados à noite") de seus leitores e seguidores. Se não for assim, simplesmente não vai funcionar!!!

O QUE VOCÊ FAZ COM ISSO?

Além de fornecer a base para que sua estratégia de conteúdo siga avançando, a declaração de missão do marketing de conteúdo também é fundamental para todo o seu processo de criação de conteúdo. Aqui está o que você precisa fazer com a sua declaração de missão do marketing de conteúdo:

- **Postá-la.** Mostre a declaração de missão onde ela possa ser facilmente encontrada pelo seu público. O melhor lugar para colocá-la é onde quer que você desenvolva conteúdo que não seja de produtos para os seus clientes, como o seu *blog*, uma página no Facebook, ou o *site* principal de conteúdo (tal como o OPEN Forum do American Express).
- **Espalhá-la.** Certifique-se de que todos os envolvidos em seu processo de marketing de conteúdo tenham a declaração de missão. Entregue aos funcionários envolvidos no processo de criação de conteúdo, bem como para todas as agências parceiras ou *freelances* que você possa estar utilizando. Com muita frequência, os criadores de conteúdo em uma empresa não estão cientes da missão geral do conteúdo. Procure não deixar isso acontecer.
- **Prova dos nove.** Utilize a declaração de missão para decidir qual o conteúdo que você irá ou não criar. Muitas vezes um mau julgamento na criação de conteúdo pode ser corrigido comparando o conteúdo com a declaração de missão.

ALINHAMENTO COM O OBJETIVO DE NEGÓCIO

Em última análise, trata-se de marketing. Trata-se de vender mais produtos e serviços. Caso não esteja de alguma maneira alterando o comportamento para o bem dos negócios, então você está apenas produzindo conteúdo e não marketing de conteúdo.

Vamos reexaminar os quatro exemplos de empresas mencionados anteriormente em termos de como os seus objetivos de negócio devem coincidir com as declarações de missão.

- **OPEN Forum do American Express.** O OPEN Forum posiciona o American Express como especialista confiável para pequenos empresários. O OPEN Forum, para verdadeiramente ter valor, deve incluir outros conteúdos que não sejam apenas questões financeiras ou de crédito, de modo a incluir conselhos de operações, *insights* de marketing e pesquisas do consumidor. O OPEN Forum proporciona agora tantos *leads* de atração quanto qualquer outra iniciativa do American Express.
- **Content Marketing Institute (CMI).** O CMI fornece gratuitamente a maior parte de seu conteúdo educativo através de atualizações diárias. Quando os cadastrados querem levar esta educação para o próximo nível na forma de participação pessoal em um evento "pago", eles se inscrevem, o que quase sempre acontece após receber durante meses o conteúdo como cadastrado.
- ***Blogs* do Parametric Technology (PTC) Product Lifecycle.** Os *blogs* abrangem *insights* reais sobre o desafio de desenvolvimento de produtos. Os resultados têm sido duplos. Em primeiro lugar, os clientes atuais ficam mais fiéis e, em segundo lugar, os prospectivos têm maior probabilidade de escolher o PTC porque confiam no conteúdo do *blog* como sendo um recurso real do setor.
- **Kraft Foods.** Além de mostrar que seus programas de conteúdo são eficazes, a Kraft realmente tem mais de um milhão de clientes que pagam para receber o conteúdo da empresa em uma base regular.

Às vezes, a sua declaração de missão do marketing de conteúdo está totalmente alinhada com o que você vende (como no caso do CMI). Outras vezes, o conteúdo que você desenvolve pode ser mais amplo do que a finalidade real de seus produtos e serviços (como do caso do American Express). O importante é estar ciente de sua declaração de missão e saber que tipos de produtos ou serviços devem ser vendidos afinal. Saber é meio caminho andado, mas se o seu público não estiver mostrando o tipo certo de comportamento em longo prazo, isso pode significar que o alinhamento do conteúdo e aquilo que você vende estão muito distantes um do outro.

O PONTO IDEAL

Após decidir sobre a missão do seu marketing de conteúdo, separe algum tempo e realmente pense sobre o seu **"ponto ideal"**. O seu ponto ideal é a intersecção entre os pontos problemáticos de seus clientes e onde você tem a maior competência com suas histórias.

Isto nos leva de volta para uma das perguntas iniciais: onde você pode ser o principal especialista no mundo? Mas desta vez, vamos acrescentar uma pequena declaração no final: onde você pode ser o principal especialista no **mundo que realmente importa para seus clientes e sua empresa?**

PENSAMENTOS ÉPICOS

- Para que a sua declaração de missão do marketing de conteúdo funcione, você precisa definir claramente três coisas específicas para sua criação de conteúdo: 1º) o público-alvo principal, 2º) o que você entregará ao público, e 3º) o principal resultado para o público.
- Depois de criar a sua declaração de missão, distribua-a para todos os criadores de conteúdo em sua equipe (tanto dentro como fora da empresa).
- O *marketing de conteúdo épico*, na maioria dos casos, significa contar uma história diferente a cada vez, não a mesma história repetidamente, mas progressivamente melhorando em cada etapa. Trata-se de sua declaração de missão inovadora ou apenas uma versão recauchutada da história de outra pessoa?

RECURSOS ÉPICOS

- Definição de **declaração de missão**, consultado em 2 de abril de 2013, http://en.wikipedia.org/wiki/Mission_statement.
- Sobre a *Inc.com*, consultado em 2 de abril de 2013, http://www.inc.com/about.
- Uma lista de declarações de missão de empresas, consultado em 2 de abril de 2013, http://missionstatements.com.
- Home Made Simple, consultado em 2 de abril de 2013, http://homemadesimple.com.
- OPEN Forum do American Express, consultado em 2 de abril de 2013, http://openforum.com.
- Content Marketing Institute, http://contentmarketinginstitute.com.
- *Blogs* do PTC Product Lifecycle, consultado em 2 de abril de 2013, http://blogs.ptc.com/.
- Kraft Foods, consultado em 3 de abril de 2013, http://www.kraftrecipes.com/home.aspx.
- Simon Sinek, *Por quê? Como Grandes Líderes Inspiram Ação*, Saraiva Editora, 2012.

PARTE III

Gerenciamento do Processo de Conteúdo

CAPÍTULO 14

Construção de Seu Calendário Editorial

"Não fazer mais do que a média é o que mantém a média baixa."

WILLIAM LYON PHELPS, AUTOR NORTE-AMERICANO

Ao longo dos últimos 13 anos de minha carreira editorial, notei algumas coisas sobre calendários editoriais.

Em primeiro lugar, eles são absolutamente fundamentais para que qualquer programa de marketing de conteúdo tenha sucesso.

Em segundo lugar, a maioria das empresas não os utiliza.

As novas plataformas de mídia social são *sexy*. Assim como as novas ideias de marketing. Os calendários, para a maioria de nós... não são assim tão *sexy*.

Sejamos honestos, embora o marketing de conteúdo tenha existido de várias formas por centenas de anos, a maioria dos profissionais de marketing são pessoas voltadas para campanhas, de curto prazo – semelhantes às pessoas que você deve ter visto no *Mad Men* – que tendem a espalhar sua campanhas com as ferramentas mais recentes de mídia social.

Mas isso não é marketing de conteúdo. O marketing de conteúdo não é uma campanha de curto prazo; é uma estratégia de **longo prazo** para atrair, converter e reter clientes.

Você não consegue ter uma estratégia de conteúdo de longo prazo sem as ferramentas para gerenciá-la. E uma das ferramentas mais eficazes que você pode utilizar é o calendário editorial.

Então, vamos dar uma olhada como isso funciona.

OS TRÊS COMPONENTES DE UM CALENDÁRIO EDITORIAL

Os departamentos tradicionais de marketing costumavam acelerar o ritmo em torno do esforço para o produto mais recente. Mas cada vez mais os recursos de marketing estão ficando parecidos com operações editoriais, semelhante ao que você veria na revista *Inc.* ou no *Entertainment Weekly.*

Pelo fato de o marketing de conteúdo ser uma estratégia de longo prazo e geralmente envolver vários produtores de conteúdo, clientes e influenciadores externos, manter o controle de todas as histórias e formatos (*on-line* ou *off-line*) pode ser complicado.... e problemático.

Observação importante - Embora eu utilize os termos **planilha** e **documento** abaixo, existem muitas ferramentas *on-line* que podem funcionar como seu calendário editorial personalizado. Comece com ferramentas simples como o Google Drive (anteriormente Google Docs) combinado com o WordPress Editorial Calendar plugado (se o WordPress for o seu sistema de gerenciamento de conteúdo, isto está disponível para você usar). À medida que seu negócio progride, considere passar a utilizar uma oferta de *software* de serviço pago, como Kapost, Central Desktop, HubSpot, Contently, Compendium, Zerys e Skyword (para citar apenas alguns).

COMPONENTE 1: COMPREENDER O QUE É E O QUE NÃO É UM CALENDÁRIO EDITORIAL

O calendário editorial é muito mais do que apenas um calendário com conteúdo atribuído a datas. Um bom calendário editorial mapeia a produção de conteúdo para as *personas* do público (para quem queremos vender), o ciclo de envolvimento (entrega do conteúdo apropriado com base em onde o indivíduo prospectivo está no processo de compra) e os vários canais de mídia.

Além de datas e títulos, o seu calendário editorial deve incluir as seguintes coisas:

- **Uma lista de prioridades do que você está publicando com base na estratégia de conteúdo que você desenvolveu.** Isto pode incluir conteúdo existente que será reestruturado ou embalado de forma diferente, conteúdo que virá de parceiros ou conteúdo ainda a ser desenvolvido. É o seu inventário.
- **Produtores atribuídos ao conteúdo e/ou editores responsáveis pelo conteúdo.** Aqui você indica as pessoas responsáveis pela produção do conteúdo. Se você tem vários editores, identifique-os também.
- **O(s) canal(is) para o conteúdo.** Uma lista de formatos e canais segmentados para o conteúdo. Por exemplo, você pode ter um *blog* que faça parte de uma série de um *e-book* que você está publicando no SlideShare. Neste caso, você pode querer enviar também através de vários canais de distribuição como o seu *e-mail,* boletim informativo ou *sites* de redes sociais como o Twitter ou Google+.

- **Metadados.** Estes são os "*tags*" ("etiquetas") que você atribui para manter o controle sobre aquilo em que está trabalhando e que papel isso tem em sua estratégia de conteúdo. A quantidade de *tags* que serão incluídos realmente vai depender de você mesmo. Você provavelmente incluirá *tags* para aspectos importantes do conteúdo, como "*persona*-alvo" ou "ciclo de envolvimento", de modo a ter certeza de estar fazendo o balanceamento entre o conteúdo editorial e os objetivos gerais. Você também pode querer incluir colunas (ou *tags*) para coisas como tipo de conteúdo (por exemplo, documento técnico, vídeo ou *e-mail*) ou até mesmo palavras-chave SEO **(otimização para mecanismos de busca).**
- **Datas para criação e publicação.** Nisto estão incluídas as datas que o conteúdo é devido pelo editor, juntamente com os prazos de publicação. À medida que se tornar mais sofisticado, você pode incluir uma data de atualização (o acionamento de uma data para atualizar o conteúdo quando necessário).
- **Etapas do fluxo de trabalho.** Caso trabalhe para uma grande organização, você pode querer acrescentar etapas de fluxo de trabalho, incluindo o jurídico, verificação de fatos, revisão ou outros elementos que venham a afetar o processo de criação e gestão do conteúdo.

Quando começar a reunir os elementos no calendário editorial, lembre-se de que o calendário é uma ferramenta de gestão.

Inclua somente os elementos que você precisa para gerenciar o processo. Por exemplo, se você escreve um *post* no *blog* por semana e duas mensagens de *e-mail* por mês para apoiar o seu pequeno negócio, não há nenhum motivo para complicar mais o seu calendário editorial. Procure mantê-lo o mais simples possível. A Figura 14.1 mostra o que seria um calendário editorial básico.

COMPONENTE 2: ORGANIZAÇÃO DO CALENDÁRIO

Defina o seu documento calendário da maneira que funcionar melhor para você.

Por uma questão de simplicidade, vamos assumir que você tenha uma planilha para o ano – e que cada aba será um mês. Ao longo das colunas você talvez possa ter:

- Título do conteúdo.
- Tipo de conteúdo.
- A *persona* do público para quem você está escrevendo este item.
- A pessoa que escreverá ou criará o conteúdo.
- Data devida.
- A pessoa que editará o conteúdo.
- Canais – onde será publicado?
- *Tags* "metadados".
- Data de publicação.

Amostra de calendário editorial

	Autor	*Assunto*	*Posição*	*Chamada para ação*	*Palavra-chave principal*	*Categoria*	*Próxima atualização*
Semana de 21 de maio							
Segunda-feira, 21 de maio							
Terça-feira, 22 de maio							
Quarta-feira, 23 de maio							
Quinta-feira, 24 de maio							
Sexta-feira, 25 de maio							
Semana de 28 de maio							
Segunda-feira, 28 de maio							
Terça-feira, 29 de maio							
Quarta-feira, 30 de maio							
Quinta-feira, 31 de maio							
Sexta-feira, 1 de junho							
Semana de 4 de junho							
Segunda-feira, 4 de junho							
Terça-feira, 5 de junho							
Quarta-feira, 6 de junho							
Quinta-feira, 7 de junho							
Sexta-feira, 8 de junho							
Semana de 11 de junho							
Segunda-feira, 11 de junho							
Terça-feira, 12 de junho							
Quarta-feira, 13 de junho							
Quinta-feira, 14 de junho							
Sexta-feira, 15 de junho							
Semana de 18 de junho							
Segunda-feira, 18 de junho							
Terça-feira, 19 de junho							
Quarta-feira, 20 de junho							
Quinta-feira, 21 de junho							
Sexta-feira, 22 de junho							

Figura 14.1 **Uma aparência básica do calendário editorial.**

- Posição (talvez indicado por verde, amarelo ou vermelho).
- Quaisquer observações.
- Principais indicadores (por exemplo, comentários postados, páginas vistas e *downloads*) (no entanto, eu recomendo manter seus principais indicadores em uma folha separada).
- Chamada para ação (a principal ação ou comportamento que você pediu).

Às vezes um calendário visual pode ajudar a entender melhor os tipos de conteúdo que você está usando como parte de sua estratégia de conteúdo. A Figura 14.2 apresenta uma amostra do Velocity Partners, uma agência de conteúdo do Reino Unido.

Finalmente, em documentos separados – ou mesmo em abas dentro de seu calendário editorial – você pode incluir elementos de *"brainstorming"** (por exemplo, ideias que estão em análise ou novas histórias que surgem durante o processo). Se você estiver utilizando uma ferramenta como o Kapost, ela manterá um registro de todas as suas ideias em andamento, assim como seus ativos de conteúdo efetivo.

Fonte: Velocity Partners

Figura 14.2 Este calendário editorial visual pode ajudar os funcionários a entender seu plano de conteúdo.

* Nota do tradutor (NT) - Técnica de discussão em grupo para geração espontânea de ideias por parte dos participantes para resolver um problema ou incentivar a criatividade.

No final, o seu calendário editorial se tornará a ferramenta mais frequentemente utilizada em seu processo. E seja como uma combinação de documentos, uma planilha simples, uma ferramenta de produção *on-line*, ou apenas um *e-mail* mensal que você envia para a sua equipe, o fundamental é que ele funcione para você. No final, tudo o que ajudar a facilitar o seu processo e mantiver você e sua equipe de conteúdo no rumo planejado é o melhor formato de calendário editorial.

COMPONENTE 3: DESENVOLVIMENTO DO GUIA DE ESTILO EDITORIAL

Evidentemente, quando qualquer um de nós fala de um "calendário", a primeira coisa que a pessoa pensa é um guia para planejar o conteúdo que será criado e quando.

Mas o seu "calendário" tem outra função importante. É a base para o desenvolvimento de um guia de estilo editorial como uma ferramenta para os seus criadores, editores e produtores de conteúdo (sim, mesmo se todas essas pessoas estiverem concentradas em você).

Este guia de estilo também pode evoluir para um guia de estilo de conversa social (em outras palavras, uma política de mídia social), fornecendo orientações de como as pessoas respondem e conversam.

À medida que mais pessoas começam a "contar a história" de sua marca, certifique-se de que elas tenham as ferramentas certas e o treinamento para transmitir adequadamente a voz de sua marca. Você também precisa fiscalizá-las ou monitorá-las para ter certeza de que estejam se atendo à sua voz.

E mesmo que você esteja em um voo solo neste momento, manter a sua voz editorial de forma consistente faz com que o seu conteúdo seja mais profissional e confiável. E torna tudo **muito mais fácil** se você algum dia precisar trazer outros escritores.

Tal como acontece com a continuação de uma história, é fácil deixar que o tom, qualidade e estilo escorreguem pouco a pouco até que a história perca o rumo. É aqui que o seu guia de estilo editorial entra em ação.

Aqui estão alguns aspectos importantes a incluir:

- **O tom geral e a voz de seu marketing de conteúdo.** Quem é você? O que você transmite em seu conteúdo?
- O comprimento médio (ou mínimo/máximo) dos itens desenvolvidos.
- **Diretrizes da marca.** Como se referir à empresa, linhas de produtos, indivíduos, e assim por diante.

Quanto à gramática, estilo e uso de palavras você pode optar por seguir guias como o *Manual de Estilo da Associated Press* e o *Manual de Estilo de Chicago* (publicado pela Universidade de Chicago). Além disso, muitos estrategistas de marketing de conteúdo – especialmente aqueles centrados na *Web* – estão usando o *Guia de Estilo Yahoo!* Bônus: para uma amostra completa do guia de estilo do CMI, vá para o endereço EpicContentMarketing.com.

PENSAMENTOS ÉPICOS

- Em última análise, o seu calendário editorial é a sua ferramenta mais poderosa como profissional de marketing. Se você não planejar para o conteúdo épico, isso não acontece.
- Existem muitas ferramentas de tecnologia por aí, mas utilize o que for mais fácil para você.

RECURSOS ÉPICOS

- Plugin Directory, WordPress.org, consultado em 9 de julho de 2013, http://wordpress.org/extend/plugins/editorial-calendar/.
- *The Associated Press Stylebook 2013*, Basic Books, 2013.
- *The Yahoo! Style Guide*, St. Martin's Griffin, 2010.
- *Content Marketing Strategy Checklist*, Velocity Partners, junho de 2012, http://www.velocitypartners.co.uk/wp-content/uploads/2012/06/Content-*Marketing*-Strategy-Checklist-Velocity-Partners.pdf.

CAPÍTULO 15

Gestão do Processo de Criação de Conteúdo

"Não há nada tão inútil quanto fazer eficientemente aquilo que não deveria ser feito."

PETER DRUCKER

Vamos encarar os fatos, **o marketing de conteúdo é um novo músculo para a maioria das organizações.**

A maioria das marcas vem fazendo as coisas da mesma maneira por tanto tempo que pensar como uma editora é bastante difícil. Pior ainda, essas marcas não estão preparadas para publicar; elas estão preparadas para as práticas tradicionais de marketing organizadas nos silos habituais. Isto significa que elas podem não ter consciência dos tipos de funções necessárias para ter sucesso na gestão do processo de marketing de conteúdo.

Para fazer o marketing de conteúdo com sucesso você precisa ter as seguintes quatro coisas:

- Pessoas para fazê-lo.
- Funções e responsabilidades para essas pessoas preencherem.
- Um cronograma para o cumprimento das tarefas (ver Figuras 14.1 e 14.2 sobre amostras de calendários editoriais).
- Regras e diretrizes.

A mais difícil destas pode ser encontrar as funções dentro da empresa para conduzir o processo. Se este for o caso para você, os parágrafos a seguir contam como fazê-lo.

MONTAGEM DE UMA EQUIPE COM FUNÇÕES E RESPONSABILIDADES ESPECÍFICAS

Tendo em vista o tamanho de sua organização, você pode ter uma pessoa – ou muitas – responsável pelas iniciativas de seu marketing de conteúdo; em geral, no entanto, independentemente de quantas pessoas realmente assumem a responsabilidade pela função, os seguintes papéis são necessários.

Observação importante - Trata-se de papéis dentro da organização, não necessariamente cargos (embora possam ser).

O GERENTE OU DIRETOR DE CONTEÚDO (CCO)

Pelo menos uma pessoa em sua organização deve ser a responsável pelas iniciativas de conteúdo. Mais recentemente, as organizações chamam isso de diretor de conteúdo (*chief content officer*) ou CCO (existe agora uma revista que se dedica a esta posição. Ver Figura 15.1). A Kodak chama essa função de "vice-presidente de estratégia de conteúdo"; Monetate, uma pequena empresa de *software* B2B, chama isso de "**diretor de marketing de conteúdo**" (em uma pequena empresa, o proprietário ou sócio ou até mesmo uma pessoa de marketing geral pode ser o que desempenha esta função).

Este é o papel de **"chefe contador de histórias"** para o seu esforço de conteúdo; a pessoa desempenhando esse papel é responsável por executar os objetivos que você se propôs a realizar. **Quando o marketing de conteúdo não funciona, geralmente não é por causa de uma falta de conteúdo de alta qualidade; é por causa de uma má execução.** É por isso que esse gerente pode ser o seu recurso mais importante, embora possa não estar criando nenhum conteúdo. O CCO deve assegurar a excelência em todas as táticas de marketing de conteúdo, incluindo:

- Conteúdo/editorial.
- *Design*/arte/fotografia.
- Recursos na *Web* para conteúdo.
- Integração de marketing e conteúdo, incluindo mídias sociais.
- Orçamento dos projetos.
- Negociação de contratos com *freelances*.
- Desenvolvimento de público.
- Pesquisa e medição.

Em organizações em que não há um orçamento para um CCO dedicado, este papel pode ser preenchido pelo diretor ou vice-presidente de marketing. Muitas marcas, como a UPS, têm um gerente dentro da empresa que supervisiona a produção de conteúdo interno, assim como a produção de conteúdo por uma agência externa. Embora as marcas possam terceirizar uma ampla variedade de produção de conteúdo através de fornecedores externos, **é importante manter o CCO dentro da organização.**

Fonte: CMI

Figura 15.1 **Revista *Chief Content Officer*, concebida especificamente para o papel de CCO, é produzida bimestralmente pelo CMI.**

EDITOR(ES) EXECUTIVO (S)

Os editores têm um papel fundamental no processo de marketing de conteúdo, e são provavelmente os mais procurados pelas marcas atualmente. À medida que mais marcas desenvolvem conteúdo, os funcionários são solicitados a postar no *blog* e a escrever em nome de suas empresas. Infelizmente, o estilo de redação dos funcionários que nunca criaram conteúdo antes muitas vezes deixa muito a desejar. É aqui que entra o editor executivo. Este papel, por vezes terceirizado e às vezes parte da responsabilidade do CCO, gerencia as funções editoriais do esforço de marketing de conteúdo. Estas são as pessoas de execução do conteúdo do dia a dia. Elas auxiliam os funcionários internos a desenvolver e escrever conteúdo, e ajudam as pessoas externas a alinhar o seu texto com os objetivos organizacionais da empresa.

O editor executivo trabalha com os funcionários no seguinte:

- Produção de conteúdo.
- Programação de conteúdo.
- Seleção de palavras-chave para otimização para mecanismos de busca (SEO).
- Otimização dos mecanismos de busca para *posts*.
- Correções de estilo.
- Tags e imagens.

Às vezes os editores executivos estão lá para ensinar, de modo que os funcionários possam fazer mais por conta própria. Eles também podem atuar como *coaches*, incentivando os gerentes, a equipe executiva ou até mesmo os escritores externos a produzir conteúdo de acordo com a programação. A OpenView Venture Partners tem um editor executivo que supervisiona todo o conteúdo no *blog* da OpenView, mas o editor cria apenas uma pequena parte do mesmo. Quase todos os funcionários são responsáveis pelo desenvolvimento de *posts* originais para os *blogs*, de modo que o editor executivo trabalha com o conteúdo de toda a empresa.

CRIADORES DE CONTEÚDO

Os criadores de conteúdo produzem o conteúdo que, em última análise, ajudará a contar a história. Este papel geralmente se sobrepõe ao dos editores executivos que também produzem conteúdo, mas também pode simplesmente ser exercido por um especialista no assunto dentro da organização. Por exemplo, os produtores típicos de conteúdo incluem qualquer pessoa da alta administração, o chefe de pesquisa e desenvolvimento, o gerente de produto, o diretor de serviço ao cliente, ou um consultor contratado. Em muitos casos, este papel é terceirizado quando há falta, ou lacuna, de recursos para produzir o conteúdo. É importante notar que essa pessoa não precisa ser um escritor (embora seja realmente útil que fosse). Em geral esta pessoa está lá para ser a "face" ou a "voz" autêntica da organização. O criador de conteúdo pode ser entrevistado para o conteúdo, ou pode produzir um longo *e-mail* com divagações que é transformado em um *post* convincente.

PRODUTORES DE CONTEÚDO

Os produtores de conteúdo formatam ou criam o pacote final em que o conteúdo é apresentado (ou seja, eles deixam o conteúdo "bonito"). Há uma possibilidade de que em certa medida este papel já exista em sua organização; ela é executada internamente ou por uma agência. Pode ser uma agência de web se o produto final for um *blog* ou um *site*.

DIRETOR DE ESCUTA

O papel do **diretor principal de escuta** (*chief listening officer* - CLO) é o de funcionar como com controlador de tráfego aéreo para mídias sociais e seus outros canais de conteúdo. Os CLOs estão ali para ouvir os grupos, manter as conversas e encaminhar (e/ou notificar) os membros da equipe apropriada que possam se envolver na conversa (atendimento ao cliente, vendas, marketing, e assim por diante). Para o processo de marketing de conteúdo, esta função serve como peça central de seus "postos de escuta". Você estabelece postos de escuta para poder continuar a ter uma "alimentação" de informações; assim, você pode estar sempre pronto a reagir e a se adaptar à medida que seus assinantes reagem e mudam.

Com muita frequência as empresas têm hoje CLOs para fins de resposta às mídias sociais, mas não aproveitam esses papéis para fins de feedback do marketing de conteúdo. A expectativa é que o seu conteúdo provoque uma série de reações na comunidade. O CLO pode então encaminhar um feedback importante para o CCO, de modo que o chefe das histórias possa modificar o plano de forma contínua.

DESCRIÇÃO DO CARGO DE DIRETOR DE CONTEÚDO

Observação importante - Esta descrição do cargo é mais do que você precisaria para a função de CCO. Propositadamente incluí todos os aspectos possíveis da função para que seja o mais útil para você.

Para o seu caso específico, utilize o que necessita para desenvolver uma descrição do cargo que faça sentido para a sua organização.

- Descrição do cargo: diretor de conteúdo.
- Subordinação: diretor executivo/diretor de operações (empresas menores) ou diretor de marketing/vice-presidente de marketing (empresas maiores).

RESUMO DA POSIÇÃO

O diretor de conteúdo (CCO) supervisiona todas as iniciativas de marketing de conteúdo, tanto internas quanto externas, pelas múltiplas plataformas e formatos para impulsionar vendas, envolvimento, retenção, *leads* e comportamento positivo do cliente.

Esta pessoa é um especialista em todos os assuntos relacionados com conteúdo e otimização de canal, consistência da marca, segmentação e localização, análise e medição significativa.

A posição colabora com os departamentos de relações públicas, comunicações, marketing, atendimento ao cliente, TI e recursos humanos (RH) para ajudar a definir a história da marca e a história como interpretada pelo cliente.

RESPONSABILIDADES

Em última análise, o trabalho do CCO é pensar como um editor/jornalista, liderando o desenvolvimento de iniciativas de conteúdo em todas as formas, que permitiram impulsionar novos negócios e conduzir os atuais. Isso inclui:

- Assegurar que todo o conteúdo seja a respeito da marca, consistente em termos de estilo, qualidade e tom de voz, e otimizado para busca e experiência do usuário para todos os canais de conteúdo, incluindo *on-line*, mídia social, *e-mail*, ponto de venda, dispositivos móveis, vídeo, impresso e pessoalmente. Isto deve ser feito para cada *persona* de comprador dentro da empresa.
- Planejar detalhadamente uma estratégia de conteúdo que ofereça suporte e permita a ampliação das iniciativas de marketing, tanto de curto quanto de longo prazo, e determinar quais métodos funcionam para a marca e por quê. A evolução contínua da estratégia é fundamental.

- Desenvolver um calendário de conteúdo funcional pela hierarquia da empresa e definir os responsáveis em cada setor pelos grupos específicos de *personas*.
- Supervisionar escritores, editores e estrategistas de conteúdo, sendo um árbitro das melhores práticas de gramática, mensagens, redação e estilo.
- Integrar as atividades de conteúdo dentro das campanhas de marketing tradicionais.
- Realizar testes contínuos de utilização para medir a eficácia do conteúdo; reunir dados, analisar as estatísticas (ou supervisionar aqueles que o fazem) e fazer recomendações baseadas nesses resultados; trabalhar com os responsáveis por determinado conteúdo para revisar e medir conteúdos específicos e metas de comercialização.
- Desenvolver padrões, sistemas e melhores práticas (das pessoas e tecnológicas) para criação de conteúdo, distribuição, manutenção, recuperação de conteúdo e reaproveitamento de conteúdo, incluindo a implantação em tempo real de estratégias de conteúdo.
- Aproveitar dados de mercado para desenvolver temas/tópicos de conteúdo e executar um plano para desenvolver os recursos que dão suporte a um ponto de vista e educam os clientes de modo a gerar indicadores fundamentais de comportamento.
- Estabelecer fluxo de trabalho para solicitação, criação, edição, publicação e retirada de conteúdo; trabalhar com a equipe técnica para implantar um sistema adequado de gestão de conteúdo.
- Realizar auditorias periódicas da competitividade.
- Supervisionar a manutenção de estoques e matrizes de conteúdo.
- Assegurar uma experiência global consistente e implantar estratégias adequadas de localização/tradução.
- Participar na contratação e supervisão de líderes de conteúdo/histórias em todos os setores de conteúdo.
- Criar uma estratégia para desenvolver a divulgação e publicidade por Serviço de Mensagens Curtas (SMS)/Serviço de Mensagens Multimídia (MMS), aplicativos e assim por diante, quando necessário.
- Trabalhar em estreita colaboração com o diretor de *design* em todas as iniciativas inovadoras e de marca para assegurar uma mensagem consistente em todos os canais.

CRITÉRIOS DE SUCESSO

O CCO tem o seu desempenho medido com base na melhoria contínua da alimentação e retenção de clientes por meio de histórias, assim como pelo aumento de novos prospectivos na empresa, através do desenvolvimento e uso consistente de conteúdo para cada grupo de *persona*. Os critérios de sucesso incluem o seguinte:

- Reconhecimento positivo da marca e consistência em todos os canais escolhidos para publicação.
- Aumento nos indicadores definidos para envolvimento do cliente (medidas pelos usuários executando a ação desejada como, por exemplo, conversões, subscrição e compra).
- Crescimento do tráfego no *site* e nas mídias sociais.
- Definição e crescimento dos indicadores de conversão.
- Indicadores de sentimento positivo nas mídias sociais.
- *Feedback* dos clientes e dados de pesquisas.
- Aumento nos principais *rankings* de palavras-chave em mecanismos de busca.
- Diminuição nos ciclos de venda/compra.
- Definição clara da distribuição de conteúdo durante etapas específicas do ciclo de compra (alimentação de *leads*).
- Identificação de oportunidades de venda casada e cruzada por meio de análise de conteúdo e utilização de recursos de conteúdo para maiores taxas de conversão.

O principal critério para o sucesso é a afinidade cliente/ funcionário. O sucesso é medido em relação ao valor durante todo o período de relacionamento com o cliente, à satisfação do cliente e ao apoio dado pelos funcionários.

EXPERIÊNCIA E FORMAÇÃO NECESSÁRIAS

- Graduação em Letras, Jornalismo, Relações Públicas ou outra área relacionada com o campo das comunicações. Um MBA em marketing é um extra.
- Experiência de 5 a 10 anos como líder respeitado na criação de conteúdo multicanal (na área editorial, jornalismo, e assim por diante).
- Experiência com a criação de mensagens convincentes para diferentes segmentos demográficos. Experiência de comunicação em crises é um extra.

- Experiência nos principais aplicativos de *softwares* empresariais é um extra (Adobe Creative Suite, Office da Microsoft, e assim por diante).
- Experiência relacionada com o RH, incluindo contratação, gestão, avaliações de desempenho e pacotes de remuneração.
- Falar outros idiomas (especificamente espanhol e chinês) é um importante fator positivo.
- Experiência em estratégias para desenvolvimento de público e subscrição é um extra.

QUALIFICAÇÕES NECESSÁRIAS

O cargo de CCO requer uma combinação de mentalidade editorial e de marketing, com o aspecto mais importante de pensar "o cliente em primeiro lugar". Em essência, o CCO é o contador de histórias corporativas que deve ter empatia com os pontos problemáticos do cliente. As habilidades específicas necessárias incluem:

- Comprovadas habilidades editoriais, domínio excelente do principal idioma do cliente.
- Treinamento como jornalista de mídia impressa e falada, tendo um "faro" para a notícia. Treinamento em como contar uma história usando palavras, imagens ou áudio, e uma compreensão de como criar conteúdo que atraia o público (é fundamental que o CCO mantenha uma "visão de fora", muito parecido com a de um jornalista).
- Capacidade de liderar e inspirar grandes equipes de pessoal criativo e criadores de conteúdo para alcançar os objetivos estabelecidos pela empresa.
- Habilidade em estratégias e táticas para a criação de conteúdo de formato longo e criação e distribuição de conteúdo em tempo real (imediato).
- Habilidade para pensar como educador, compreendendo intuitivamente o que o público precisa saber e como quer consumir.
- Paixão por novas ferramentas de tecnologia (ou seja, usar as ferramentas que você defende) e usar essas ferramentas dentro de seus próprios *blogs* e mídia social. DNA social é um extra!
- Clara articulação do objetivo de negócio por trás da criação de um conteúdo (ou de uma série deles).
- Capacidade de liderança para definir e gerenciar um conjunto de objetivos envolvendo diversos colaboradores e tipos de conteúdo.

- Competência na gestão de projetos para administrar calendários e prazos editoriais no âmbito da empresa e das campanhas em curso. Habilidade para trabalhar em um ciclo de projeto de 24 h utilizando equipes ou contratados em outros países.
- Familiaridade com os princípios do marketing (e capacidade de adaptá-los ou ignorá-los conforme exigido pelos dados).
- Excelente capacidade de negociação e mediação.
- Incríveis habilidades pessoais.
- Conhecimento técnico básico de HTML, XHTML, CSS, Java, publicação na *Web*, *Flash*, e assim por diante.
- Fluência em ferramentas de análise na *Web* (Adobe Omniture, Google Analytics), aplicativos de marketing de mídia social (HootSuite, Tweetdeck, e assim por diante).
- Disposição para abraçar a mudança e adaptar estratégias na hora.
- Grande poder de persuasão e apresentação (Visio, PowerPoint).
- Experiência na criação de um recurso ou biblioteca para conteúdo organizado em torno da otimização para mecanismos de busca, traduções e controle de versão.
- Conhecimento das mais recentes plataformas, ferramentas de tecnologia e soluções de marketing através de parcerias (o CCO precisa continuamente aprender isso).
- Capacidade de examinar argumentos de venda e de buscar histórias relevantes da marca e do cliente.
- Sentir-se confortável em atuar como porta-voz da empresa e defendê-la através de aparições na mídia, entrevistas, telefonemas de vendas, feiras e exposições, e assim por diante.

AGRADECIMENTO

Agradeço a todas as pessoas que permitiram a criação desta descrição de cargo do diretor de conteúdo, incluindo Katie McCaskey, Peggy Dorf, Don Hoffman, Wendy Boyce, Sarah Mitchell, Pam Kozelka, Kim Kleeman, Reinier Willems, Joe Pulizzi, DJ Francis, Josh Healan, Christina Pappas, CC Holland, Stallar Lufrano, Lisa Gerber, Kim Gusta, Cindy Lavoie, Jill Nagle e Ann Handley.

Descrição final preparada por Joe Pulizzi, do CMI.

O QUE BUSCAR EM ESCRITORES *FREELANCE*

Seja representando uma máquina experiente de publicação digital ou uma marca novata em busca dos benefícios do marketing de conteúdo, você muito provavelmente precisará do auxílio de escritores *freelance* para ajudar a contar a sua história. Você pode precisar de ajuda no desenvolvimento do conteúdo atual - ou precisar de produtores de conteúdos adicionais para acompanhar o ritmo.

Como fazer para encontrar bons colaboradores de conteúdo externo (às vezes chamados de "correspondentes")? Você deve buscar um bom escritor e ensinar-lhe o seu negócio? Ou você deve contratar alguém que conhece o seu setor de atividade e ensinar-lhe a escrever? Seguem algumas dicas para levar em consideração.

O conhecimento especializado é útil, mas não imprescindível. Dada a escolha entre um bom escritor com uma personalidade que se encaixa mais com sua organização (mas que não tenha muito conhecimento do seu setor de atividade) e um veterano do setor que sabe como escrever, mas com quem você não consegue ficar na mesma sala, **fique com a personalidade.** Química e personalidade são coisas bem difíceis de mudar; a pesquisa é uma habilidade que pode ser **ensinada** - **paixão**, não! Se você e seu produtor de conteúdo *freelance* não tiverem uma boa química juntos, o relacionamento rapidamente não dará em nada. Embora possa ser uma vantagem estratégica trazer uma "estrela" do setor para atrair um pouco de atenção ao seu conteúdo (e há excelentes motivos para fazer isso de vez em quando), a menos que haja uma grande compatibilidade de personalidade, tenha muito cuidado de não misturar a sua história com a da estrela e se perder no meio.

Contrate certo – redatores, jornalistas, escritores técnicos, meu Deus! Por ter passado tanto tempo em sua estratégia e em seu processo, você deve estar muito consciente do tipo de escritor que está buscando. Entenda que os redatores trabalham de forma muito diferente e têm sensibilidades bastante diferentes que as dos jornalistas. Caso esteja buscando alguém para escrever *posts* no *blog* para você, um redator provavelmente não é a sua melhor aposta. Por outro lado, se estiver buscando alguém para reforçar a sua convincente chamada para ação para todos os excelentes documentos técnicos que você reuniu, então um bom redator pode ser exatamente o que você precisa.

Desenvolva o relacionamento certo. Compreenda os elementos do seu relacionamento comercial, e faça com que fiquem claros. Por exemplo, haverá um item de conteúdo por semana e seu escritor receberá honorários mensais? Neste caso, como você fará nos meses que têm quatro semanas e meia? Haverá um *post* extra naquela semana? Especifique as condições de faturamento e de pagamento. Dado o tamanho de sua organização, você precisa deixar claras as condições de faturamento e pagamento – ou entender o que o escritor precisa. Seja claro também sobre as expectativas. Neste momento, você já deve saber a sua velocidade e o tamanho e detalhamento que o conteúdo precisa ter. Não deve haver surpresas como, por exemplo, os *posts* do *blog* passando de repente a ter 300 palavras, quando deveriam ter 500... ou temas de conteúdo saindo descontroladamente do assunto.

Aqui estão algumas das coisas que você precisa comunicar aos seus escritores *freelance*:

- O conteúdo que produzirão e onde cai no calendário editorial (seja bastante específico sobre quando os esboços deverão ser entregues).
- Os objetivos de suas contribuições específicas (especialmente se for um conteúdo personalizado da marca ou um conteúdo para publicação).
- Que conhecimentos especializados ou outras informações de terceiros eles precisarão ter acesso (eles entrevistarão pessoal interno, trarão informações externas ou irão retrabalhar o seu material existente?).
- O seu orçamento (por conteúdo, por hora, fixo ou permuta).
- O número de revisões de cada conteúdo.

Nos últimos 12 a 18 meses, novos modelos de desempenho têm tomado forma no mundo do conteúdo digital. Muitas editoras estão adotando o modelo de pagamento por desempenho, em que uma remuneração básica menor é paga pelo conteúdo bruto, mas o escritor recebe um bônus pelo desempenho do conteúdo (com base em medições de compartilhamento e posição nos mecanismos de busca). Novas ferramentas como o Skyword permitem que agora isso seja feito. Os escritores, que no passado não aceitavam essa possibilidade, estão agora bastante cientes deste tipo de modelo e estão mais abertos do que nunca a esta opção, mas a definição de expectativas claras é um primeiro passo fundamental.

FATORES ORÇAMENTÁRIOS

No passado recente do setor editorial, os *freelances* costumavam receber US$1 por palavra. Isto continua valendo para conteúdo exclusivo e de alta qualidade, como relatórios de pesquisa e documentos técnicos. Para conteúdos de artigos, alguns serviços, como o Zerys, podem cobrar um preço de até 5 centavos de dólar por palavra, se você quiser.

Atenção: você geralmente recebe aquilo pelo que paga. No CMI temos tido mais sucesso no modelo fixo – ou seja, trabalhar com um *freelance* em uma série de conteúdos durante um período de tempo e então pagar uma remuneração mensal pelo trabalho. Este arranjo geralmente atende aos interesses de ambas as partes. O orçamento da empresa fica mais fácil com um número definido, e o *freelance* não tem que contar palavras. Afinal, um conteúdo tem que ter o tamanho necessário, então para que estabelecer um limite? (uma faixa é o suficiente).

ANTES DE ENTRAR COM TUDO, FAÇA UM TESTE

Com a quantidade de oferta de escritores no mercado de trabalho não há necessidade de começar um relacionamento de longo prazo desde o início. Teste algumas histórias e veja como elas funcionam. Pergunte a si mesmo: o estilo de redação desta pessoa atende suas expectativas? Ele ou ela entrega no prazo? Esta pessoa compartilha ativamente o conteúdo através de sua própria rede social? (Isto é muito importante).

Uma vez tendo atendido suas expectativas nessas áreas, estabeleça, em seguida, um acordo de longo prazo com esse escritor. Tenho visto muitos profissionais de marketing e editores assinarem com seus *freelances* "estrelas", apenas para romper o contrato alguns meses depois com nenhuma das partes feliz. Teste primeiro para não perder o seu tempo.

UM CÓDIGO DE ÉTICA

Sempre que se fala de marketing de conteúdo, fala-se também de transparência, ética e credibilidade do conteúdo de marca. Uma rede de conteúdo e plataforma de publicação, Contently, tem feito um excelente trabalho nesta área.

Perguntei a Shane Snow, CEO da Contently, sobre o **"código de ética"** que ele desenvolveu. Aqui está um pouco da experiência de Shane:

> "Nós fundamos a Contently porque queríamos ajudar jornalistas profissionais talentosos a sobreviver como *freelances* e construir carreiras fazendo o que amavam. À medida que nosso negócio crescia fornecendo ferramentas e talentos para profissionais de marketing de conteúdo, vimos a necessidade de educar nossos clientes e jornalistas sobre as expectativas éticas que deveriam ter ao fazer negócios juntos.
>
> As marcas não possuem décadas de experiência em publicação e, portanto, muitas vezes não estão familiarizadas com os padrões aceitos de ética nas publicações. Os jornalistas podem ficar apreen-

> sivos em pegar clientes que não compreendem esses padrões. Conversamos com editores dos principais jornais, como o *The New York Times* e especialistas em ética da Sociedade dos Jornalistas Profissionais para entender se os editores poderiam contratar jornalistas que anteriormente trabalharam para marcas (a resposta é sim, desde que eles sejam transparentes a esse respeito), e para estabelecer as diferentes responsabilidades que achamos que devem seguir junto com a criação de conteúdo para marcas em comparação com os editores de mídias tradicionais, constitucionalmente protegidos."

E assim nasceu o código de ética do marketing de conteúdo. Aqui está ele, na íntegra, reproduzido com permissão.

CÓDIGO DE ÉTICA DO MARKETING DE CONTEÚDO

O marketing de conteúdo deve buscar aderir a padrões de comunicação mais rigorosos do que o do jornalismo tradicional, devido a sua posição jurídica diferente e maiores motivações comerciais. Os profissionais de marketing de conteúdo devem ter o cuidado de divulgar o patrocínio e a intenção de seu trabalho, respeitando simultaneamente as seguintes práticas:

- Aderir aos valores fundamentais do jornalismo de honestidade, integridade, prestação de contas e responsabilidade.
- Reconhecer fatos que possam comprometer a integridade de uma história ou opinião.
- Minimizar os danos potenciais de fontes ou pessoas das histórias.
- Expor a verdade da forma mais completa possível.
- Sempre dar o crédito das fontes de conteúdo ou ideias, nunca plagiar ou reaproveitar histórias ou prosa, seja por conta própria ou de outrem, seja conteúdo escrito, fotografia ou outro meio de comunicação, sendo a fonte original conhecida ou não.
- Cumprir as promessas feitas aos colaboradores e fontes no decorrer da reportagem.
- Assegurar que o leitor entenda a fonte, patrocínio e intenção do conteúdo.
- Divulgar todos os potenciais conflitos de interesse, ou aparência de conflito.

GESTÃO DA INFORMAÇÃO COMO UM PRODUTO

Embora cada marca com que trabalhamos no CMI execute o processo de marketing de conteúdo de forma diferente, parece haver um diferenciador fundamental entre as organizações que têm tido sucesso na mudança de comportamento através do conteúdo e aquelas que não: **informação como um produto.**

Seja vendendo produtos ou serviços, as novas regras do marketing exigem que, juntamente com tudo o mais que você vende, o processo de entregar de forma consistente informações valiosas deve ser considerado em toda a organização como um produto.

O que eu quero dizer com isso? Quando as pessoas de uma organização olham para seu marketing de conteúdo como um produto, elas inerentemente criam uma série de iniciativas e processos em torno daquele produto, incluindo:

- Planejamento prévio dos negócios.
- Teste dos produtos.
- Pesquisa e desenvolvimento.
- Indicadores de sucesso do produto (retorno sobre o investimento de marketing).
- Canais de *feedback* do cliente.
- Controle de qualidade.
- Planejamento de evolução do produto.

Empresas de sucesso como a Procter & Gamble, IBM e SAS têm tratado seus conteúdos de modo semelhante.

POR QUE TRATAR A INFORMAÇÃO COMO UM PRODUTO?

A resposta para essa pergunta é simples: as organizações de hoje não têm escolha senão colocar este tipo de importância e processos por trás de suas iniciativas de conteúdo. Os clientes hoje estão no controle completo; eles filtram qualquer mensagem que de alguma maneira não os beneficie. Uma vez que isso esteja acontecendo, as empresas precisam primeiramente construir um relacionamento sólido com os clientes através do uso de informações valiosas e relevantes – então, e só então, as organizações poderão vender os outros produtos e serviços que aumentam as receitas.

ISTO ESTÁ ACONTECENDO AGORA

Esta tendência está acontecendo agora, à medida que mais negócios se transformam em empresas de mídia. Você está vendo nomeações de cargos como **"diretores de conteúdo"** (A Petco recentemente criou essa posição) e empresas que começam a contratar jornalistas em tempo integral. Negócios **tradicionais** estão começando a comprar empresas de mídia (como as aquisições da Zagat e da Frommer's, do setor de viagens, pelo Google) ou estão construindo impérios de mídia como faz a Red Bull.

O QUE VOCÊ PRECISA FAZER

Qualquer empresa séria a respeito do crescimento das receitas, enquanto ao mesmo tempo se preocupa em como comercializar no futuro, precisa fazer do conceito **"informação como um produto"** uma prioridade.

Pequenas organizações com orçamentos limitados devem começar a procura por jornalistas especializados e **contadores de histórias** para supervisionar seu programa de conteúdo. Organizações médias e grandes devem procurar contratar uma agência que entenda que as histórias, e não os canais de mídia pagos, é que são fundamentais para o crescimento futuro.

Para ter sucesso, você precisa de uma cultura de marketing que inclua um marketing forte **e** um núcleo editorial, e uma profunda compreensão de como o conteúdo editorial consistente pode manter ou mudar o comportamento do cliente. Aqui estão três coisas que você deve sempre ter em mente ao estabelecer e manter uma cultura de marketing de conteúdo.

TRÊS LIÇÕES PARA GUARDAR

Comece a pensar nos seus pacotes de conteúdo como uma série (como um seriado de televisão). Faça um piloto como teste e, depois, se for bem-sucedido, siga em frente com a série. A Eloqua fez um trabalho fantástico disso com sua série *Grande Guide*.

Treine todos os gerentes de produto nos princípios do marketing de conteúdo. O poder da história não gira em torno do produto; na verdade, ele depende das verdadeiras necessidades e dos pontos problemáticos do público-alvo. O gerente de produto deve ter plena consciência disso. A maioria dos gerentes de produto nunca pensa sobre este aspecto, e as oportunidades são desperdiçadas.

Estabeleça uma equipe piloto. O marketing de conteúdo não é um conceito difícil, mas significa pensar de modo diferente sobre como se comunicar com os clientes e os funcionários. Uma reforma completa do marketing leva tempo, especialmente em uma marca maior. Encontre os contadores de história em seu departamento de marketing e crie uma operação de "laboratório experimental" (ou seja, que funcione de forma independente em relação à principal operação de pesquisa e desenvolvimento da empresa) como seu campo de testes (como os programas-piloto discutidos no Capítulo 5). Concentre-se em alcançar um ou dois objetivos, em vez de obter todos eles. Depois de ter atingido alguns objetivos com esse grupo e o sucesso estiver claro, então você pode adotá-lo na organização inteira.

SOBRE TRABALHAR COM AGÊNCIAS DE MARKETING DE CONTEÚDO

As agências de marketing de conteúdo parecem estar surgindo em toda parte hoje em dia, mas essa tendência vem acontecendo há anos. Na busca pela "mina de ouro do conteúdo", os prestadores de serviço de marketing têm "partido para o oeste selvagem" à medida que mais marcas continuam seu movimento no sentido de criar programas próprios de mídia e estabelecer a hegemonia no marketing de conteúdo.

A LUTA PELO CONTEÚDO

A batalha para estabelecer ou aumentar os orçamentos para desenvolvimento e distribuição de conteúdos está sendo travada pelos suspeitos habituais e os não iniciados na indústria de marketing de conteúdo, incluindo:

- Agências de marketing de conteúdo puro, anteriormente conhecidas como editores personalizados.
- Agências de publicidade que recentemente têm valorizado o contar histórias da marca, fora da colocação tradicional de anúncios na mídia.
- Empresas tradicionais de mídia que possuem equipes editoriais ou divisões de conteúdo integral dedicadas ao trabalho em projetos editoriais e de conteúdo de marca.
- Organizações de relações públicas que estão começando a centrar menos em colocação de anúncio e mais em canais próprios.
- Agências de marketing direto que estão passando do "foco na oferta" para o conteúdo "centrado no envolvimento".
- Empresas de otimização para mecanismos de busca que estão recuando no negócio de SEO em resposta às atualizações do Google Panda e da Penguin (atualizações frequentes do algoritmo por parte do Google que alterou os *rankings* de busca para se concentrar na criação de conteúdo de qualidade originário de *sites* confiáveis).
- Agências de mídia social que estão percebendo que não é o canal, mas o que vai para o canal que conta.
- Agências de conteúdo na *Web* e experiência do usuário que estão se afastando de produção, auditoria e análise exclusivamente técnica na *Web* para aconselhar sobre conteúdo multicanal.

- Agências digitais que estão acoplando serviços interativos com a produção de conteúdo consistente.
- Organizações de pesquisa exibindo especialistas do setor e líderes do pensamento para conteúdo estratégico e serviços de consultoria.

Essas agências, e outras mais, estão batalhando pelos dólares do marketing de conteúdo das marcas. Algumas têm orçamentos racionais, e outras trabalham com uma pilha de dinheiro do Banco Imobiliário tentando descobrir o segredo do sucesso nas mídias sociais.

Seja qual for o seu sentimento sobre quem detém o manto legítimo da "agência de marketing de conteúdo", isso realmente não tem importância. A verdade é que milhares de agências anteriormente apregoando uma ou várias das bandeiras mencionadas acima estão agora tentando "pegar a onda" salvadora do marketing de conteúdo.

CAINDO NA REAL

Caso não forneça serviços de marketing para outras empresas, você está em um momento difícil nessa área. No CMI recebemos vários telefonemas, *e-mails* e consultas todo dia pedindo ajuda quanto ao conteúdo, desde estratégia para *posts*, conteúdo visual, distribuição de conteúdo, integração, contratação, pesquisa e tudo o mais sob o sol. Aqui está o que aprendemos: **há uma boa ajuda por aí, mas é difícil distinguir os parceiros dos impostores.**

Nos parágrafos seguintes você encontrará algumas verdades sobre as agências de marketing de conteúdo e de que forma as marcas inteligentes devem ver os atuais provedores terceirizados de serviços de marketing.

> "Muitas pessoas em nosso setor de atividade não tiveram experiências muito diversificadas. Então elas não têm pontos suficientes para interligar e acabam com soluções muito lineares, sem uma ampla perspectiva a respeito do problema. Quanto mais ampla a compreensão da experiência humana, melhor o *design* que você obtém."
>
> STEVE JOBS

A maioria das agências de marketing de conteúdo não comercializa com o conteúdo. Eu ouço isso o tempo todo: o dilema da "casa de ferreiro, espeto de pau", ou seja, a maioria das agências de conteúdo raramente separa um tempo para a prática do *marketing de conteúdo épico*, dedicando todo o seu tempo, aparentemente, para os clientes. Agências de todos os tipos têm um longo histórico de produção de programas de publicidade e marketing para clientes, esquecendo-se de fazer o marketing de si mesmas. Não existe exemplo mais claro disso do que com o marketing de conteúdo.

Organizações de serviços de marketing são notórias em se concentrar em programas de marketing voltados para vendas, onde a regra são telefonemas e relacionamentos de vendas frios. Seja dando como motivo a falta de recursos ou a falta de paciência, as agências que oferecem serviços de marketing de conteúdo muito raramente produzem um conteúdo épico que atraia e ajude a reter sua própria base de clientes.

A lição para as marcas: antes de contratar qualquer agência de marketing de conteúdo, peça para ver o trabalho que ela tem realizado – em seu próprio benefício. Dê uma boa analisada em todo o conteúdo. O conteúdo é realmente ótimo ou é um conteúdo de *blog* do tipo "eu também" que você pode encontrar em qualquer lugar?

A maioria das agências de otimização para mecanismos de busca não sabe nada a respeito de marketing de conteúdo. A otimização para mecanismos de busca é uma tática extremamente importante. À medida que os mecanismos de busca ficam mais inteligentes, é quase impossível burlar o sistema. Hoje, ser encontrado através dos mecanismos de busca tem mais a ver com uma incrível narrativa *on-line* do que com qualquer outra coisa.

Eu tive uma conversa com uma equipe de executivos de SEO e os membros da equipe estavam seriamente pensando em levar a empresa para uma nova direção – para o marketing de conteúdo. Por quê? O raciocínio deles era que (além do fato de que os orçamentos para SEO puro estavam secando) o valor que costumavam fornecer aos clientes (que costumava ser imenso) simplesmente não existia mais.

Centenas, se não milhares, de agências de SEO estão na mesma situação. Eu vi algumas – como a TopRank On-line Marketing e a Vertical Measures – fazendo esta transição incrivelmente bem. Outras simplesmente colocaram o nome "marketing de conteúdo" em seu serviço de produção de conteúdo SEO e chamaram isso de "marketing de conteúdo". Sim, elas acrescentaram serviços como criação de infográficos, produção de vídeos e criação de conteúdo de *blog*, mas a produção de conteúdo é apenas uma pequena parte do processo de marketing de conteúdo. Aspectos de planejamento estratégico da criação da declaração de missão, definição da *persona* do público, e medição além dos indicadores de consumo de conteúdo estão muitas vezes ausentes.

A lição para as marcas: uma estratégia holística de marketing de conteúdo inclui planejamento antecipado e objetivos múltiplos que, por sua vez, devem trazer canais não digitais (como veículos impressos e pessoais). A SEO é apenas uma parte muito pequena que cobre alguns objetivos de marketing. Certifique-se de que sua estratégia de marketing vá além de considerações sobre a parte superior do funil.

A maioria das agências está menos preocupada com a estratégia do que com a execução. Quer ouvir um segredinho que as agências de conteúdo subscrevem?

Ponha de lado a estratégia para se concentrar na execução.

Eu muitas vezes fui culpado disso quando trabalhava na Penton Media. Eu dava de presente qualquer visão estratégica que fosse necessária para ganhar o projeto de conteúdo. Este era o maior "valor agregado". Por quê? O planejamento dura apenas um curto período de tempo, enquanto a execução é para sempre. A ideia era que dar a orientação sobre planejamento de graça poderia resultar em um contrato de projeto de conteúdo (como a produção de um *blog*, revista customizada ou série de vídeos) que poderia durar por muitos anos.

Gostando ou não, a estratégia e o planejamento geralmente têm sido vistos não como um serviço útil para os clientes, mas como uma estratégia para ganhar contratos de execução. Isto também fez com que a maioria dos talentos internos se dirigisse para a execução e não para a estratégia.

E hoje? Este é exatamente o motivo pelo qual muitas empresas estão tendo dificuldade para encontrar parceiros estratégicos sólidos para o planejamento de conteúdo, enquanto a execução de conteúdo vem se tornando cada vez mais uma *commodity*.

E a pior parte? Nunca vi um documento de planejamento de conteúdo de uma agência que recomendasse **menos** conteúdo ou (Deus me livre) interromper por completo o programa de conteúdo (o que, por vezes, é o remédio correto).

A lição para as marcas: independentemente de haver contratado agências apenas para a execução de conteúdo, você também deve pedir-lhes uma amostra de estratégia de marketing de conteúdo executável. Você precisa pelo menos ver se elas entendem o argumento estratégico para – e, principalmente, contra – a criação de conteúdo. Pode haver um período de tempo em que se deva produzir menos conteúdo, mas sem uma orientação estratégica, a resposta será sempre produzir mais (e isto é simplesmente míope).

A maioria das agências vê o marketing de conteúdo como uma campanha. Como você aprendeu ao longo deste livro, o marketing de conteúdo não é uma campanha – é uma abordagem, uma filosofia e uma estratégia de negócios.

Da mesma forma, um vídeo viral – e seu resultante sucesso ou fracasso – **não** é marketing de conteúdo. Uma campanha **não** é marketing de conteúdo. Uma campanha pode ser o **resultado** de uma abordagem de marketing de conteúdo, mas por si só, não é marketing de conteúdo. Em outras palavras, lançar o formato longo de uma publicidade de 30 s **não** é uma abordagem de marketing de conteúdo – é apenas uma forma inteligente de publicidade.

A maioria das agências não foi concebida para a criação e distribuição de conteúdo consistente em formato longo. Elas foram constituídas para a velocidade, para uma grande criatividade que cause um impacto imediato (espera-se). Compare isso com o que é preciso para criar esforços de marketing de conteúdo como o Home Made Simple da Procter & Gamble ou o OPEN Forum do American Express: entra dia, sai dia, planejamento, produção e evolução de conteúdo durante um longo período de tempo com o objetivo de atrair e/ou reter clientes.

A lição para as marcas: desconfie de qualquer agência tentando lhe vender uma **"campanha"** ao invés de um **"programa"**. Há uma coisa que é certa em qualquer campanha: ela tem uma data de término. O mesmo não acontece com o marketing de conteúdo.

UMA REVISÃO

Embora o marketing de conteúdo tenha mais do que 100 anos, nós estamos no meio de uma revolução. O controle total dos consumidores, combinado com a ausência de barreiras tecnológicas para as marcas, tem resultado em um renascimento do marketing de conteúdo. Ao mesmo tempo, tem obrigado os prestadores de serviços de marketing a alterar seus modelos de negócios, e seu discurso de vendas, para incluir a criação de conteúdo baseado em editorial.

Embora, no geral, seja bom para o setor, isto tem criado uma confusão sobre o que é o verdadeiro marketing de conteúdo – e o que a prática do marketing de conteúdo seria para as agências e as marcas.

Se você sente que precisa trabalhar com um parceiro externo para ajudá-lo a gerenciar seu processo de marketing de conteúdo (o que absolutamente não tem nenhum problema), procure observar os avisos mencionados acima e escolher uma agência de marketing de conteúdo que realmente lhe ajude a atrair e reter clientes por meio de criação e distribuição de conteúdo épico.

PENSAMENTOS ÉPICOS

- Não importa que nome você dê a esse cargo, a história de sua empresa – sua estratégia de conteúdo – tem que ser administrada por alguém de sua organização. Caso não designe alguém para fazer isso, esteja preparado para duplicação e confusão.
- Comece a procurar profissionais de marketing para se somar à sua organização que entendam como contar uma história. Aqueles com experiência em jornalismo devem ser uma prioridade.

RECURSOS ÉPICOS

- *Contently's Code of Ethics for Journalism and Content Marketing*, Contently.com, consultado em 9 de julho de 2013, http://contently.com/*blog*/2012/08/01/ethics/.
- Revista *Chief Content Officer*: http://content*marketing*institute.com/chief-content-officer/.
- Skyword, consultado em 3 de abril de 2013, http://skyword.com.
- *Grande Guides* da Eloqua, consultado em 15 de abril de 2013, http://www.eloqua.com/resources/grande-guides.html.

CAPÍTULO 16

Tipos de Conteúdo

"Indivíduos e organizações que são bons reagem rapidamente à mudança. Indivíduos e organizações que são ótimos criam a mudança."

ROBERT KRIEGEL, *SACRED COWS MAKE THE BEST BURGERS*

Este capítulo trata integralmente dos tipos de conteúdo, ou mídia*. Não se trata de canais (como o LinkedIn ou o seu *site*), embora alguns, como os *blogs*, possam significar tanto um tipo de conteúdo quanto um canal. Independentemente disso, à medida que você percorrer esses tipos de conteúdo, pense naqueles que fazem mais sentido com base em seus objetivos de marketing.

BLOGS

O QUE É UM *BLOG*?

Abreviação de "*Weblog*", o *blog* oferece uma maneira fácil de apresentar conteúdos breves na *Web*, atualizados com frequência. Utilizando tecnologias fáceis de usar para distribuição autorizada (por exemplo, RSS) e comentários, os *blogs* são muitas vezes os centros dos sistemas solares das mídias sociais, que podem incorporar estratégias sofisticadas de SEO e campanhas de construção de comunidades. No Capítulo 19 iremos analisar o aproveitamento de um *blog* como sua principal plataforma de conteúdo.

* Em geral, os tipos de conteúdo mais populares aparecem em primeiro lugar, e alguns outros, menos utilizados, são encontrados mais para o final da lista. Um agradecimento especial a Jonathan Kranz, autor de *Writing for Dummies*, que ajudou a preparar esta seção.

TRÊS ASPECTOS FUNDAMENTAIS NA EXECUÇÃO

1. **Incentive conversas:** até mesmo os comentários "desagradáveis" podem ser uma oportunidade para o desenvolvimento de boas relações com o cliente.
2. **Seja um bom "internauta":** participe em outros *blogs* assim como no seu. Desenvolva uma lista dos 15 principais *blogs* que você precisa "visitar" (mais sobre isto no Capítulo 22).
3. **Solte-se**. A autenticidade supera a perfeição ao se conectar com os leitores.

PERGUNTAS ANTES DE *BLOGAR*

Uma das perguntas mais frequentes que eu recebo durante minhas viagens é sobre *blogs*. As perguntas giram em torno de **como começar, sobre o que falar,** e até mesmo **qual *software* usar.**

Minhas perguntas de volta para eles geralmente assustam as pessoas, pois muitos começam a pensar sobre o que **querem dizer** em vez de como querem causar um impacto no leitor. Aqui estão algumas perguntas que faço:

- Quem será o principal leitor (assinante) de seu *blog*?
- O que você quer contar para ele ou ela? (qual é a sua história?).
- Você compreende as principais necessidades de informação dessa pessoa? **Quais são os pontos problemáticos dele ou dela?**
- **Você aparecerá *on-line* onde os seus clientes estão?** Você conseguiria fazer uma lista dos principais *blogs* ou *sites* que seus clientes frequentam *on-line*?
- Você deixa comentários que **contribuem para a conversa *on-line*** nos *blogs* que você visita?
- Você tem um forte domínio dos tipos de **palavras-chave** em que precisa se concentrar, correspondendo àquilo que seus clientes estão buscando? (veja Ferramenta de Palavras-Chave do Google).
- Você **segue essas palavras-chave** utilizando o Google Alerts ou observa a sua utilização no Twitter? (faça isso para encontrar os formadores de opinião em seu mercado).
- Você pode estabelecer o compromisso de blogar pelo menos duas vezes por semana? (a consistência do conteúdo é fundamental).
- **Qual é o seu objetivo final em começar um *blog*?** Um ano depois de começar a *blog*ar, como os negócios serão diferentes?
- Como o **processo** de execução funcionará dentro de sua empresa e como você vai **divulgar o *blog*?**
- Como você **integrará o *blog*** com o resto do seu marketing? Como o *blog* pode melhorar tudo o mais que você está fazendo?

Estas são as perguntas gerais para os iniciantes, tanto para empresas quanto para indivíduos. Pode ser um pouco difícil para os marinheiros de primeira viagem, mas é necessário saber as respostas.

A maioria dos *blogs* por aí não faz isso. A pior coisa que você pode fazer como empresa é iniciar um diálogo consistente com seus clientes e depois parar. É melhor não fazer nada do que parar repentinamente. De acordo com pesquisa da IBM, 85% dos *blogs* corporativos têm cinco *posts* ou menos. Isto significa que nós (marcas) somos realmente bons em começar projetos de conteúdo, mas não muito bons em dar continuidade ao processo.

Lembre-se, blogar é apenas uma ferramenta. Dito isso, pode ser uma ferramenta muito poderosa para comunicar de forma consistente um conteúdo atraente e valioso. Se você estiver pronto para começar, aqui estão seis passos para *blogs* de sucesso.

EXEMPLOS DE *BLOG*

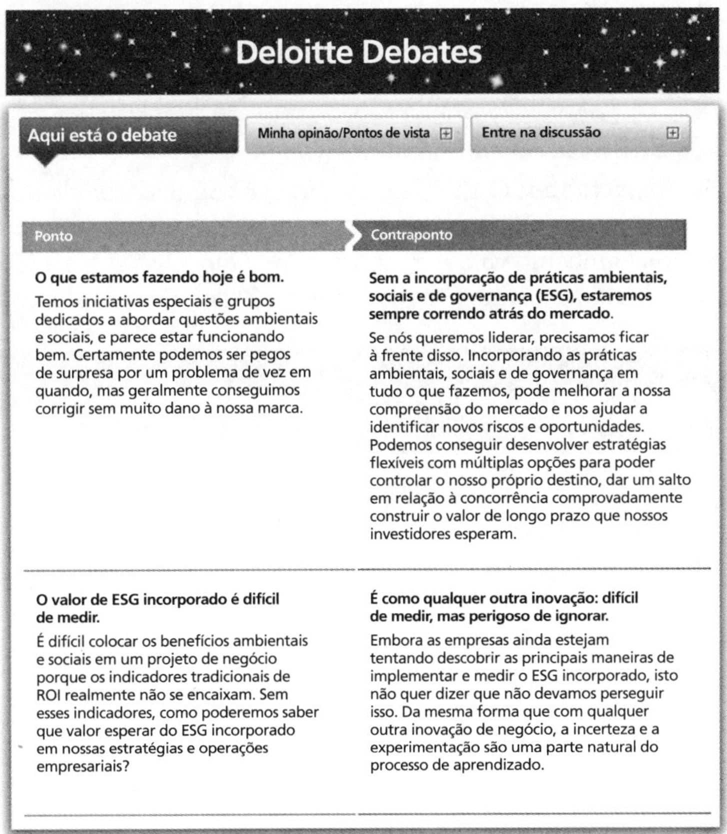

Deloitte Debates
Aqui está o debate
Minha opinião/Pontos de vista
Entre na discussão
Ponto
Contraponto
O que estamos fazendo hoje é bom.
Temos iniciativas especiais e grupos dedicados a abordar questões ambientais e sociais, e parece estar funcionando bem. Certamente podemos ser pegos de surpresa por um problema de vez em quando, mas geralmente conseguimos corrigir sem muito dano à nossa marca.
Sem a incorporação de práticas ambientais, sociais e de governança (ESG), estaremos sempre correndo atrás do mercado.
Se nós queremos liderar, precisamos ficar à frente disso. Incorporando as práticas ambientais, sociais e de governança em tudo o que fazemos, pode melhorar a nossa compreensão do mercado e nos ajudar a identificar novos riscos e oportunidades. Podemos conseguir desenvolver estratégias flexíveis com múltiplas opções para poder controlar o nosso próprio destino, dar um salto em relação à concorrência comprovadamente construir o valor de longo prazo que nossos investidores esperam.
O valor de ESG incorporado é difícil de medir.
É difícil colocar os benefícios ambientais e sociais em um projeto de negócio porque os indicadores tradicionais de ROI realmente não se encaixam. Sem esses indicadores, como poderemos saber que valor esperar do ESG incorporado em nossas estratégias e operações empresariais?
É como qualquer outra inovação: difícil de medir, mas perigoso de ignorar.
Embora as empresas ainda estejam tentando descobrir as principais maneiras de implementar e medir o ESG incorporado, isto não quer dizer que não devamos perseguir isso. Da mesma forma que com qualquer outra inovação de negócio, a incerteza e a experimentação são uma parte natural do processo de aprendizado.

Fonte: deloitte.com

Figura 16.1 ***Deloitte Debates.***

Deloitte Debates*. Você se lembra do "Ponto/Contraponto" no programa *60 Minutes*? A Deloitte aproveitou uma lição aprendida com um dos pro-

* Agradeço a Erica Dipyatic, da Deloitte, por sua colaboração para esta seção.

gramas de notícias de maior sucesso em redes de televisão norte-americanas postando semanalmente debates, com posições a favor e contra, sobre questões do momento em negócios e finanças. Ao invés da mesma coisa de sempre, o *Deloitte Debates* proporciona discussões inteligentes e acaloradas (ver Figura 16.1).

Blog Home Comfort da PK Wadsworth. Quem disse que prestadores de serviço não fazem *blog*? A PK Wadsworth, de Solon, Ohio, rejeita toda essa conversa fiada. Seu *blog Home Comfort* tornou-se central para a estratégia *on-line* da empresa. A PK Wadsworth tem como foco a solução de problemas que os clientes têm com seus sistemas de aquecimento e ar condicionado, atraindo clientes e prospectivos por meio de mecanismos de busca e ferramentas de mídia social como o Twitter e o Facebook. A PK Wadsworth tem blogado duas vezes por semana, durante três anos agora, e assistiu a um crescimento constante de seu público ao longo desse tempo (ver a Figura 16.2).

10 DICAS SOBRE *BLOGS* PARA LEMBRAR

1. Use títulos impactantes. O título em seu *blog* é como a capa de uma revista. A capa de uma revista tem uma única finalidade: **fazer com que você abra a revista.** O mesmo vale para um *post* no *blog*. O *post* mais fantástico do mundo pode não ser lido, a menos que você tenha um título atraente.

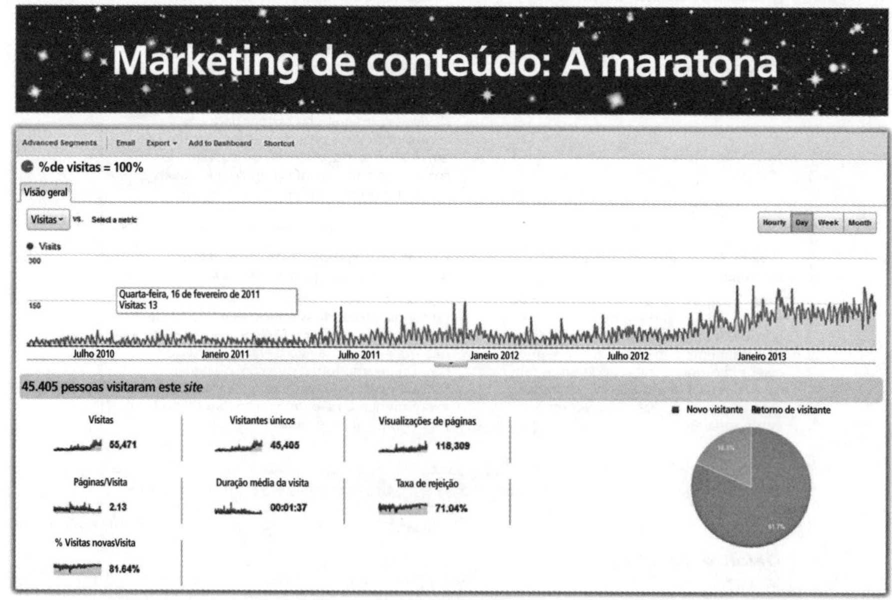

Fonte: PK Wadsworth

Figura 16.2 O tráfego no *blog* da PK Wadsworth tem aumentado continuamente a cada ano.

Em uma análise de nossos principais *posts* de marketing de conteúdo, nós do CMI constatamos que os *posts* mais populares e mais eficazes tinham algum tipo de número neles (por exemplo, "Os 10 *Posts* Mais Populares de 2013"). Melhor ainda colocando dois números. Algo polêmico também é bom.

Dicas de manchetes

- Pense no problema (ver dica número 2).
- Concentre-se em palavras-chave importantes para o seu negócio (use a Ferramenta Palavra-Chave do Google para obter ajuda nisso).
- Os números prevalecem.

Com títulos seja bastante específico. Por exemplo, em vez de dizer "Formas de aumentar o seu retorno sobre as ações", diga "10 maneiras de ganhar mais dinheiro com ações menos capitalizadas".

2. Foco no problema. É aqui que você sempre deveria começar. **Quais são os pontos problemáticos de seu leitor-alvo? O que deixa ele ou ela acordado à noite?**

Se o seu *blog* se concentrar 100% do tempo naquilo que deixa os seus clientes e prospectivos acordados à noite, você muito provavelmente terá sucesso.

3. Menos é mais. Os *blogs* são melhores quando curtos, instrutivos e objetivos. Somente em raras ocasiões há necessidade de divagar sobre um assunto.

Pequenas dicas

- Use frases curtas.
- Use tópicos.
- Parágrafos curtos.
- Livre-se de palavras desnecessárias.
- Editar, editar, editar.

Um dos meus *posts* mais populares de todos os tempos, "Um *blog* é como uma minissaia" tinha apenas 23 palavras. Se o seu rascunho do post tiver 500 palavras, tente editá-lo para menos de 350. Isto acaba se destacando na multidão.

4. Pense primeiro na chamada para ação. Cada *post* no *blog* deve ter algum tipo de chamada para ação. Aqui estão chamadas para ação que você pode – e deve – colocar em seu *site**:

* Sou grato a Debbie Weil por fornecer os itens da lista.

- Faça *download* de nosso documento técnico.
- Junte-se a nós no Twitter (ou Facebook, LinkedIn, YouTube ou outro).
- Pergunte e nós responderemos.
- Faça *download* de nosso *e-book*.
- Faça uma assinatura gratuita de nosso *webinar*.
- Solicite o kit de ferramentas.
- Assine nosso boletim informativo eletrônico.
- Solicite uma demonstração.

Lembre-se, **boa parte do seu tráfego no *blog* provavelmente nunca mais vai voltar.** Mostre aos seus leitores ofertas adicionais de conteúdo relevante, como, por exemplo, um valioso boletim informativo eletrônico sobre um nicho de mercado, para que possa continuar a se comunicar com eles. Obter nomes consentindo o recebimento de *e-mail* deveria ser um de seus principais objetivos no *blog* (para aumentar a base de dados).

5. Pense em "pacotes de conteúdo". Este livro começou como uma série de *posts* de *blog*. Enquanto continuava a desenvolver *posts*, comecei a pensar em como eles poderiam evoluir para um livro.

Pense continuamente sobre como você pode pegar os *posts* e remontá-los em algo mais substancial. Planeje antecipadamente em vez de remontar após o fato consumado. Planejar na frente lhe poupará uma imensa quantidade de tempo e recursos.

Uma ideia para o *blog* poderia ser 10 itens de conteúdo. Pense nisso um pouco.

6. Compartilhe: blogueiro-convidado. Estabeleça como alvo os 15 principais *blogs* em seu setor e ofereça escrever *posts* relevantes como blogueiro-convidado. Nunca recuse uma oportunidade para escrever um post como convidado.

Sou *blog*ueiro-convidado de mais de 100 *blogs* e isto tem sido um dos fatores mais importantes para a construção da mídia social do CMI e a presença nos mecanismos de busca.

7. Promova importantes formadores de opinião com listas. Todo mundo adora listas, especialmente as pessoas citadas nelas.

- Crie uma lista de nicho.
- Certifique-se de que seja facilmente compartilhável (incluindo um dispositivo para tal).
- Faça um *post* sobre a lista.

- Faça com que os citados na lista saibam sobre ela.
- Faça um comunicado à imprensa sobre a lista.
- Repita, repita, repita.

8. Meça, meça, meça. Aqui estão alguns indicadores que você pode medir sobre o seu *blog* (todas podem ser acessadas através do Google Analytics ou outro programa de análise). Escolha as que fazem mais sentido para o seu marketing geral de conteúdo e os objetivos do *blog*. Procure garantir que a sua equipe saiba qual é o objetivo do *blog* e que todos vejam as estatísticas. Meça o seguinte:

- Visitas e visitantes únicos.
- Visualizações de páginas.
- Tempo no *site*.
- Assinaturas de seu boletim informativo eletrônico.
- *Rankings* de pesquisa.
- *Links* de entrada para o seu *blog*.

9. Faça uma sessão de perguntas e respostas com formadores de opinião. A maioria dos pesos-pesados do setor faz um *podcast* de entrevista ou sessões de perguntas e respostas se você pedir. Provavelmente, eles também as compartilharão com suas próprias redes no final.

10. Terceirize. Segundo pesquisa do CMI/MarketingProfs, mais de 50% das empresas de todos os tamanhos terceirizam o seu marketing de conteúdo.

A maioria das empresas terceiriza uma parte de seu marketing de conteúdo. Encontre um bom escritor para ajudá-lo. Encontre uma agência de conteúdo ou uma equipe de conteúdo para elevar o seu *blog*/estratégia para o próximo nível.

Algumas empresas têm dificuldade para contar histórias envolventes. Peça ajuda; está disponível.

BOLETIM INFORMATIVO ELETRÔNICO

O QUE É UM BOLETIM INFORMATIVO ELETRÔNICO?

Um boletim informativo eletrônico é um meio de comunicação regular com clientes atuais e futuros, baseado em permissão, geralmente distribuído mensalmente ou semanalmente. Disponibilizado eletronicamente através de páginas de texto ou HTML, os boletins informativos eletrônicos podem incluir artigos completos ou breves descrições com *links* para artigos em seu *site*.

TRÊS ASPECTOS FUNDAMENTAIS NA EXECUÇÃO

1. Não faça *spam* com o seu boletim informativo eletrônico. Obtenha permissão e ofereça *links* para autoexclusão (*opt-out*) na parte inferior de cada boletim que você envia.
2. Pode ser um bom veículo para a promoção de outros conteúdos: *webinars, e-books*, documentos técnicos, eventos ao vivo, e assim por diante.
3. Fazer um apanhado do conteúdo do *blog* em seu boletim informativo é uma boa estratégia. Tente blogar diariamente e efetuar uma revisão semanal ou mensal no boletim informativo.

EXEMPLO DE BOLETIM INFORMATIVO ELETRÔNICO

Whidbey Camano Island Tours*. Este grupo produz conteúdos "especiais" – vídeos e infográficos – ligados a um boletim informativo eletrônico mensal entregue pela ExactTarget (de propriedade da Salesforce.com). Desde o lançamento, este *site* aumentou em 60.000 os visitantes únicos por meio dessas atividades e dobrou o tamanho do banco de dados do boletim. Este trabalho ficou atrelado a um calendário editorial, com o boletim informativo mensal sendo a principal data de referência para publicação.

10 MANEIRAS DE OTIMIZAR A SUA PÁGINA DE DESTINO DO BOLETIM INFORMATIVO ELETRÔNICO**

Em nosso novo mundo da mídia social, os recursos de *e-mail* são mais importantes do que nunca. Como profissionais de marketing de conteúdo, é fundamental que desenvolvamos audiências e construamos canais, com ênfase principal no *e-mail* em conjunção com canais sociais como o Facebook e o Twitter. Por quê? Teoricamente (e legalmente) os nomes dos clientes que assinam nossos canais sociais não nos pertencem (eles pertencem ao Facebook e ao Twitter). **O seu banco de dados de *e-mail*, por outro lado, é um importante ativo da empresa.**

Aqui estão 10 medidas que você pode adotar agora para otimizar a sua página de destino do boletim informativo eletrônico para conseguir que mais clientes e prospectivos façam assinatura de seu conteúdo.

1. **Discrimine os benefícios.** Na página de destino, enumere claramente por que alguém deveria fazer uma assinatura de seu boletim informativo eletrônico.
2. **Mostre uma imagem.** Apresente aos leitores uma imagem de amostra daquilo que eles receberão (qual é o aspecto visual do boletim informativo eletrônico?).

---

* Agradeço a Russell Sparkman, da FusionSpark Media, por sua colaboração para esta seção.

** Agradeço a Jeanne Jennings por sua colaboração para esta seção.

3. ***Link* para uma amostra.** Coloque um *link* para uma amostra de boletim informativo e faça com que ele abra em uma "janela acoplada" ("*daughter window*" - ou seja, não os conduza para longe da página de destino).
4. **Traga a área de assinatura para a parte de cima.** Se os prospectivos tiverem de rolar a tela até chegar à área de assinatura, você terá problemas. A área de assinatura deve ficar na parte de cima.
5. **Não tenha mais do que cinco a sete campos para preencher.** Quanto menos campos para preencher, maior a probabilidade de os prospectivos assinarem. Só coloque campos de informações que você realmente necessita.
6. **Não deixe de ter um *link* claro para uma declaração de privacidade (na parte inferior da tela).** Embora poucas pessoas venham algum dia a clicar nele, procure ter uma declaração de privacidade disponível que tenha sido revisada pela sua equipe jurídica.
7. **Diga aos clientes o que você fará com as informações deles.** Na parte inferior da página seja claro sobre como você usará as informações que os clientes estão lhe dando.
8. **Inclua um botão que diga "subscrever" ou "assinar" (não "enviar").** Palavras como **enviar** e frases como "clique aqui" não especificam de forma precisa a ação positiva que você quer que os prospectivos tenham. Use "subscrever" ou "assinar".
9. **Livre-se de distrações desnecessárias.** A página de destino para o seu boletim informativo eletrônico tem um objetivo: levar as pessoas a fazerem uma assinatura do boletim. Livre-se de todas as distrações que possam afastá-los da página de assinatura, tais como **navegação geral, publicidade de terceiros, anúncios internos**, ou outras chamadas para ação.
10. **Procure incluir depoimentos e prêmios.** Coloque pelo menos um bom depoimento sobre o que um usuário pensa a respeito de seu boletim informativo eletrônico. Obtenha permissão para usar o nome e o cargo desta pessoa. Você já ganhou algum prêmio? Enumere-os para reforçar a credibilidade.

Lembre-se, você precisa de um formulário simples que demonstre pelo menos tanto valor quanto as informações que eles estão lhe dando (você está trocando o seu conteúdo pelos nomes deles). Não complique demais o processo.

Como sempre, **teste suas alterações.** O comportamento dos compradores não é o mesmo em todos os setores de atividade; procure testar o que fun ciona para você e o que não funciona.

DOCUMENTO TÉCNICO

O QUE É UM DOCUMENTO TÉCNICO?

O "avô" do conteúdo, os documentos técnicos são relatórios específicos, normalmente de 8 a 12 páginas, sobre assuntos que requerem muitas explicações. Também conhecidos como artigos de conferências, relatórios de pesquisa ou resumos técnicos, eles são perfeitos para demonstrar liderança de pensamento sobre questões vitais para os seus compradores.

TRÊS ASPECTOS FUNDAMENTAIS NA EXECUÇÃO

11. Um documento técnico pode gerar *leads*.
12. Ele posiciona a empresa como um líder de pensamento.
13. Ele se aplica a formatos impressos, PDF eletrônico ou revista digital.

EXEMPLO DE DOCUMENTO TÉCNICO

IBM. Surpreendentemente, algumas das melhores lideranças de pensamento sobre a sustentabilidade vêm da IBM. Confira na Figura 16.2 um documento técnico de vanguarda sobre "Conduzir o desempenho por meio da sustentabilidade" e o IBM Institute for Business Value.

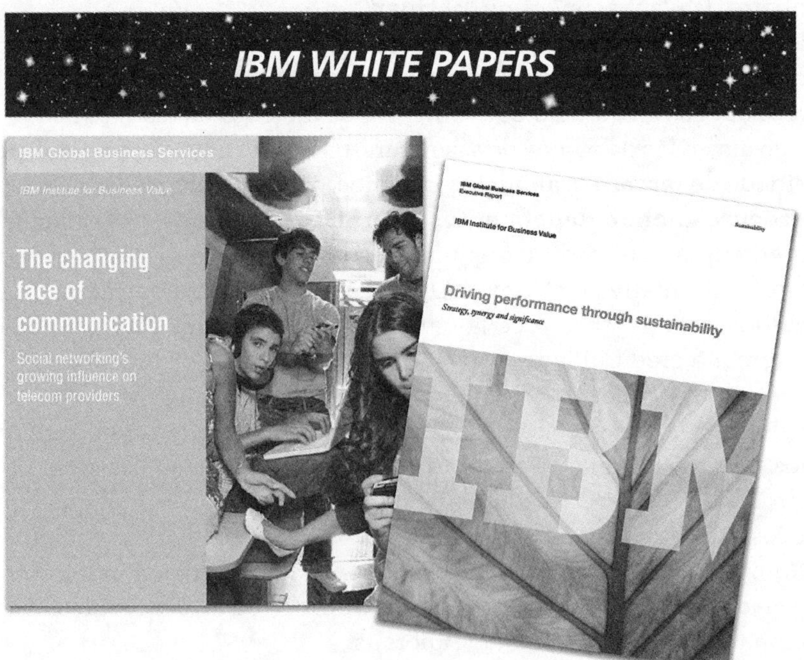

Fonte: ibm.com

Figura 16.3 A IBM vem liderando há anos com seus documentos técnicos baseados em pesquisas.

A IBM reafirma a sua liderança dentro da comunidade de telecomunicações através de seu estudo provocador: *The Changing Face of Communications: Social Networking's Growing Influence on Telecom Providers* (*A Nova Face das Comunicações: A Crescente Influência das Redes Sociais Sobre os Provedores de Telecomunicações*, em tradução livre).

ARTIGO

O QUE É UM ARTIGO?

Um meio flexível, tanto no comprimento quanto no formato, o artigo abre oportunidades para as empresas tratarem de questões, tendências, preocupações e temas de interesse imediato para seu público-alvo. Uma campanha de publicação de um artigo, complementada com um rol de palestras, tem sido a ferramenta tradicional para estabelecer a liderança de pensamento em diversos setores de atividade.

TRÊS ASPECTOS FUNDAMENTAIS NA EXECUÇÃO

1. Quando um não for o suficiente, planeje uma série de artigos para criar impacto.
2. Procure oportunidades para colocar seus artigos na mídia impressa e na *Web*, em seu *site* e em outros que precisem de um bom conteúdo.
3. Sempre pense do ponto de vista de um editor; o seu artigo deve estar em conformidade com os requisitos de uma publicação (comprimento e tom, por exemplo) e ser de interesse imediato para os seus leitores.

QUAL É A DIFERENÇA ENTRE ARTIGOS E *BLOGS*?

Os profissionais de marketing sempre perguntam a diferença entre artigos e *blogs*. Os *blogs* têm um ponto de vista claro – uma **personalidade**. Os artigos frequentemente não têm nenhum ponto de vista, mas são tesouros informativos. Pense nos textos FAQ (perguntas mais frequentes) ou uma série de artigos informativos em seu *site*.

Dica: quando o atendimento ao cliente responde a uma pergunta importante do cliente por *e-mail*, pense em colocá-lo em seu repositório de artigos.

E-BOOK

O QUE É UM *E-BOOK*?

Pense no *e-book* como um documento técnico com esteroides: um relatório, geralmente de 12 a 40 páginas ou mais de comprimento, que apresenta informações complexas em um formato visualmente atraente, de fácil leitura. O conteúdo é informativo e interessante; o tom, universitário; o formato, "em blocos" ao invés de linear, para facilitar o exame e a leitura superficial.

TRÊS ASPECTOS FUNDAMENTAIS NA EXECUÇÃO

1. Desenvolva desde logo a sua estratégia de distribuição: como você fará com quer o seu *e-book* chegue às mãos dos leitores?
2. Pense de forma visual: faça uso liberal de tópicos, textos explicativos, quadros, gráficos, e assim por diante.
3. Conclua com uma sólida chamada para ação: o que os leitores devem fazer em seguida? Aliás, inclua uma chamada para ação ou *link* em cada página. Por que não?

EXEMPLO DE *E-BOOK*

ARX. Consistindo de 12 casos de negócio que ilustram o valor final das assinaturas digitais, o *e-book* da ARX (ver Figura 16.4) transforma as assinaturas de uma reflexão operacional feita a *posteriori* em uma questão urgente nos negócios.

Fonte: arx.com

Figura 16.4 **Pense duas vezes antes de assinar qualquer coisa de novo da ARX.**

ESTUDO DE CASO

O QUE É UM ESTUDO DE CASO?

O estudo de caso é um documento, geralmente de uma ou duas páginas, ou vídeo, que combina a autoridade do depoimento em primeira pessoa com a estrutura narrativa de uma história. Baseado em fatos reais, ele aproveita a empatia do leitor com o cliente em destaque para construir credibilidade e confiança.

TRÊS ASPECTOS FUNDAMENTAIS NA EXECUÇÃO

1. A maioria dos estudos de caso segue um formato simples em três etapas: desafio, solução e resultados.
2. Use citações diretas dos clientes para reforçar a história, especialmente ao abordar os resultados.
3. Compartilhe estudos de caso *on-line*, em mala direta, em *kits* impressos, como folheto de vendas e assim por diante.

EXEMPLO DE ESTUDO DE CASO

PTC. A empresa de desenho mecânico e automação PTC destacou o cliente College Park, que utilizou tecnologia da PTC para desenvolver uma prótese de pé. A PTC juntou um estudo de caso com texto e um fantástico vídeo de cinco minutos apresentando o "caçador de emoções" Reggie Showers fazendo coisas com o College Park e a PTC que ele nunca teria sido capaz de fazer (ver Figura 16.5). Para um texto do estudo de caso vá para http://bitly.com/epic-ptc-text; para o vídeo, vá para http://bitly.com/epic-ptc-video.

DEPOIMENTOS

O QUE É UM DEPOIMENTO?

Um depoimento é, figurativamente falando, uma citação vinda diretamente do interessado (ou seja, do cliente). Contar vantagem é impróprio quando vindo de nós mesmos. Mas quando o elogio vem de uma fonte confiável – um cliente – isso adquire uma credibilidade que ajuda a superar o ceticismo e a hesitação em comprar.

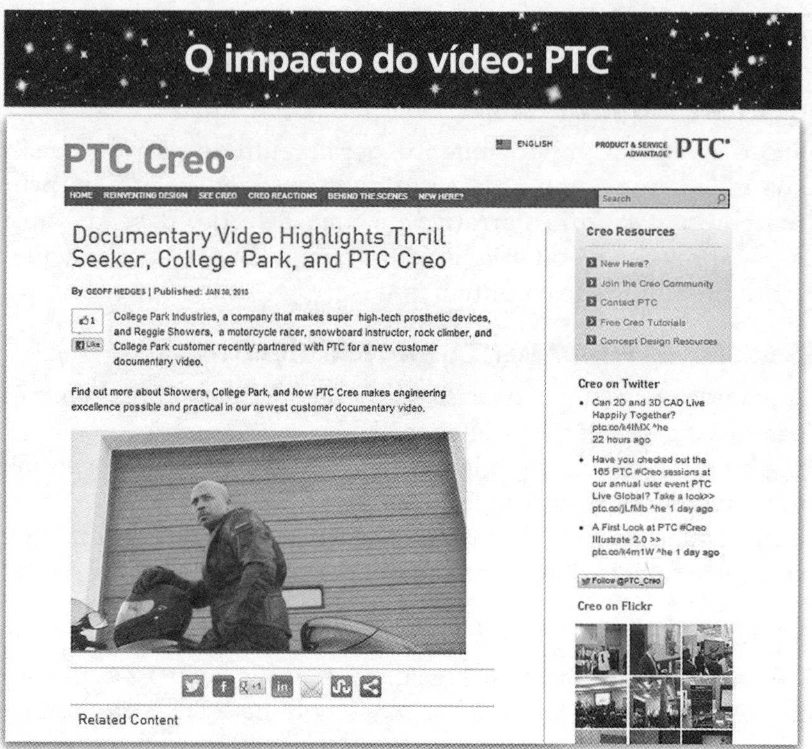

Fonte: ptc.com

Figura 16.5 A PTC conta a história do bicampeão do mundo de motocicleta, Reggie Showers, neste estudo de caso em vídeo.

TRÊS ASPECTOS FUNDAMENTAIS NA EXECUÇÃO

1. Crie um processo para requisitar constantemente depoimentos de seus clientes. Muitos profissionais de marketing estão começando a aproveitar suas páginas no LinkedIn para obter depoimentos sobre produtos e serviços.
2. Os bons depoimentos oferecem detalhes específicos: o "o quê", "por quê" e "como" de seu trabalho com ou para o cliente.
3. Não enterre depoimentos em uma página em separado na *Web*, "Testemunhos"; espalhe-os pelo *site*.

WEBINAR/WEBCAST

O QUE É UM *WEBINAR/WEBCAST*?

Pegue a sua apresentação e coloque-a *on-line*: esta é a essência do *webinar* (*slides* e áudio) ou *webcast* (*slides*, áudio e vídeo). Visualmente, o conteúdo é fornecido *slide* por *slide* no equivalente *on-line* a uma apresentação ao vivo. O componente de áudio pode ser fornecido via telefone ou computador. Lembre-se, você pode fazer isso ao vivo ou por encomenda.

TRÊS ASPECTOS FUNDAMENTAIS NA EXECUÇÃO

1. Os *webinars* constituem-se em excelentes chamadas para ação ou reforço de ofertas para outras formas de conteúdo, como *e-books*, documentos técnicos, boletins informativos eletrônicos e assim por diante.
2. Você se beneficia duas vezes: em primeiro lugar, pelo evento ao vivo e, em segundo lugar, pelas pessoas que fazem *download* do evento arquivado. Em geral, dentro de um período de seis meses, 80% das pessoas que se inscreveram para um *webinar*, assistirão tanto à versão ao vivo quanto à arquivada.
3. Um *webinar* de sucesso requer uma estratégia agressiva de promoções, geralmente por meio de seu *site*, *blog* e boletim informativo eletrônico, e outros meios de comunicação ou canais de mídia social.

EXEMPLO DE *WEBINAR*

O CMI produz dois *webinars* a cada mês sobre um assunto pertencente ao marketing de conteúdo. O CMI recruta um líder de pensamento do setor de atividade e uma empresa especialista em tecnologia para cada *webinar*. 99% dos participantes vêm de duas promoções por *e-mail* direto a partir da lista de *e-mails* do CMI. Em média, cerca de 750 pessoas se inscrevem para cada *webinar*, e aproximadamente 35% dos que se inscrevem participam do evento ao vivo. O CMI utiliza o ON_{24} para rodar a tecnologia para os *webinars*.

VÍDEO

O QUE É VÍDEO?

Sites como o YouTube e o Vimeo simplificaram muito o que antigamente era um desafio difícil na *Web*: carregar e compartilhar vídeos. Com essas ferramentas à sua disposição, você pode incorporar ou codificar o *link* de vídeo facilmente. Além disso, os *sites* de vídeo fornecem opções de mídia social para conversar e compartilhar, o que pode ajudar o seu vídeo a se tornar viral.

TRÊS ASPECTOS FUNDAMENTAIS NA EXECUÇÃO

1. Pense além da abordagem "locução". Ferramentas de edição baratas como o iMovie ou o Final Cut facilitam montar conteúdo de vídeo com aparência profissional.
2. Em vez de adotar uma abordagem única, considere uma série de vídeos que gerem interesse, e uma audiência, ao longo do tempo.
3. Não se preocupe com "perfeição": muitos dos vídeos *on-line* de maior sucesso têm valores de produção que escandalizariam os serviços de radiodifusão tradicionais. Na verdade, a parte mais importante do vídeo é o áudio; portanto, concentre suas ferramentas no equipamento de áudio em primeiro lugar.

EXEMPLO DE VÍDEO

Converse, a empresa de calçados, construiu um estúdio de gravação de música no Brooklyn, em Nova York. Ali, ela atua como um patrono das artes, convidando músicos e bandas para gravar gratuitamente em suas instalações ultramodernas. A cada semana, a Converse lança um incrível conteúdo de vídeo destacando uma **faixa da semana** no YouTube (ver Figura 16.6*); confira no *site* http://bitly.com/epic-converse.

Fonte: converse.com

Figura 16.6 **Faixa da Semana da Converse.**

COMUNICADO À IMPRENSA *ON-LINE*

O QUE É UM COMUNICADO À IMPRENSA *ON-LINE?*

Um comunicado à imprensa é qualquer comunicação escrita ou gravada dirigida à mídia de notícias em geral. Serviços como o PR Newswire

* Parabéns a Andrew Davis pelo achado.

conseguem postar seus comunicados à imprensa *on-line* com uma distribuição mais rápida e de maior alcance. **Qual é a grande novidade?** Conforme David Meerman Scott explicou didaticamente no livro *As Novas Regras do* Marketing *e de Relações Públicas,* os comunicados à imprensa não são mais apenas para a imprensa. Usando os serviços de comunicados com eficácia, você pode se dirigir diretamente aos seus compradores.

TRÊS ASPECTOS FUNDAMENTAIS NA EXECUÇÃO

1. Não espere por uma grande notícia; encontre motivos para enviar comunicados o tempo todo.
2. Inclua chamadas específicas para ação que instiguem os clientes a responder ao seu comunicado de alguma maneira.
3. Tente um novo formato. Não há nenhum motivo para continuar enviando os mesmos velhos comunicados à imprensa. Conte uma história em seu comunicado e sinta-se livre para mudar a percepção sobre ele. Não se preocupe: as empresas de distribuição continuarão a enviá-lo, não importando o que você faça.

REVISTA IMPRESSA PERSONALIZADA

O QUE É UMA REVISTA IMPRESSA PERSONALIZADA?

Todas as marcas agora são editoras. A revista impressa personalizada assume esta abordagem quase que literalmente, oferecendo o formato conhecido de revista com um toque novo: é patrocinado, produzido e publicado por uma empresa ou marca.

TRÊS ASPECTOS FUNDAMENTAIS NA EXECUÇÃO

1. Esteja preparado para gastar pelo menos US$40.000, mesmo para uma pequena distribuição inicial.
2. A frequência mais eficaz é trimestral ou com uma periodicidade menor.
3. Pode ser uma excelente maneira de contornar as pessoas que filtram os artigos nas empresas de mídia (*gatekeepers*).

BOLETIM INFORMATIVO IMPRESSO

O QUE É UM BOLETIM INFORMATIVO IMPRESSO?

Seja meramente uma folha frente e verso ou um documento de 16 páginas, um boletim informativo impresso oferece conteúdo que chama a atenção, concebido para consumo rápido. Como tática, considere-o para a retenção de clientes, e lembre-se que o tamanho médio do boletim deve ficar entre 4 e 12 páginas.

TRÊS ASPECTOS FUNDAMENTAIS NA EXECUÇÃO

1. Boletins informativos impressos são ótimos para o público em deslocamento, incluindo os viajantes a negócios e as pessoas em trânsito entre a casa e o trabalho. Pense também naquelas pessoas que ainda não se adaptaram aos *smartphones* ou *iPads*.
2. A qualidade de produção é importante: a forma como o conteúdo é apresentando é tão importante quanto o conteúdo em si.
3. Procure saber a informação exata que o seu público precisa antes de se comprometer com uma plataforma editorial.

EXEMPLO DE BOLETIM INFORMATIVO IMPRESSO

RSM McGladrey*. Como parte de um programa de marketing de conteúdo integrado, o boletim informativo da RSM McGladrey (ver Figura 16.7) ajudou a empresa de consultoria a aumentar a consciência de marca entre CEOs e CFOs visados pelo programa em aproximadamente 60%.

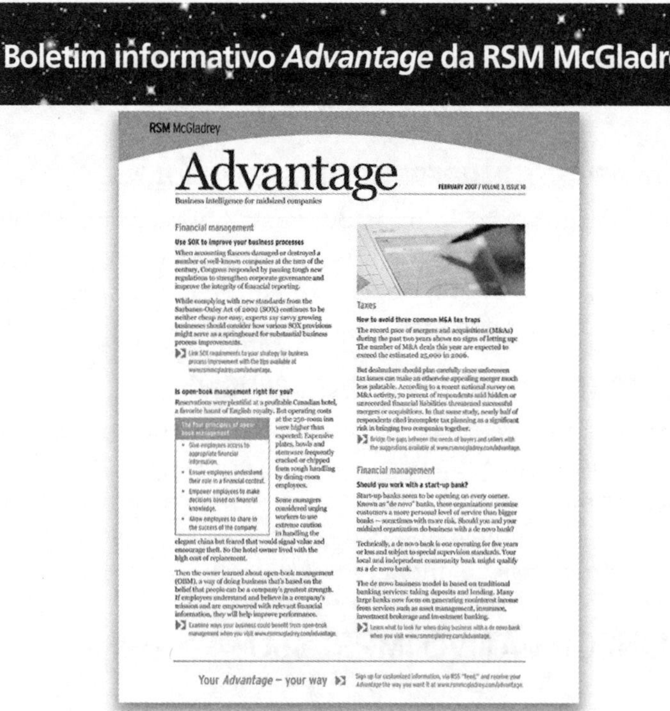

Boletim informativo *Advantage* da RSM McGladrey

RSM McGladrey

Advantage

Business Intelligence for midsized companies

FEBRUARY 2007 / VOLUME 3, ISSUE 10

Financial management

Use SOX to improve your business processes

When accounting fiascoes damaged or destroyed a number of well-known companies at the turn of the century, Congress responded by passing tough new regulations to strengthen corporate governance and improve the integrity of financial reporting.

While complying with new standards from the Sarbanes-Oxley Act of 2002 (SOX) continues to be neither cheap nor easy, experts say savvy growing businesses should consider how various SOX provisions might serve as a springboard for substantial business process improvements.

Is open-book management right for you?

Reservations were plentiful at a profitable Canadian hotel, a favorite haunt of English royalty. But operating costs at the 250-room inn were higher than expected. Expensive plates, bowls and stemware frequently cracked or chipped from rough handling by dining-room employees.

Some managers considered urging workers to use extreme caution in handling the elegant china but feared that would signal value and encourage theft. So the hotel owner lived with the high cost of replacement.

Then the owner learned about open-book management (OBM), a way of doing business that's based on the belief that people can be a company's greatest strength. If employees understand and believe in a company's mission and are empowered with relevant financial information, they will help improve performance.

Taxes

How to avoid three common M&A tax traps

The record pace of mergers and acquisitions (M&As) during the past two years shows no signs of letting up. The number of M&A deals this year are expected to exceed the estimated 25,000 in 2006.

But dealmakers should plan carefully since unforeseen tax issues can make an otherwise appealing merger much less palatable. According to a recent national survey on M&A activity, 70 percent of respondents said hidden or unrecorded financial liabilities threatened successful mergers or acquisitions. In that same study, nearly half of respondents cited incomplete tax planning as a significant risk in bringing two companies together.

Financial management

Should you work with a start-up bank?

Start-up banks seem to be opening on every corner. Known as "de novo" banks, these organizations promise customers a more personal level of service than bigger banks — sometimes with more risk. Should you and your midsized organization do business with a de novo bank?

Technically, a de novo bank is one operating for five years or less and subject to special supervision standards. Your local and independent community bank might qualify as a de novo bank.

The de novo business model is based on traditional banking services: taking deposits and lending. Many large banks now focus on generating noninterest income from services such as asset management, insurance, investment brokerage and investment banking.

Your *Advantage* – your way

[Fonte: Hanley Wood Marketing

Figura 16.7 **Boletim informativo *Advantage* da RSM McGladrey.**

* Agradeço a Hanley Wood por sua colaboração para esta seção

AS OPORTUNIDADES NO IMPRESSO

Eu estava falando ao telefone recentemente com um cliente sobre as diferentes opções de impressos. Ele estava interessado na discussão porque sentia que sua empresa necessitava fazer mais **marketing não tradicional.**

Basta pensar um pouco sobre isso para constatar: o impresso é **marketing não tradicional.** É onde estamos hoje. *Blogs*, mídia social, artigos na *Web*... isso tudo é muito tradicional. Por causa disso, as marcas deveriam ver o impresso como uma oportunidade agora para obter e manter a atenção.

A DECISÃO DA *NEWSWEEK*

A *Newsweek* parou de ser publicada no formato impresso. Recentemente, a *SmartMoney* declarou a mesma coisa.

Quando tenho conversas com profissionais de marketing e editoras sobre esses tipos de decisões, sempre ouço a ideia de que "**o impresso morreu**". Bem, estou aqui para lhe dizer **que nunca houve uma oportunidade maior para as marcas no canal impresso do que agora!**

Embora talvez não seja interessante participar do jogo de impressão horizontal de base ampla (como o *USA Today*, por exemplo), as publicações altamente voltadas para nichos e altamente segmentadas estão florescendo como uma ferramenta de marketing. Por exemplo, a revista *ThinkMoney* da TD Ameritrade (ver Figura 16.8) consegue que cerca de 90% de seus clientes tenham uma ação direta sobre um produto que ela vende através da revista impressa. A revista é a soma de um *design* surpreendente com informações provocantes. É o tipo de conteúdo que é aguardado por seu público comprador. E melhor ainda, como os compradores estão diante de computadores o dia todo, eles anseiam pela oportunidade de desconectar e descobrir.

Mesmo a própria revista do CMI, *Chief Content Officer*, tem uma clara vantagem competitiva no mercado, pois é impressa. Em um evento recente (não do CMI), três executivos de marketing se aproximaram e disseram o quanto gostam da revista e que aguardam com ansiedade a próxima edição (eles não mencionaram o nosso conteúdo digital diário; apenas mencionaram o impresso).

O IMPRESSO NÃO ESTÁ MAIS DIMINUINDO

Muitos prognósticos dizem que até 2020 a maior parte da mídia impressa terá fechado. Eu acho que qualquer pessoa que faz esses tipos de comentários não tem compreensão da história. Basta digitar em um mecanismo de busca "A morte da TV" e você verá centenas de artigos prevendo o fim da televisão. Pode-se argumentar que vivemos neste momento a idade do ouro da televisão, com programas incríveis como *Boardwalk Empire, Mad Men* e *Homeland* abrindo caminho.

Fonte: T3 Publishing

Figura 16.8 **Revista *ThinkMoney* da TD Ameritrade.**

A evolução da Internet não mata esses canais; faz com que olhemos para eles de forma diferente **porque são usados de forma diferente pelos consumidores.**

Dentre as constatações do Content Marketing Research de 2013 do CMI, o uso de todos os canais, incluindo o impresso, estabilizou ou está crescendo. Após anos vendo o uso de revistas impressas caindo, não houve mudança neste ano em relação ao anterior. Isso mesmo, os profissionais de marketing, em sua maior parte, pararam de fugir do canal impresso.

Naturalmente, a estratégia de marketing de conteúdo vem em primeiro lugar, seguida pela estratégia de canal. Mas como profissionais de marketing, é nossa responsabilidade olhar para todos os canais disponíveis para contar nossas histórias.

SETE RAZÕES PARA REPENSAR O IMPRESSO

Aqui estão algumas razões pelas quais pode haver uma oportunidade incrível no canal impresso.

1. **Ele chama a atenção.** Você notou como tem recebido poucas revistas e boletins informativos impressos pelo correio nos dias de hoje? Eu não sei quanto a você, mas eu definitivamente presto mais atenção em meu correio impresso. Tem menos coisa chegando, de modo que se presta mais atenção em cada unidade. **Qual é a oportunidade?** As decisões que revistas como a *Newsweek* estão tomando deixam uma clara oportunidade para que os profissionais de marketing ocupem o espaço.
2. **Está centrado na retenção de clientes.** 64% dos profissionais de marketing B2B criam conteúdo original com o objetivo de retenção e fidelização dos clientes. Historicamente, as revistas impressas personalizadas e os boletins informativos foram desenvolvidos pelas marcas para fins de retenção de clientes. Em um recente *webinar* do CMI, Carlos Hidalgo, CEO do Annuitas Group, afirmou que um dos maiores problemas que os profissionais de marketing têm com seus conteúdos é que eles se esquecem de cuidar dos clientes **depois** de tomada a decisão de compra.
3. **Não há custos de desenvolvimento de público.** As editoras gastam enormes quantidades de tempo e dinheiro identificando assinantes para enviar suas revistas. Muitas vezes, as editoras precisam investir vários dólares por assinante por ano para fins de auditoria (elas enviam mala direta, elas telefonam... telefonam novamente... para que a revista possa dizer que seus assinantes solicitaram a revista. Isto vale para as revistas de livre circulação com controle de tiragem).

Então, digamos que o custo por assinante por ano de uma editora tradicional seja de US$2 e que sua tiragem seja de 100.000 exemplares. Isto representa US$200.000 por ano para o desenvolvimento de leitores.

Este é um custo com o qual os profissionais de marketing não precisam se preocupar. Se quiserem distribuir uma revista para seus clientes, basta usar suas listas de endereços de clientes. Esta é uma grande vantagem.

4. **O velho voltou a ser novo.** Hoje a mídia social, o conteúdo *on-line* e os aplicativos para *iPads* fazem parte do *mix* de marketing. Ainda assim, o que empolga os profissionais de marketing e os compradores de mídia é aquilo que **não** está sendo feito (pense: **não tradicional**). Eles querem fazer algo diferente e algo novo. É difícil de acreditar, mas o canal impresso voltou a ser novo e está assistindo a um renascimento. Será que estamos diante de uma era de ouro do impresso, como acontece com a televisão?
5. **Os clientes ainda precisam saber o que perguntar.** Eu adoro a Internet porque os compradores podem encontrar respostas para quase tudo. Mas onde é que a pessoa vai para pensar nas **perguntas** que deveria fazer? Falei recentemente com uma editora que disse o seguinte: "A *Web* é aonde vamos para obter respostas, mas o impresso é aonde vamos para fazer perguntas."

   O **veículo impresso** ainda é o melhor meio no planeta para pensar de forma inovadora e fazer perguntas difíceis a si mesmo com base no que se lê. É o "recostar-se na cadeira" contra o "inclinar-se para frente". Se você quiser desafiar os seus clientes (como faz a *Harvard Business Review*), o impresso é uma opção viável.
6. **O impresso ainda empolga as pessoas.** Eu conversei recentemente com um jornalista que disse ser cada vez mais difícil convencer as pessoas a dar entrevista para uma história *on-line*. Mas basta mencionar que será um elemento impresso para que os executivos reorganizem a sua agenda. A palavra impressa ainda é considerada por muitas pessoas como tendo mais credibilidade do que qualquer outra coisa na *Web*. Vale o antigo ditado: "Se alguém investiu o suficiente para imprimir e enviar pelo correio, deve ser importante."

   No CMI temos visto isso em primeira mão com a revista *Chief Content Officer*. Os colaboradores adoram aparecer no *site* do CMI, mas almejam ver os seus artigos publicados na revista impressa. É incrível a diferença na percepção de um canal impresso em relação ao *on-line* quando se trata de contribuição editorial.

7. **O impresso deixa as pessoas desconectadas.** Cada vez mais as pessoas estão ativamente se desconectando da mídia digital. Eu mesmo desligo mais meu telefone e *e-mail* para me envolver com material impresso. Um ano atrás, eu não previ isso chegando. Hoje eu saboreio as oportunidades em que não posso ser encontrado para comentar.

   Por exemplo, toda a nossa família faz o **"sábado sem eletrônicos"**. Isto significa nada de computador, nada de *iPhone*, nada de *Xbox*, nada de *e-mail* e nada de Facebook. Fazemos isso desde janeiro de 2012 e, embora seja difícil, tem sido uma experiência incrível para a nossa família. Eu adoro quando todos os quatro se sentam na sala para ler livros e revistas. Nós também fazemos muito mais coisa juntos como família.

   Se eu estiver certo, muitos de seus clientes, especialmente os executivos ocupados, estão se sentindo da mesma maneira. Sua comunicação impressa pode ser justamente o que eles precisam.

O marketing de conteúdo *on-line* definitivamente veio para ficar. Então, diga sim à mídia social, aos aplicativos e ao resto. Mas não se esqueça de que o impresso ainda pode desempenhar um papel importante em seu *mix* geral de marketing de conteúdo.

REVISTA DIGITAL

O QUE É UMA REVISTA DIGITAL?

Um híbrido entre a revista tradicional e um PDF turbinado, uma revista digital oferece conteúdo periódico autônomo, visualmente atraente, que não exige *software* especial para abrir e ler. As edições são geralmente distribuídas por *e-mail* através de *sites* da marca.

TRÊS ASPECTOS FUNDAMENTAIS NA EXECUÇÃO

1. Se você não gosta da limitação de uma réplica digital, considere adaptar os conteúdos da revista impressa em seu *blog*.
2. As revistas digitais são excelentes para fazer a integração entre o conteúdo impresso e a presença na *Web*.
3. Considere a adição de vídeos e *podcasts* ao conteúdo de sua revista.

EXEMPLO DE REVISTA DIGITAL

Revista *ZN*. A revista *ZN* da Zappo (ver Figura 16.9) capta a aparência do conteúdo impresso tradicional ao mesmo tempo em que acrescenta características convenientes (como a de busca, impressão e compras) exclusivas do digital.

Fonte: zappos.com

Figura 16.9 **Revista digital *ZN* da Zappos.**

SÉRIE *E-LEARNING*

O QUE É UMA SÉRIE *E-LEARNING*?

Um currículo cuidadosamente planejado de conteúdos educativos que possam ser fornecidos através de uma variedade de meios, incluindo *podcasts* de áudio, vídeos, apresentações de *slides*, *webinars* e muito mais.

TRÊS ASPECTOS FUNDAMENTAIS NA EXECUÇÃO

1. Adapte o conteúdo às diferentes necessidades de aprendizagem de públicos distintos: compradores fazendo pesquisa, prospectivos perto de tomar uma decisão de compra, clientes atuais, e assim por diante.

2. Utilize os meios mais populares para seus usuários.
3. Seja generoso com exemplos e ilustrações da vida real.

EXEMPLO DE SÉRIE *E-LEARNING*

Rede de tecnologia da Oracle. Quer você seja um administrador de banco de dados ou mesmo um arquiteto, a Oracle tem proporcionado um lugar em que seus usuários possam obter todas as respostas (ver Figura 16.10). Este *site* útil inclui não apenas *wikis*, artigos e problemas de suporte, como também séries de *webinars* e relatórios educativos.

Fonte: oracle.com

Figura 16.10 **A rede de tecnologia da Oracle (*Oracle Technology Network*).**

APLICATIVO PARA DISPOSITIVOS MÓVEIS?

O QUE É UM APLICATIVO PARA DISPOSITIVOS MÓVEIS?

Conhecidos como "*apps*", os aplicativos para dispositivos móveis aparecem de duas formas: como *apps* nativos desenvolvidos para dispositivos específicos (tais como *iPhone, Android, BlackBerry, iPad*) ou como *apps* da *Web* que podem ser distribuídos sem depender de mercados específicos (mas você precisa de uma conexão com a Internet o tempo todo). Essas ferramentas que podem ser instaladas por meio de *download* permitem que os usuários transformem seus aparelhos móveis em dispositivos úteis que atendam suas necessidades idiossincráticas bastante específicas.

TRÊS ASPECTOS FUNDAMENTAIS NA EXECUÇÃO

1. Os aplicativos eficazes devem ter um motivo regular (diário ou semanal) para ser usado (pense na utilidade).
2. Devem ter interfaces amigáveis com redes sociais, como Facebook e Twitter.
3. Precisa ser incluída uma função "pesquisa" para medir a satisfação e reunir informações para a próxima versão (o *iPhone Apps* solicita *feedback* que afere o volume de *downloads*).

EXEMPLO DE *APP* PARA DISPOSITIVO MÓVEL

SitOrSquat da Charmin. Já teve dificuldade para encontrar um banheiro público limpo? Bem, não se preocupe mais. O SitOrSquat da Charmin é um aplicativo para dispositivo móvel, em tempo real, que lhe mostra onde tem banheiros limpos mais próximos d e sua localização (ver Figura 16.11). Mais de 1 milhão de pessoas já fizeram *download* do *app*.

TELECONFERÊNCIA

O QUE É UMA TELECONFERÊNCIA?

Alô, conteúdo chamando! A teleconferência é uma apresentação virtual reduzida ao essencial: a única tecnologia necessária é um telefone. Dependendo da natureza do conteúdo, os participantes podem ter um resumo, agenda ou apresentação em *slides* enviados antes do telefonema.

TRÊS ASPECTOS FUNDAMENTAIS NA EXECUÇÃO

1. Para muitas empresas de pequeno a médio porte, a teleconferência é uma forma ideal para vários funcionários participarem de uma apresentação.
2. Grave a teleconferência; agora você também tem um *podcast*.
3. Programe suas teleconferências visando a maior conveniência nos diversos fusos horários.

Fonte: itunes.com

Figura 16.11 **Aplicativo para dispositivo móvel da Charmin.**

PODCAST

O QUE É UM *PODCAST*?

O *podcast* é simplesmente um arquivo de áudio que você pode ouvir em um computador ou tocador do tipo MP3, geralmente distribuído via RSS ou iTunes. Os *podcasts* geralmente têm duração de 5 a 30 min, mas *downloads* de *podcasts* mais longos estão se tornando populares.

TRÊS ASPECTOS FUNDAMENTAIS NA EXECUÇÃO

1. Defina um tema para o *podcast* e se atenha a isso.
2. Estabeleça um cronograma que os ouvintes podem esperar: semanal, quinzenal, mensal, e assim por diante. Seja consistente.
3. Faça a integração entre o conteúdo do *podcast* e o seu *blog* para receber ideias dos ouvintes.

EXEMPLO DE *PODCAST*

Entrepreneur on Fire. John Lee Dumas desenvolveu um *podcast* diário apresentando empreendedores incríveis de praticamente todos os setores de atividade no planeta (como Seth Godin e Barbara Corcoran do programa de televisão *Shark Tank*). As entrevistas duram cerca de 30 min e têm ajudado no incrível crescimento da empresa e da quantidade de seguidores de John, em função de sua consistência. Agora, milhares sintonizam todos os dias para ouvir. Eu tive a honra de ser entrevistado por John; para ouvir, vá ao endereço http://bitly.com/epic-eonfire.

MESA-REDONDA DE EXECUTIVOS

O QUE É UMA MESA-REDONDA DE EXECUTIVOS?

Uma mesa-redonda de executivos é uma reunião de executivos do setor que são especialistas em seu campo de atividade, com suficiente poder de atração para interessar seus clientes prospectivos. Por meio de breves apresentações e interações com os participantes da mesa-redonda, você tem a oportunidade de mais uma vez se posicionar como líder de pensamento.

TRÊS ASPECTOS FUNDAMENTAIS NA EXECUÇÃO

1. Procure por executivos cujas personalidades sejam tão atraentes quanto suas ideias.
2. Pense em pedir aos executivos da mesa-redonda para postarem como convidados em seu *blog* um material que complemente suas ideias apresentadas ao vivo.
3. Coloque a discussão resultante em um relatório resumido que você possa oferecer como documento técnico ou *e-book*. Aproveite vídeo, áudio e transcrições para manter o conteúdo fluindo muito tempo depois de a mesa-redonda ter efetivamente ocorrido.

EXEMPLO DE MESA-REDONDA

McKinsey. A McKinsey realiza regularmente mesas-redondas de executivos em torno de temas importantes e complexos, e compartilha depois o conteúdo resultante para conseguir o máximo possível de distribuição (ver Figura 16.12).

Fonte: mckinsey,com

Figura 16.12 **Série da McKinsey de mesas-redondas de executivos.**

SISTEMA DE *RANKING* DO SETOR

O QUE É UM SISTEMA DE *RANKING* DO SETOR?

As pessoas adoram listas (você se lembra de Moisés e suas duas tábuas?). Um sistema de *ranking* do setor dá aos leitores uma lista "dos melhores", previamente montada, classificando as opções disponíveis em uma determinada área temática - e, na sequência, tendo uma elevada classificação nos mecanismos de busca. Uma lista, seja qual for o seu conteúdo, posiciona seus organizadores como especialistas no setor e dá aos seus clientes prospectivos uma ferramenta de referência útil.

TRÊS ASPECTOS FUNDAMENTAIS NA EXECUÇÃO

1. Os *rankings* podem ser determinados de alguma forma objetiva e mensurável ou por critérios subjetivos.
2. Faça uso liberal de *links* para as listas.
3. Anuncie as atualizações do sistema de *ranking* através de *blogs*, Twitter, comunicados à imprensa, e assim por diante.

LIVRO IMPRESSO

O QUE É UM LIVRO IMPRESSO?

Mesmo na era revolucionária da *Web 2.0*, um livro completo ainda carrega uma aura de autoridade. Seja publicado independentemente ou através de uma editora tradicional, o livro é o **"grande" conteúdo que frequentemente gera uma exposição na imprensa, convites para palestras e uma posição privilegiada como especialista.**

TRÊS ASPECTOS FUNDAMENTAIS NA EXECUÇÃO

1. Os livros são um grande investimento de tempo; portanto, planeje cuidadosamente! Se você tem um *blog*, pense em como os seus *posts* podem servir como capítulos do livro.
2. Envolva logo o seu pessoal de relações públicas para aproveitar o potencial da mídia.
3. Pense no desenvolvimento de um *microsite* ou página de fãs no Facebook para criar comunidades em torno de seu livro.

POR QUE SUA MARCA DEVE ESCREVER UM LIVRO

Francamente, caso pretenda posicionar-se ou à sua empresa como um dos principais especialistas do seu nicho, você precisa de um livro. Não, não se trata de um *e-book* distribuído apenas *on-line*. Você precisa de um livro "que faça um grande barulho quando jogado em cima da mesa", que seja produzido a partir de árvores mortas.

Estou surpreso e triste por ver que muitas empresas não estejam seriamente pensando em produzir um livro. Mas, ainda assim, aqui estão alguns exemplos incríveis de marcas que compreendem o poder de um livro.

***Revenue Disruption* da Marketo**. Escrito por Phil Fernandez (cofundador da Marketo), este bebê é um produto Marketo (ver Figura 16.13). Eu recebi uma cópia autografada no correio como parte de uma promoção muito inteligente da Marketo, e também tenho visto o livro em várias livrarias de aeroportos. O título do livro, *Revenue Disruption* (*Revolução nas Receitas*, em tradução livre), é uma descrição perfeita do mantra e finalidade da Marketo, sobre automatizar o processo de marketing focado no crescimento da receita.

***Precision* Marketing da Ricoh InfoPrint**. Dos autores Sandra Zoratti e Lee Gallagher, os conceitos em *Precision* Marketing (Marketing *de Precisão*, em tradução livre) tocam perfeitamente na essência do que a Ricoh oferece aos clientes (ver Figura 16.14): soluções de conteúdo altamente segmentado e personalizado. O livro faz uma série de comparações usando números reais sobre como o marketing de precisão vale mais a pena do que o marketing tradicional.

Fonte: amazon.com

Figura 16.13 ***Revenue Disruption*, da Marketo, escrito por Phil Hernandez.**

***Engagement* Marketing da Constant Contact**. Do CEO da Constant Contact, Gail Goodman, *Engagement Marketing* (*Marketing de Envolvimento*, em tradução livre) oferece um excelente roteiro para as pequenas empresas sobre como elas podem se comunicar com mais eficácia com os clientes (ver Figura 16.15). A Constant Contact , assim como a Marketo, usou uma cópia autografada como parte de seu programa de mala direta. Honestamente, é um livro útil e fornece alguns excelentes estudos de caso da Constant Contact.

Por que essas empresas produziram um livro? Em primeiro lugar, não há uma maneira melhor de mostrar uma verdadeira liderança de pensamento do que com um livro impresso. Seguindo de perto, em segundo lugar, pode ser a melhor oferta ao cliente já criada (como no caso da Marketo e da Constant Contact). Em terceiro lugar, com o livro pronto, você tem um recurso incrível a partir do qual desenvolver conteúdos auxiliares, tais como *posts* no *blog* (excertos), *e-books*, pacotes Slideshare, documentos técnicos e muito, muito mais.

Fonte: amazon.com

Figura 16.14 ***Precision Marketing*, da Ricoh Infoprint, escrito por Sandra Zoretti e Lee Gallagher.**

Fonte: amazon.com

Figura 16.15 ***Engagement Marketing*, da Constant Contact, escrito por Gail Goodman.**

OITO DICAS PARA FAZER O SEU LIVRO ACONTECER

Criar um livro que cause um impacto em seu setor e nos negócios não é nada fácil. Dito isso, aqui estão algumas sugestões que recolhi ao longo do caminho, que podem fazer a diferença para que o livro aconteça.

1. **Uma auditoria profunda no conteúdo.** Você já pode ter um tesouro de material que pode ser reaproveitado ou, pelo menos, ter conteúdo que pode ser reunido para formatar o trabalho inicial de alguns capítulos importantes. Procure antes fazer este trabalho de verificar o que você já possui para servir de base.
2. **Garimpar no *blog*.** Em meus dois livros, *Get Content Get Customers* e *Managing Content Marketing*, boa parte do material veio dos *posts* existentes, simplesmente reformulados. Se estiver es-

crevendo *posts* para o *blog* há pelo menos seis meses, você já pode ter metade de um livro.

3. **Cocriação.** Você tem parceiros importantes, não concorrentes, que visam os mesmos prospectivos e clientes que você? Se assim for, considere consultá-los sobre uma parceria no livro. Com isso, ao começar a promoção do livro, você poderá utilizar duas redes de contatos diferentes.
4. **Obtenha financiamento.** *Get Content Get Customers* foi publicado de forma independente antes da McGraw-Hill adquirir os direitos. Grande parte do investimento inicial veio da venda por atacado para empresas parceiras. Se você não gosta deste caminho, encontre um patrocinador que realmente queira fazer sua mensagem chegar ao mercado e obtenha o apoio dessa pessoa ou organização seja na distribuição ou no financiamento monetário.
5. **A missão.** Seja muito claro sobre o que você quer que os leitores extraiam do livro. Escreva seus pensamentos e mantenha esta informação pregada em sua parede enquanto você trabalha no livro. Muitas empresas se concentram naquilo que estão tentando dizer em vez de apontar o foco sobre os pontos problemáticos do leitor.
6. **Inclua os formadores de opinião.** Se possível, inclua exemplos importantes de formadores de opinião do setor de atividade, assim como de parceiros, desde que seja um bom conteúdo. Quanto mais pessoas você conseguir incluir em suas histórias, maior o número de oportunidades para o compartilhamento externo.
7. **Pense em um *ghostwriter****. Acredite ou não, muitos dos livros de autores que você ama foram escritos por outra pessoa. **É difícil de acreditar, não é mesmo?** Mas é verdade. Os melhores *ghostwriters** que existem por aí começam cobrando cerca de US$50.000, e desse valor para cima. Se você simplesmente não consegue separar o tempo necessário ou não tiver os recursos para escrever, pense em contratar um.
8. **Interrompa em algum momento e perceba que a perfeição é inatingível.** Eu poderia ter continuado a escrever os dois livros para sempre, se quisesse. Em algum momento, você tem que estabelecer um limite e publicar o livro. Assim que você o terminar, haverá uma pesquisa nova, alguma nova história ou uma nova perspectiva que você poderia ter abordado. **Não se preocupe com isso; use em seu próximo livro.**

---

* Nota do tradutor (NT) – O *ghostwriter* (escritor fantasma, em tradução literal) é uma pessoa contratada para escrever anonimamente o livro em nome do contratante, que será creditado como autor.

AUDIOLIVRO

O QUE É UM AUDIOLIVRO?

O conteúdo do que existe em um livro que você ouve em vez de ler é um audiolivro. Quando patrocinado por uma marca é uma excelente maneira de atrair a atenção das pessoas que fazem *download* de *podcast*, de ouvintes carregando *iPod* ou, quando distribuído via CD, de obter uma parte do tempo de escuta do motorista que se dirige da casa para o emprego e vice-versa.

TRÊS ASPECTOS FUNDAMENTAIS NA EXECUÇÃO

1. O talento vocal tem que ser tão forte quanto o conteúdo escrito.
2. Pense em complementar o texto com música.
3. Consiga uma amostragem de pessoas para testar o conteúdo, dando partes ou capítulos de graça.

FEIRAS VIRTUAIS

O QUE É UMA FEIRA VIRTUAL?

A tecnologia atual e as conexões de alta velocidade com a Internet permitem a criação de eventos bastante realistas (completos, com "salas de estar" e "áreas de exibição"). Os gestores de eventos podem criar feiras virtuais com base na Internet para gerar *leads*, aumentar a participação em eventos, impulsionar as receitas e melhorar as comunicações com clientes atuais e futuros.

TRÊS ASPECTOS FUNDAMENTAIS NA EXECUÇÃO

1. A maioria dos *shows* virtuais usa a metáfora da **"feira"** como modelo de navegação para o seu *site*.
2. Do mesmo modo que as feiras ao vivo vendem estandes, você pode vender presenças patrocinadas em seu *site* virtual.
3. Em termos de conteúdo, considere uma mistura de eventos programados, ao vivo, e seminários pré-gravados que possam ser vistos de acordo com a conveniência do visitante.

EXEMPLO DE FEIRA VIRTUAL

Cisco Next Generation Virtual Summit. A Cisco reúne líderes de pensamento de sua própria organização e de outras, como a AT&T e XO Communications, para fazer apresentações ao vivo e sob demanda para abordar algumas das questões mais difíceis em comunicações de rede.

HISTÓRIA EM QUADRINHOS

O QUE É UMA HISTÓRIA EM QUADRINHOS?

Aqui está o que a história em quadrinhos (HQ) não é: um chamariz apenas para crianças. Ao reforçar o texto com imagens vívidas, as HQs se comunicam de forma divertida, rápida e marcante com leitores de todas as idades.

TRÊS ASPECTOS FUNDAMENTAIS NA EXECUÇÃO

1. Para conteúdo instrutivo, a HQ pode ser uma das melhores táticas disponíveis.
2. Quadrinhos inesquecíveis podem certamente gerar muitos comentários.
3. Como uma alternativa à história em quadrinhos, considere uma tira de quadrinhos *on-line* que apareça a cada semana. Tom Fishburne (o Marketoonist) cria novos *posts* quase todos os dias na forma de quadrinhos (ver Figura 16.16). Tom tornou-se um especialista mundial em conteúdo visual por causa de seus quadrinhos.

Fonte: Content Marketing Institute

Figura 16.16 **Tom Fishburne tornou-se um especialista em estratégia de conteúdo visual por causa de seus quadrinhos. Este aqui é da edição de fevereiro de 2013 da revista *Chief Content Officer*.**

EXPOSIÇÃO ITINERANTE *(ROAD SHOW)*

O QUE É UMA EXPOSIÇÃO ITINERANTE?

Exposições itinerantes são miniconferências ou turnês que geralmente são realizadas por uma única organização, embora empresas relacionadas, não concorrentes, possam muitas vezes participar. Normalmente, os eventos individuais duram um dia ou menos e são realizados em cidades onde haja alta concentração de clientes em potencial.

TRÊS ASPECTOS FUNDAMENTAIS NA EXECUÇÃO

1. Concentre-se nas lições a extrair: o que os participantes ganharão ao comparecer?
2. A coordenação do planejamento dos eventos e da promoção é crucial; ambos têm que ocorrer dentro do cronograma.
3. Você pode precisar treinar talentos internos para maximizar a eficácia como oradores e apresentadores.

EXEMPLO DE EXPOSIÇÃO ITINERANTE

Lennox. Todos os anos, a Lennox, fabricante de aquecimento e ar condicionado, viaja por todo o país realizando seminários educativos com seus revendedores para falar sobre a mais recente tecnologia e ter a oportunidade de encontrar e agradecer aos revendedores pessoalmente. As reuniões com revendedores da Lennox são fundamentais para toda a campanha de marketing da empresa.

DICAS VALIOSAS PARA FALAR EM PÚBLICO

Nos últimos 12 meses, eu fiz mais de 50 apresentações em público e outras 50 apresentações *on-line* por *webinar* ou *webcast*. Desde 2007, eu me apresentei bem mais de 300 vezes *on-line* ou pessoalmente.

Também tive de assistir a mais de mil apresentações de outros indivíduos ao longo desse tempo. Não que eu seja de modo algum perfeito, mas honestamente não desejo isso para ninguém.

Depois do meu *blog* e de meus livros, as palestras em público provavelmente levaram mais ao crescimento dos negócios do que qualquer outra coisa que eu tenha feito. Francamente, são poucas as empresas que consideram as apresentações em público um sério motivador para o crescimento das receitas. Como empresário ou profissional de marketing, é sua responsabilidade começar a cultivar evangelizadores dentro da empresa que possam propagar a missão de conteúdo da sua organização.

A seguir estão algumas de minhas dicas para falar em público que tento integrar em cada apresentação que faço (em nenhuma ordem específica). Espero que sejam úteis para você.

Coloque o seu nome no Twitter em cada *slide*. Mesmo nos eventos menos badalados nas mídias sociais, há sempre várias pessoas tuitando. Colocar o seu identificador no Twitter no início do conjunto de *slides* geralmente não funciona (e se alguém chega atrasado à sala?). Desde que acrescentei o meu identificador no Twitter em cada *slide*, os tuites mais do que dobraram. Que ótima maneira de ampliar o alcance de sua mensagem!

Esteja preparado com mensagens que possam ser tuitadas. Aprendi com meu amigo Jay Baer a vir preparado com frases que possam ser tuitadas. Uma boa prática é colocá-las no *slide* (não mais de 140 caracteres) e repeti-las pelo menos duas vezes para ter o máximo impacto.

Promova antecipadamente a sua palestra usando o *hashtag* do evento. No dia anterior e na manhã do dia de sua apresentação, certifique-se de que todas as pessoas saibam que você dará uma palestra, o assunto sobre o qual falará e em que horas será o evento usando o *hashtag* (por exemplo, #cmworld, o hashtag para Content Marketing World). É impossível dizer quantas pessoas indecisas sobre o que assistir eu consigo a mais em minhas palestras, agindo dessa forma.

Nunca ter mais de 20 palavras em um *slide*. Se as pessoas precisarem ler os seus *slides*, você irá perdê-las. Use títulos e texto para sugerir suas histórias e imagens para ampliar seu argumento. Meu objetivo é de um dia aceitar o conselho de Seth Godin e fazer todos os meus *slides* sem palavras, apenas com imagens.

Se você usar palavras, faça-as com um tamanho de pelo menos 30 ou mais. Caso efetivamente precise de texto em um *slide*, certifique-se de que ele seja legível. Um tamanho de 30 pontos é o menor que eu usaria.

Não fique parado atrás do pódio. O pódio coloca uma barreira desnecessária entre você e o seu público. Fale **com** o público, não para eles.

Tudo bem ficar caminhando. Você é um ser humano e tem pernas: use-as. Encontre alguns pontos no palco para você ir e voltar. Pare nesses pontos por cinco segundos e, em seguida, passe para o próximo. Toda vez que começar um novo tópico, mova-se.

Tenha um guarda-roupa para palestras. Para ser lembrado, você precisa usar tudo o que estiver à sua disposição. Um guarda-roupa é fundamental. Encontre algo que as pessoas vão lembrar. Eu, pessoalmente, sempre uso uma camisa laranja. Não fiz uma apresentação sequer nos últimos cinco anos sem vestir uma camisa laranja. As pessoas esperam isso e sempre comentam a respeito. Minha amiga Mari Smith sempre usa turquesa e, por vezes, decora o palco e a área da plateia com itens especiais da cor turquesa. As pessoas sempre se lembram de Mari, em parte porque ela faz uma grande apresentação. Quando as pessoas veem essa cor em algum outro lugar, imediatamente pensam na Mari.

Sorria muito. É contagioso. Sempre inicie a apresentação com um grande sorriso, e estabeleça lembretes para si mesmo para sorrir pelo menos a cada cinco minutos. Quanto mais as pessoas sorriem, mais positivas elas ficam em geral (e nos seus comentários). Também ajuda a manter as pessoas acordadas.

Utilize *links* curtos a título de chamada para ação. Em cada apresentação com *slides* eu incluo uma série de *links* curtos para as pessoas receberem informações adicionais sobre algo que estou discutindo. Eu tive bem mais de 5.000 pessoas baixando uma de minhas apresentações diretamente de uma de minhas palestras. Eu uso links bit.ly para rastrear o conteúdo.

Dê algo pela participação. Eu quase sempre dou uma cópia autografada de meu livro como brinde pela participação. Isto ajuda com perguntas posteriores e sempre faz você falar com alguém após a apresentação (para entregar o livro). Isto incentiva mais perguntas e oportunidades para criar redes de contato. Esta tática gerou dois novos clientes ao longo dos anos.

Tenha uma chamada para ação principal na apresentação. Você quer que os participantes façam algo, certo? Não lhes dê opções demais. Dê-lhes uma coisa que você realmente quer que eles façam em cada apresentação, e inclua um código de cupom ou *link* curto para rastrear essa ação.

Use listas. A maioria dos títulos de minhas palestras e apresentações inclui números: "8 dicas de marketing de conteúdo para iniciar agora", "6 aspectos que separam o marketing de conteúdo bom do ótimo", e assim por diante. Os números mantêm as pessoas concentradas no ponto em que você está na apresentação.

Alterne o ritmo e conte uma história a cada oito minutos. O seu público só consegue prestar atenção durante este período de tempo. Depois de alguns poucos minutos, interrompa o fluxo de sua apresentação, faça uma pausa e conte uma história que de alguma forma esteja relacionada com a discussão. Eles lembrarão mais das histórias, o que os manterá envolvidos e ajudará a conduzir a sua missão geral da palestra.

Aceite o conselho de Aristóteles. Quando comecei a ensinar como falar em público, sempre usava o conselho de Aristóteles sobre discursos: conte-lhes o que você irá contar-lhes (a **introdução**), conte-lhes (o **desenvolvimento**) e, em seguida, conte-lhes o que você acabou de contar-lhes (a **conclusão**). Grande parte do falar em público e de fazer com que as coisas sejam entendidas é a repetição. Este tipo de configuração faz com que isso aconteça.

FERRAMENTA/APLICATIVO DE CONTEÚDO DE MARCA

O QUE É O APLICATIVO DE CONTEÚDO DE MARCA?

Um serviço ativado eletronicamente, o aplicativo de marca reúne informações de clientes e prospectivos e, em seguida, produz em troca uma análise, avaliação, relatório ou plano personalizado. Em virtude de sua qualidade e/ou exclusividade, o aplicativo de marca tem o potencial de rapidamente se tornar viral,

TRÊS ASPECTOS FUNDAMENTAIS NA EXECUÇÃO

1. Planeje uma estratégia de lançamento coordenada para dar ao seu aplicativo uma ampla distribuição e publicidade.
2. Facilite aos usuários o compartilhamento do aplicativo com colegas e associados.
3. Teste, teste e teste: a experiência do aplicativo vai se tornar uma amostra da qualidade de sua empresa. Faça com que clientes fiéis experimentem uma versão beta antes do lançamento final.

EXEMPLO DE FERRAMENTA DE CONTEÚDO DE MARCA

Marketing Score. Desenvolvido pela agência de relações públicas PR 20/20, a ferramenta de avaliação *on-line* grátis, Marketing Score, e também um dispositivo de informações de marketing (ver Figura 16.17), ajuda as empresas a classificarem seu marketing *on-line* em aspectos como desempenho de marketing, fontes de *lead*, força da equipe de marketing, utilização de tecnologia de marketing e marketing de conteúdo. A ferramenta tem ajudado a PR 20/20 a encontrar novas áreas de negócios e a descobrir novas oportunidades de receita.

SEÇÕES	PONTUAÇÃO	PONTOS FRACOS	NEUTRO	PONTOS FORTES	N/C	INCOMPLETO
1) NÚCLEOS DE NEGÓCIOS	64%	3	9	3	0	0
2) AUDIÊNCIAS	60%	3	4	2	0	0
3) DESEMPENHO DE MARKETING	54%	8	6	3	1	0
4) NÚCLEOS DE MARKETING	56%	6	4	0	0	0
5) FONTES DE LEAD	45%	10	4	2	2	0
6) FORÇA DA EQUIPE DE MARKETING	62%	6	4	5	0	0
7) UTILIZAÇÃO DE TECNOLOGIA DE MARKETING	63%	4	3	3	0	0
8) MARKETING DE MÍDIA SOCIAL	60%	5	6	0	0	0
9) MARKETING DE CONTEÚDO	36%	6	1	2	4	0
10) RELAÇÕES PÚBLICAS	45%	8	5	0	0	0
	TOTAL	59	46	20	7	0

Fonte: themarketingscore.com

Figura 16.17 **A avaliação *on-line* The Marketing Score é uma ferramenta de marca da PR 20/20.**

JOGO *ON-LINE*

O QUE É JOGO *ON-LINE*?

Um jogo *on-line* é um jogo eletrônico como qualquer outro, exceto que você o faz girar em torno da marca.

TRÊS ASPECTOS FUNDAMENTAIS NA EXECUÇÃO

1. Os jogos devem funcionar sem *downloads* de *softwares* pesados.
2. Eles devem rodar em vários tipos de navegadores e plataformas de sistema operacional.
3. A experiência de jogar deve reforçar a experiência favorável da marca.

EXEMPLO DE JOGO

Desafio do QI do Viajante. O *Desafio do QI do Viajante* da TravelPod (ver Figura 16.18) reforça a posição do *blog* como destino inteligente na *Web* para pessoas esclarecidas que viajam pelo mundo.

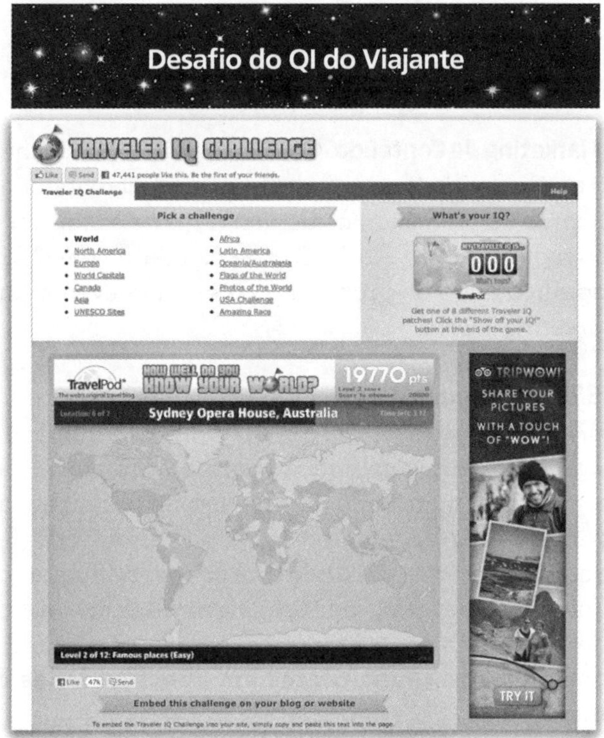

Fonte: travelpod.com

Figura 16.18 **Jogo *on-line Desafio do QI do Viajante* da TravelPod.**

INFOGRÁFICO

O QUE É UM INFOGRÁFICO?

Como o próprio nome sugere, um infográfico apresenta informações ou dados visualmente, em uma tabela, gráfico ou outra forma de ilustração.

Mas o poder de um infográfico vai além de seu apelo visual imediato; ao contrário de uma mera lista, um infográfico consegue expor as relações entre informações díspares, fornecendo uma visão integrada, não apenas dados brutos.

TRÊS ASPECTOS FUNDAMENTAIS NA EXECUÇÃO

1. A confusão de todo mundo pode se transformar em sua oportunidade - onde você pode fornecer valor, proporcionando clareza?
2. Pense metaforicamente para encontrar uma imagem ou ideia orientadora que estruture a sua informação.
3. Faça com que o seu infográfico resultante seja fácil de compartilhar *on-line* para atingir o máximo alcance e distribuição.

EXEMPLOS DE INFOGRÁFICOS

A História do Marketing de Conteúdo. O CMI lançou o infográfico *A História do* Marketing *de Conteúdo* (Figura 16.19), que foi imediatamente compartilhada por milhares de profissionais de marketing e se tornou a parte mais importante do registro sobre Marketing de Conteúdo na Wikipédia. O objetivo do infográfico era o de promover o crescente evento anual do CMI, o *Content Marketing World.*

***A Árvore de Blogs* da Eloqua.** Você já viu listas dos principais *blogs* antes. Mas a Eloqua, uma empresa da Oracle, quis ser mais ampla e profunda. *A Árvore de Blogs*, criada em colaboração com a $JESS_3$, revela as raízes tecnológicas dos *blogs* de marketing de sucesso, as principais áreas de atuação do *blog* e a popularidade relativa dos próprios *blogs* (Figura 16.20). Em função da publicação de *A Árvore de Blogs*, a Eloqua multiplicou a visualização média de seu *blog* por um fator de 40, atraiu 175 *links* e inspirou mais de 700 tuites e 2.500 impressões de página do Facebook, e transformou pelo menos **49 visitantes em oportunidades de venda ou negócios contratados.**

A História do Marketing de Conteúdo

UMA BREVE HISTÓRIA DO
MARKETING
DE CONTEÚDO
Durante anos as marcas vêm contando histórias para atrair e reter clientes. Aqui estão alguns grandes exemplos...
4200 B.C.
Um dos primeiros sinais de publicação personalizada encontrado em pinturas de caverna.
Livremente traduzido para "6 maneiras como uma lança pode salvar você de um javali selvagem".
1895
John Deere lança uma revista personalizada.
The Furrow é lançada em 1895 e agora tem circulação de 1,5 milhão de exemplares em 40 países e 12 idiomas diferentes.
1900
Michelin desenvolve The Michelin Guides.
Guia de 400 páginas, agora com uma icônica capa vermelha, ajuda os motoristas na manutenção de seus carros e a encontrar alojamentos decentes.
1904
Livro de Receitas da Jell-O Compensa
Jell-O distribui exemplares grátis de um livro de receitas que contribuiu para suas vendas com mais de US$1 milhão em 1908.
JELL-O
1913
Burns & McDonnell Engineering lança Benchmark.
A empresa de engenharia e consultoria de Kansas City, Burns & McDonnell, lança a revista Benchmark (ainda produzida hoje).
GI JOE
1982
Hasbro faz parceria com Marvel para criar o gibi G.I. Joe e isso Leva a uma revolução no marketing de brinquedos.
A série de gibis é lançada em 1982, estimulando o fenômeno da cultura pop, G.I. Joe. Foi a primeira HQ anunciada na TV e gerou mais tarde uma série de desenhos animados.
DUZ
OXYDOL
1930s
A P&G começa sua incursão nas novelas de rádio com marcas como Duz e Oxydol – daí o nome "soap opera" (ópera do sabão, ou seja, novela).
1922
Sears lança o programa de rádio World's Largest Store.
A estação de rádio ajudou a manter os fazendeiros informados durante a crise de deflação com conteúdo fornecido pela Sears1 Roebuck Agricultural Foundation.
1985
O Reino Unido assiste a um boom no mercado de revistas.
BRICK KICKS
club
1987
LEGO lança a revista Brick Kicks. (agora revista LEGO Club).
1996
Placeware, um subproduto do PARC Laboratory da Xerox, começa a oferecer serviços de conferência na Web.
1998
Nasce o Custom Publishing Council
2001
Gastos em conteúdo personalizado perto de US$20 bilhões.
Penton Custom Media, em Cleveland, Ohio, começa a usar a expressão "marketing de conteúdo".
2004
Sherwin Williams lança a revista STIR para designers de interior e arquitetos.
stir
Microsoft lança o primeiro grande blog corporativo, Channel 9

Fonte: CMI.

Figura 16.19 **Infográfico *A História do* Marketing *de Conteúdo* para o Content Marketing World.**

Fonte: Eloqua

Figura 16.20 ***A Árvore de Blogs*** **da Eloqua.**

PROJETO DE PESQUISA DE SONDAGEM *ON-LINE*

O QUE É UM PROJETO DE PESQUISA DE SONDAGEM *ON-LINE*?

Faça uma enquete com os seus clientes, visitantes ou colegas por meio de ferramentas de pesquisa *on-line*, pagas ou gratuitas, de fornecedores como a SurveyMonkey.

TRÊS ASPECTOS FUNDAMENTAIS NA EXECUÇÃO

1. O que os executivos da alta administração querem saber mais? O que outros executivos estão pensando. Qualquer informação que você consiga reunir a esse respeito será avidamente devorada por outros executivos.
2. O possível público para pesquisa inclui leitores do *blog*, seguidores no Twitter, colegas do LinkedIn e Facebook, os participantes de palestras e leitores de boletins informativos eletrônicos.
3. Mantenha a enquete curta! Qualquer coisa acima de 10 perguntas (e isto já é forçar demais) afastará os participantes.

EXEMPLO DE PESQUISA

Estudo de Referência em Marketing de Conteúdo (*Benchmark*). O CMI e a MarketingProfs vêm produzindo sua referência anual do setor, O Estudo de Referência em Marketing de Conteúdo (ver Figura 16.21), há quatro anos. O estudo tornou-se uma fonte de pesquisa concreta para o setor, foi baixada mais de 50.000 vezes na Internet e gerou um número de seis dígitos de oportunidades para o CMI.

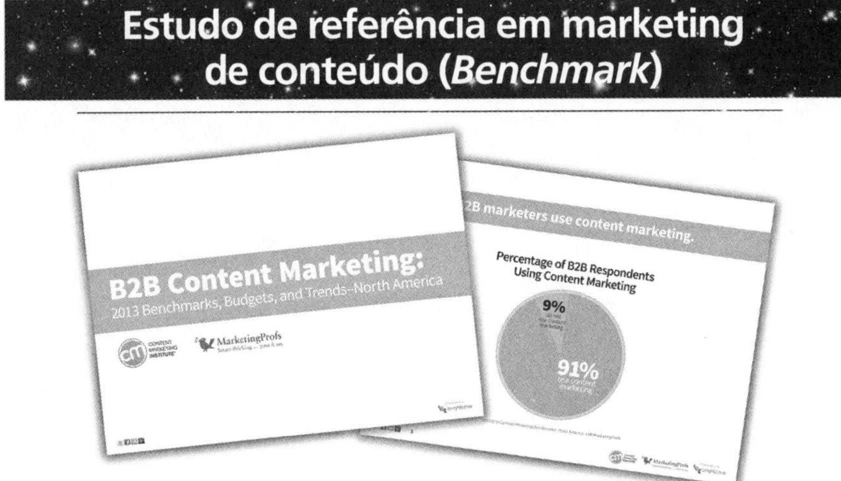

Fonte: CMI

Figura 16.21 **Estudo de Referência em Marketing de Conteúdo (*Benchmark*).**

FÓRUM DE DISCUSSÃO

O QUE É UM FÓRUM DE DISCUSSÃO?

Um fórum de discussão é um simples *site* de "quadro de avisos" *on-line* onde clientes e prospectivos podem postar reflexões e fazer comentários sobre os seus produtos e serviços.

TRÊS ASPECTOS FUNDAMENTAIS NA EXECUÇÃO

1. Faça uma interface simples; ninguém deve ter dificuldade em participar.
2. Uma vez instalado e funcionando, o fórum de discussões pode resolver muitas questões sem impor demandas sobre a sua equipe.
3. Trate os participantes como "pessoas de dentro da empresa" com direito a notícias sobre novos produtos, novos lançamentos e assim por diante.

EXEMPLO DE FÓRUM DE DISCUSSÃO

Fórum Bottlehead. Muito antes de **marketing de conteúdo** e **mídia social** se tornaram termos em voga nos negócios, a boa gente da Bottlehead criou um fórum para entusiastas de amplificadores de áudio que continua sendo um dos melhores *sites* de áudio na *Web* – e uma excelente maneira de incentivar os clientes em potencial a darem o salto e comprarem seus produtos.

CAPÍTULO 17

Encontrando os seus Ativos de Conteúdo

"Procurar é metade da diversão: a vida é muito mais administrável quando pensada como uma caça ao tesouro ao invés de uma festa surpresa."

JIMMY BUFFETT

Você conseguiu. Você pensou no motivo por que precisa de conteúdo, criou e analisou as *personas* do público e identificou as fases de compra em que este conteúdo essencial terá impacto sobre os negócios. Ao começar a se envolver em sua estratégia de canal e fluxo de trabalho de marketing de conteúdo, você percebe que simplesmente não tem histórias de marca suficientes para atender as demandas da iniciativa de marketing de conteúdo.

Em muitos programas de marketing de conteúdo, as histórias principais da marca giram em torno de transformar a paixão e o conhecimento de funcionários, clientes ou interessados em uma ou várias histórias. Quantas vezes você ouviu o seguinte, fazendo você desistir?

- Nosso (CEO, executivo ou engenheiro) não escreve; na verdade, ninguém em nossa organização escreve (isto aí quase que com certeza não é verdade).

- Nosso (CEO, executivo ou engenheiro) não consegue escrever (Está bem, talvez isso seja verdade).
- Como vamos conseguir criar todo esse conteúdo? Simplesmente não temos os recursos (isso quase sempre é verdade... em certa medida).

Agora, antes de explorar algumas das ideias a seguir, você precisa entender que quase **nenhuma empresa tem carência de matéria-prima para o marketing de conteúdo.** O que geralmente falta é que o conteúdo não está em formato de narrativa ou ainda não foi criado um processo para extrair as informações de forma a funcionar com o plano de marketing de conteúdo.

A AUDITORIA VISUAL DO CONTEÚDO

Os executivos de marketing são como a maioria das pessoas: eles gostam de aprender pelo exemplo. Fazê-los se envolver no seguinte teste irá ajudar.

1. Reúna todo o seu conteúdo de marketing, tanto impresso quanto eletrônico (imprima em folhas) e coloque tudo em uma mesa de reunião. Inclua folhetos, boletins informativos, *posts* de *blogs*, informações aos revendedores, e assim por diante.
2. Traga os seus executivos de marketing para a sala.
3. Pergunte-lhes: "O nosso conteúdo é mais sobre os pontos problemáticos de nossos clientes ou mais sobre nós e de como os nossos produtos ou serviços são excelentes?".
4. Em seguida, pergunte-lhes: "Será que as pessoas irão compartilhar e divulgar esta informação nas mídias sociais? Elas conversarão com seus colegas sobre isso? Elas procurarão esse material? Será que ficarão tão envolvidas com isso a ponto de se tornar amigas ou seguidoras?".

A finalidade da auditoria visual do conteúdo é dupla. Em primeiro lugar, ela inicia uma boa discussão sobre que tipo de conteúdo a empresa vem criando e se está ajudando ou prejudicando os negócios. Em segundo lugar, lhe dá uma boa noção sobre qual conteúdo precisará desenvolver para atender às lacunas de seu ciclo de envolvimento.

A AUDITORIA DE CONTEÚDO

Antes mesmo de poder determinar qual o tipo de conteúdo que seria necessário, você precisa primeiro descobrir o que possui. Além disso, há necessidade de determinar se o que você tem é bom o suficiente ou, melhor ainda, se possui algum conteúdo bruto que ainda é incrivelmente valioso para aproveitar ao longo do ciclo de compra de seu cliente.

Chris Moritz, estrategista de conteúdo sênior da agência Campbell Ewald, tem uma maneira muito simples para você rastrear o seu conteúdo. Provavelmente, o melhor método ainda é o de colocar a resposta sobre o seu conteúdo atual em algum tipo de planilha. Isto é fundamental para fins de controle e incluiria o seguinte:

- Um único ID (1.0, 1.1, 2.0 e assim por diante; cada documento/imagem/vídeo deve ter um identificador único que faça sentido para a organização).
- Título da página (ou o nome do documento).
- Endereço na *Web* (ou localização, se não for digital).
- Tipo de documento (página na *Web*, PDF, documento do Word, vídeo e assim por diante).
- Pontuação RDT (redundante, desatualizado ou trivial?).
- Observações complementares (tudo o que você gostaria que alguém que lesse o documento ficasse sabendo, incluindo qual é o público-alvo, quem é o autor original ou, possivelmente, quando foi criado).

Este é seu inventário de conteúdo básico. Mantenha-o seguro e consulte-o com frequência.

Por que isso é tão fundamental? Eu tenho trabalhado com dezenas de empresas que lançaram *e-books*, documentos técnicos e contrataram editores e *freelances*, mas no meio do processo descobriram que grande parte da iniciativa de conteúdo já havia sido feita. Este inventário simples do conteúdo vai lhe poupar tempo e dinheiro.

LEVANDO AS AUDITORIAS PARA O PRÓXIMO NÍVEL

Ahava Leibtag, proprietária do Aha Media Group, acredita que um inventário ou auditoria de conteúdo é apenas o primeiro passo. Embora não haja uma maneira certa de analisar o conteúdo que você possui, a seguir estão algumas amostras de inventários que poderiam funcionar para você.

COMBINANDO SUAS ESTATÍSTICAS E SUAS AUDITORIAS DE CONTEÚDO EM UMA PLANILHA

A sua planilha poderia ser um documento Excel com as seguintes colunas:

- Título da página.
- Nome da página.
- Observações.
- Visualizações da página (total).
- Visualizações da página (último mês).
- Visitantes únicos absolutos.

Com isso em mãos, você pode ter uma noção sobre o desempenho. Por exemplo, se um determinado conteúdo não recebeu visualizações de páginas no último mês, então não está funcionando, não está sendo comercializado corretamente ou não está no lugar certo.

COMPARANDO SUAS ESTATÍSTICAS EM DISPOSITIVOS MÓVEIS E EM COMPUTADORES DE MESA

Veja se existem grandes diferenças na forma como as pessoas consomem este conteúdo. Determinados conteúdos são vistos a uma taxa muito mais elevada em um dispositivo móvel do que em um computador de mesa? Por que você acha que isto acontece?

CONTANDO OS PRINCIPAIS TIPOS DE CONTEÚDO QUE VOCÊ POSTA REGULARMENTE

Use uma planilha em separado, ou até mesmo coloque as informações visualmente em uma apresentação PowerPoint, sobre quanto de cada tipo de conteúdo foi criado durante um período de tempo; por exemplo, um trimestre. Quais os tipos com melhor desempenho: vídeos, PDFs, apresentações *Slides*hare, e assim por diante?

Ahava descreve melhor a finalidade desses exercícios: "O objetivo de uma auditoria de conteúdo não é simplesmente a de recolher dados, mas ter as informações que você precisa para tomar boas decisões".

UMA ABORDAGEM PRÁTICA À ANÁLISE DE CONTEÚDO

Por Patricia Redsicker, proprietária de um empresa de relações públicas

> "O seu conteúdo na *Web* nunca cuidará de si mesmo."
> KRISTINA HALVORSON, NO LIVRO *ESTRATÉGIA DE CONTEÚDO PARA A WEB*

Se você disser ao seu chefe ou cliente que o conteúdo na *Web* tem problemas, ele ou ela irá querer saber a que tipo de problemas você está se referindo e por que seriam problemas.

Saber a resposta para a pergunta: **"Como você sabe se o seu conteúdo é bom?"**, pode não ser fácil. Mas é importante, caso você queira:

- Reter o seu público.
- Entender como está o seu *site* em relação à concorrência.
- Saber onde o seu conteúdo precisa ser melhorado.

Para diagnosticar o conteúdo problemático, você deve **analisá-lo periodicamente (pelo menos a cada seis meses) e medi-lo em relação a algumas qualidades específicas de conteúdo**. Essas qualidades são:

- Utilidade e relevância.
- Clareza e precisão.
- Integridade (de frases, pensamento, ideia ou lógica).
- Influência e envolvimento.
- Facilidade para ser encontrado (SEO).
- Consistência de marca.
- Público pretendido.
- Consistência com as prioridades dos negócios.
- Continuidade de seu conteúdo.

Realize uma análise de conteúdo de seu *site* a cada seis meses.

O conteúdo deve passar por um processo de manutenção para ter sucesso e isso requer muito trabalho! No entanto, os problemas de conteúdo surgem exatamente porque os proprietários não dedicam um tempo para a manutenção.

De fato, se você não realizou uma análise do conteúdo de seu *site* nos últimos seis meses, é alta a probabilidade de que haja problemas de conteúdo que precisam de correção. Alguns desses problemas incluem:

- RDT (conteúdo redundante, desatualizado ou trivial).
- *Links* desfeitos.
- Faltam descrições de meta dados.
- Mudanças de políticas que possam afetar o conteúdo.
- Inconsistências com o estilo da marca.
- Fracas chamadas para ação.

O PROCESSO DE ANÁLISE DE CONTEÚDO

Para fazer uma análise de conteúdo do seu *site*, comece com um inventário de conteúdo para descobrir como ele está atualmente na

Web. A maneira mais fácil de fazer isso é usar uma planilha simples parecida com a da Figura 17.1.

Percorra cada página de seu *site* e registre o que você encontra usando o formato acima. **Faça anotações cuidadosas** e acrescente mais colunas se necessário. Tenha em mente que **o conteúdo não é apenas texto, mas também vídeos, imagens fotográficas, áudio, infográficos e tudo o mais que esteja em seu *site*.**

SUPERVISÃO EXCLUSIVA

Uma vez realizado o inventário de seu conteúdo, você terá todas as informações que necessita para gerenciar adequadamente o seu *site*.

Infelizmente, quando o seu foco principal é o de consistentemente criar conteúdo que envolva o seu público, torna-se uma tarefa enorme voltar e avaliar o que foi criado no passado para garantir que ainda seja relevante para o seu público.

Mas como diz Arnie Kuenn em seu livro *Accelerate*: "A entrega responsável de conteúdo inclui uma supervisão exclusiva." É muito importante ter um conteúdo de alta qualidade em seu *site*, não apenas para otimizar a experiência do usuário, mas também para assegurar que a sua marca seja consistentemente tida em alta conta.

A última coisa que você quer é que a sua credibilidade seja prejudicada simplesmente porque um usuário se deparou com um *link* desfeito em seu *site*. Então, se isso significa contratar alguém para realizar a manutenção do conteúdo ou separar um tempo para fazê-lo sozinho, procure garantir que o seu *site* receba uma supervisão exclusiva.

LIÇÃO RÁPIDA

De todas as coisas que causam impacto na experiência do usuário em seu *site*, o conteúdo é o fator mais importante. Certifique-se de que ele esteja sempre **atualizado, organizado e relevante.** Sim, dá muito trabalho, e quanto mais conteúdo você gerar, maior a quantidade de conteúdo que precisará de manutenção. Mas a qualidade de seu conteúdo é algo que você não pode transigir.

Planilha de análise de conteúdo

ID	NOME DA PÁGINA	TIPO DE DOCUMENTO	LINK	PALAVRAS-CHAVE	DESCRIÇÃO META	LINKS INTERNOS	FINALIDADE	OBSERVAÇÕES
1.0.0	ABC *Company*	Página inicial	Domínio.com	Serviços de marketing de conteúdo, conteúdo personalizado	Soluções de marketing de conteúdo para marcas B2B	Sobre 1.1.0, Serviços 1.3.0, *Blog* 1.5.0	Venda/Marketing	Somente 10% de páginas aqui
1.1.0	Sobre a ABC	Página sobre nós	Domínio.com/sobre	Soluções de marketing de conteúdo	Nós ajudamos você a desenvolver conteúdo que atraia e retenha clientes	*Blog* 1.5.0	Marca/RP	Mudanças na equipe/necessita atualização
1.3.0	Relação de serviços da ABC	Página de serviços	Domínio.com/serviços	Estratégia de marketing de conteúdo, serviços de escuta social	Nossas soluções de marketing de conteúdo são concebidas para ajudá-lo a criar um conteúdo que seja interessante, relevante e consistente	Página Inicial 1.0.0, *Downloads* 1.4.0	Venda/Marketing	Estrutura de preços confusa

Figura 17.1 **Amostra de planilha de análise de conteúdo.**

PENSAMENTOS ÉPICOS

- Antes de criar qualquer conteúdo épico, descubra primeiro com o que você tem que trabalhar.
- Conceba um processo para coordenar o conteúdo que você tem e comece a pensar sobre quando o conteúdo precisará ser atualizado. Convém atribuir esta tarefa a alguém.

RECURSOS ÉPICOS

- Chris Moritz, *How to Start Your Content Strategy: The Discovery Phase*, ContentMarketingInstitute.com, 1 de junho de 2010, http://contentmarketinginstitute.com/2010/06/content-strategy-discovery/.
- Ahava Leibtag, *Why Traditional Content Audits Aren't Enough*, ContentMarketingInstitute.com, 24 de janeiro de 2011, http://contentmarketinginstitute.com/2011/01/content-audits/.
- Patricia Redsicker, *Content Quality: A Practical Approach to Content Analysis*, ContentMarketingInstitute.com, 21 de fevereiro de 2012, http://contentmarketinginstitute.com/2012/02/content-quality-practical-approach-to-content-analysis/.
- Arnie Kuenn, *Accelerate*, CreateSpace Independent Publishing Platform, 2011.
- Kristina Halvorson, *Estratégia de Conteúdo para a Web*, Alta Books, 2011.

CAPÍTULO 18

Extração de Conteúdo dos Funcionários

"O que ajuda as pessoas, também ajuda os negócios."

LEO BURNETT

Alguns CEOs gostam de escrever, mas a maioria gosta de falar. Se for difícil fazer seus executivos produzirem conteúdo de liderança de ideias, pegue os pensamentos deles ou delas em um formato diferente. Entreviste-os usando o Skype e grave a conversa. **Seus editores executivos podem transformar esse material em outros itens de marketing de conteúdo** (por exemplo, *posts* no *blog* e documentos técnicos). Ou se a qualidade do conteúdo for boa o suficiente, você pode usá-lo no formato gravado. Ou se o CEO realmente não puder escrever, mas estiver disposto a simplesmente digitar um *e-mail*, diga-lhes para escrever um longo *e-mail* e enviar para você.

Em outras palavras, não bloqueie o processo forçando a pessoa a algo que ele ou ela não se sente confortável.

Quando estiver em eventos do setor, não se esqueça de tirar fotos e gravar vídeos. Misture tudo com outros conteúdos que você pode ou não produzir. Talvez o vídeo seja usado em uma entrevista com o cliente.

Outra coisa a fazer é sentar-se com a pessoa. Se uma gerente de produto for tímida ou achar que não consegue escrever 500 palavras sobre um assunto específico, entreviste-a. Leve-a para almoçar e grave a conversa. Volto a repetir: reutilize o conteúdo em vários formatos.

AJUDE OS EXECUTIVOS A CONTAR HISTÓRIAS

Ao falar com executivos sobre escrever e criar conteúdo, você precisa começar simplesmente ensinando-lhes o que é "escrever". O ato de escrever é apenas transferir o que está em sua cabeça para palavras. Como costumava delicadamente dizer o famoso jornalista desportivo, Red Smith, tudo o que você tem a fazer é: "Sentar-se diante de uma máquina de escrever e deixar fluir."

Claro que a verdadeira mágica em transformar o que está escrito em uma história ou algo que vale a pena ler, ocorre no processo de edição. Alivie a sua equipe de preocupação assegurando-lhes que o documento será "polido" durante a edição. Em seguida, faça-os por mãos à obra oferecendo as seguintes dicas:

- **Escreva.** Simplesmente escreva – ponha para fora. Os escritores ficam geralmente surpresos com a estrutura e a qualidade da escrita por apenas se abrir e não deixar que seu "editor" mental se interponha no caminho. Diga ao seu possível colaborador para simplesmente passar meia hora digitando seus pensamentos.
- **Faça um esboço.** Se a pessoa estiver com problemas para fazer algo acontecer ou para se abrir, diga-lhe para simplesmente visualizar o que quer dizer e escrever frases ou os principais conceitos em pequenos papéis adesivos. Esta é uma forma muito boa de organizar pensamentos para um conteúdo mais longo (o mapeamento da mente também pode ajudar).

UTILIZAÇÃO DA ESCRITA LIVRE PARA RESOLVER O BLOQUEIO DO ESCRITOR

Recentemente, tive uma conversa excelente com Mark Levy (que entre outras coisas é autor de *Accidental Genius*).

Mark me deu um curso intensivo sobre algo chamado **"escrita livre"**. A escrita livre, também conhecida como escrita de "fluxo de consciência", é uma técnica de redação em que a pessoa escreve por um determinado período de tempo sem se preocupar com a ortografia ou mesmo com o tema. Mark usa esta técnica com seus clientes para extrair o conteúdo bruto que está no âmago do criador de conteúdo.

A escrita livre é a base dos programas de **redação criativa ao redor do mundo**. De acordo com Natalie Goldberg, autora de *True Secret of Writing*, as regras da escrita livre incluem:

- Dê a si mesmo um limite de tempo. Escreva por um determinado período e depois pare.
- Mantenha a sua mão se movendo até acabar o tempo. Não pare para olhar para o espaço ou para ler o que acabou de escrever. Escreva rapidamente, mas não se apresse.
- Não preste atenção à gramática, ortografia, pontuação, esmero ou estilo. Ninguém mais precisa ler o que você produziu.
- Se ficar fora do assunto ou sem ideias, continue escrevendo mesmo assim. Se necessário, escreva coisas sem sentido ou o que vier à sua cabeça, ou simplesmente rabisque algo: faça de tudo para manter a mão em movimento.
- Se você se sente entediado ou desconfortável com o que está escrevendo, pergunte a si mesmo o que o está incomodando e escreva sobre isso.
- Quando o tempo acabar, dê uma olhada para o que você escreveu e marque as passagens que contenham ideias ou frases que valeriam a pena manter ou elaborar um pouco mais em uma sessão posterior de escrita livre.

Eu fiz minha primeira tentativa de escrita livre durante um período de cinco minutos em que pensei sobre a ideia de integrar o conteúdo no processo de marketing. Aqui está a versão limpa:

- Problemas na integração do conteúdo com o plano de marketing.
- Como medir o marketing de conteúdo como parte de um plano geral de marketing?
- Como integrar a mídia social como parte do plano de marketing?
- Quais táticas funcionam melhor, dependendo do ciclo de compra?
- Que recursos internos são necessários para alcançar a eficácia no marketing de conteúdo?
- Como eu faço para amarrar a escuta através de mídias sociais com novos tópicos de conteúdo?
- Que departamento deve supervisionar o processo de conteúdo?
- Como faço para que a equipe de vendas ajude no desenvolvimento de conteúdo?
- Quanta liberdade os nossos funcionários devem ter para ser porta-voz de conteúdo para nossas marcas?
- Quando terceirizar ou usar recursos internos no marketing de conteúdo? Existe uma avaliação?
- Qual a diferença entre terceirizar artigos de US$25 e terceirizar artigos de US$500? Existe uma diferença?
- Como faço para mostrar ao meu diretor de marketing os benefícios do marketing de conteúdo?

- E se o nosso diretor de marketing quiser vender demais em nosso conteúdo?
- Devemos iniciar um *blog*?
- Quão ativa deve ser a nossa participação em outros *sites*?
- Devemos participar em *sites* de conteúdo de nossos concorrentes?
- E quanto à curadoria do conteúdo?
- Quando decidiremos se vamos desenvolver o conteúdo por conta própria ou se faremos a curadoria do conteúdo?
- Como comunicar para toda a empresa o que estamos fazendo com o nosso conteúdo?
- Existe uma planilha que me ajude a construir o meu plano de marketing de conteúdo?
- O impresso ainda é relevante no marketing de conteúdo?
- Qual é o valor mínimo que necessito para segmentar meus clientes com vistas ao conteúdo?
- Será que preciso de *personas* de comprador? Para todos os meus compradores?

O resultado deste exercício é mais de 20 artigos possíveis para o *blog* em um futuro próximo. Tenho certeza de que não fiz com perfeição, mas foi um grande começo.

Assim, da próxima vez que você ou seus principais funcionários fornecedores de conteúdo tiverem bloqueio de escritor, tente este exercício de escrita livre. Você pode usar este exercício com o atendimento ao cliente, vendas, engenharia ou qualquer outro membro da equipe que tenha contato com os clientes.

AJUDE OS FUNCIONÁRIOS A TOMAR CONSCIÊNCIA DAS OPORTUNIDADES DE CONTEÚDO

Em uma empresa de tecnologia com a qual o CMI trabalhou, grande parte do serviço aos clientes acontecia através de troca de *e-mails*. Quando eu e meus colegas fizemos uma análise do conteúdo, percebemos que uma grande parcela do conteúdo para possível *blog* ou artigo acontecia através desses *e-mails*. Foi preciso apenas um representante de serviço ao cliente para perceber isso, e agora todas as pessoas na organização analisam o conteúdo que elas mesmas criam diariamente como parte de seu negócio. Agora, os representantes de serviço ao cliente, e os representantes de vendas ficam mais rotineiramente atentos para ver se um de seus *e-mails* poderia ser utilizado como um FAQ (perguntas mais frequentes) no *site* ou ampliados para um *post* no *blog*.

Em minha experiência, obter uma perspectiva externa sobre este processo pode realmente ajudar o departamento de marketing a apontar na direção correta. À vezes, também, é preciso alguém de fora para ficar junto com um funcionário para abrir os olhos da alta administração da empresa para o poder do marketing de conteúdo.

PENSAMENTOS ÉPICOS

- Em todo programa de conteúdo dos funcionários, não comece forçando o pessoal em processos que os deixem desanimados ou desmotivados.
- Está com bloqueio em ideias para conteúdo? Tente o exercício de escrita livre colocando no papel todas as perguntas que os clientes frequentemente lhe fazem. Eu ficaria surpreso se você não conseguir chegar a no mínimo 50.

RECURSOS ÉPICOS

- Mark Levy, *Accidental Genius*, Berrett-Koehler Publisher, 2010.
- *Site* de Mark Levy, consultado em 18 de março de 2013, http://www.levyinnovation.com/.
- *Free Writing*, Wikipedia.com, consultado em 9 de julho de 2013, http://en.wikipedia.org/wiki/Free_writing.
- Natalie Goldberg, *The True Secret of Writing*, Atria Books, 2013.

CAPÍTULO 19

A Plataforma de Conteúdo

"Espere o melhor. Prepare-se para o pior. Capitalize sobre o que efetivamente acontece."

ZIG ZIGLAR

Michael Hyatt, autor de *Platform: Get Noticed in a Noisy World*, diz: "Sem uma plataforma – algo que lhe permita ser visto e ouvido – **você não tem a mínima chance.** Ter um produto incrível, um excelente serviço ou uma causa atraente, já não é mais suficiente."

Naturalmente, a sua plataforma de conteúdo pode ser construída a partir de várias formas diferentes: como um *site*, *blog*, presença no Twitter, página do Facebook, um livro impresso, um boletim informativo eletrônico e muito mais. Embora alguns possam discordar de mim, eu acredito que existe uma única maneira de verdadeiramente construir a sua plataforma com conteúdo: **possuindo-a**.

Sonia Simone da Copyblogger diz isso de uma forma melhor: "Não construa em terra arrendada." Sim, você pode criar seguidores no Facebook, no Twitter, no LinkedIn ou no *blog* de alguém, ou como escritor convidado em um *site* popular de mídia, mas você não possui nada nesses canais; eles pertencem a outros. Construir a sua plataforma com foco no Facebook, por exemplo, é como construir uma casa incrível do tipo "estrela do *rock*" em terra arrendada. Embora seja agradável de morar, o proprietário pode passar por lá a qualquer momento e vendê-la bem diante do seu nariz; e não há nada que você possa fazer a respeito.

Do mesmo modo que com a importante assinatura para receber seus *e-mails* (nomes que pertencem ao seu banco de dados) em comparação com seguidores ou fãs (conexões que pertencem a outra pessoa), o ímã que atrai as pessoas para você em uma base diária ou semanal precisa ser de sua propriedade. Você precisa de conteúdo que possua e de conteúdo que se espalhe por outras plataformas, mas o foco deve estar em **uma plataforma que você possa controlar**.

O EXEMPLO DA EMPRESA DE MÍDIA

Olhe para as maiores empresas de mídia em nossa história, seja o *The Wall Street Journal* ou a principal publicação comercial em seu nicho. Suas plataformas costumavam ser estritamente jornal impresso ou revista. Hoje, a plataforma de todas as empresas de mídia começa na *Web*. E é exatamente aí que você vai começar.

Dê outra olhada na revista *Inc.* Embora, tradicionalmente, a principal plataforma tivesse sido a revista mensal impressa, a maior parte de seu foco hoje em dia começa no *site Inc.com*. É onde os leitores compartilham histórias diárias, leitores em potencial encontram soluções para seus problemas através de pesquisa e a empresa conquista mais assinantes do boletim informativo eletrônico.

O MODELO RADIAL (*HUB-AND-SPOKE*)

Lee Odden, CEO da TopRank On-line Marketing e autor de *Optimize*, prega sobre o valor do modelo radial (ver Figura 19.1). O eixo (seu *blog* ou *site*) torna-se o centro do seu universo de marketing de conteúdo, e os raios da roda são lugares para a distribuição de seu conteúdo. Aqui estão algumas das sugestões de Lee Odden:

- Crie uma base (*hub*) social, de preferência um *blog*, para onde dirigir o tráfego social.
- Desenvolva canais de distribuição e comunidades fora do eixo.
- Passe algum tempo criando, otimizando e promovendo um grande conteúdo no eixo e aumentando as redes nos raios da roda (*spokes*).
- A exposição de conteúdo para comunidades autorizadas a publicar cria visibilidade editorial e *links* de volta para o seu eixo.
- Os *links* enviam tráfego e aumentam a visibilidade nos mecanismos de busca.

WORDPRESS

O WordPress, uma plataforma de gerenciamento de conteúdo, de código aberto, é o sistema de gerenciamento de conteúdo (CMS) mais popular no mundo. O código WordPress é gratuito para usar, mas você precisa de um desenvolvedor WordPress para criar um *site* para você.

Eu costumava usar muitas plataformas CMS. Hoje, a organização inteira do CMI roda no WordPress. Honestamente, não me importo com o tipo de plataforma que você usa, desde que você seja o proprietário e anfitrião. Se o seu *site* estiver sendo hospedado por alguém (por exemplo, blogger.yoursite.com em vez de www.yoursite.com), você está perdendo uma oportunidade de possuir sua própria plataforma.

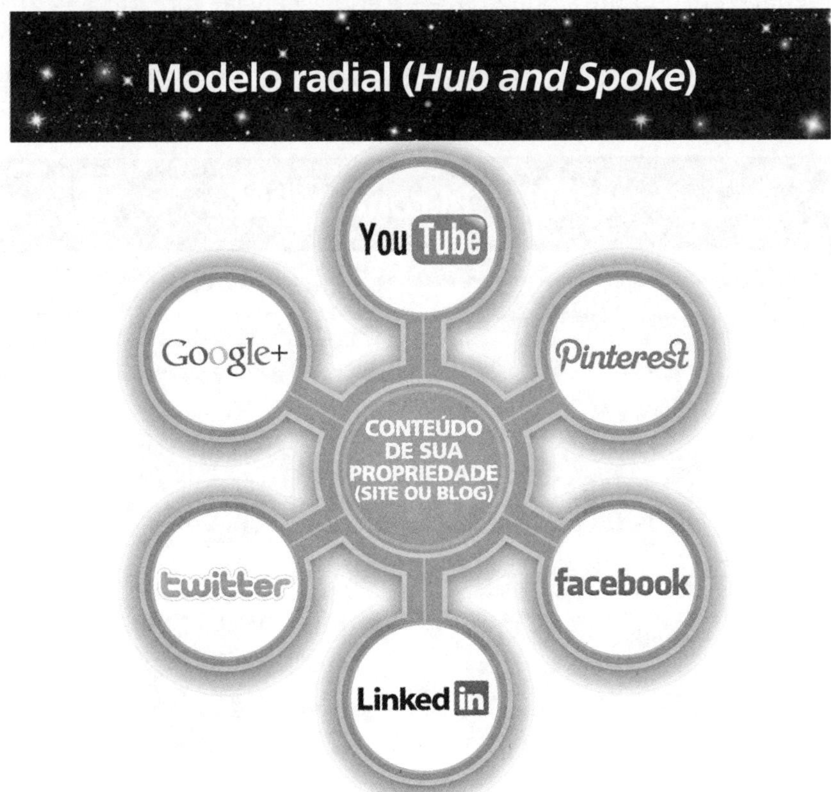

Figura 19.1 **O modelo radial (*hub-and-spoke*).**

Eu digo o seguinte com frequência: "Se a sua empresa fatura menos de US$50 milhões, você provavelmente não precisará mais do que o WordPress para seu CMS". O WordPress é usado pela CNN, os Rolling Stones e a Best Buy Mobile.

Ao escolher que plataforma CMS usar, procure selecionar uma que possa ser facilmente editada e mantida, que inclua ferramentas simples de publicação e que possa ser modificada para uma grande experiência do usuário (caso você não possa entrar e modificar o conteúdo de seu *site* ou *blog* agora, então está com problemas). Além do WordPress, existem literalmente centenas de outras possibilidades de CMS para você escolher (consulte o endereço http://en.wikipedia.org/wiki/List_of_content_management_systems).

PLATAFORMAS EM AÇÃO

BeingGirl.com, produzido pela Procter & Gamble (P&G), tem como alvo meninas adolescentes que têm dúvidas sobre seus corpos e as mudanças que acontecem durante a puberdade e a adolescência (ver Figura 19.2). Em um estudo independente realizado pela Forrester, o BeingGirl.com foi considerado quatro vezes mais eficaz do que qualquer programa de publicidade tradicional patrocinado pela P&G para o público-alvo.

Fonte: beinggirl.com

Figura 19.2 BeingGirl.com da Procter & Gamble.

A P&G consegue usar o BeingGirl.com como o núcleo ou centro de convergência (*hub*) para a maioria de suas atualizações no Facebook e histórias no Twitter, gerando o cuidado ou atenção em plataformas externas de direcionar o tráfego para BeingGirl.com.

A revista *Bettery* é a plataforma de conteúdo da Smart, onde os leitores são atualizados sobre os últimos acontecimentos na vida urbana (ver Figura 19.3). Aqui está parte da declaração de missão do marketing de conteúdo da *Bettery*:

> "A revista *Bettery* reúne dois pioneiros de diferentes disciplinas para discutir os problemas, soluções e oportunidades em espaços urbanos. *Mudança de Visão* coloca lado a lado dois fotógrafos – um local e um visitante – para compartilhar seus retratos de cidades do mundo. Em *Entrevistas*, os editores da revista *Bettery* retratam as pessoas por trás de projetos e conceitos empolgantes. *Eventos* promove fóruns para intercâmbio criativo, eventos e exposições que fomentam um diálogo concreto entre diferentes comunidades. *Notícias* fornece dicas e opiniões sobre a alma urbana: *design*, arquitetura, comida, música, arte de rua, esportes e filmes."

Fonte:betterymagazine.com

Figura 19.3 **Revista *Bettery* da Smart,**

A empresa de *software* de dados Monetate desenvolveu uma seção de recursos que é a melhor do setor (ver Figura 19.4). A Monetate contratou um ex-editor de mídia tradicional, Rob Yoegel, como diretor de marketing de conteúdo. Rob desenvolveu uma série de *e-books* e relatórios de pesquisa úteis, e supervisiona dois *blogs* como parte da plataforma Monetate.

Não existe nenhuma forma certa de posicionar a sua plataforma. Você pode escolher seguir o caminho da P&G com o BeingGirl.com ou a Smart com a revista *Bettery* e ter uma pequena presença de sua marca no *site*. Ou você pode olhar para o que a Monetate está fazendo, onde sua plataforma é claramente uma parte de seu *site* principal e inclui uma grande marca na parte superior da navegação. Os dois tipos de posicionamento podem servir e na medida em que avançar em sua estratégia de conteúdo, você começará a ver qual plataforma funciona melhor.

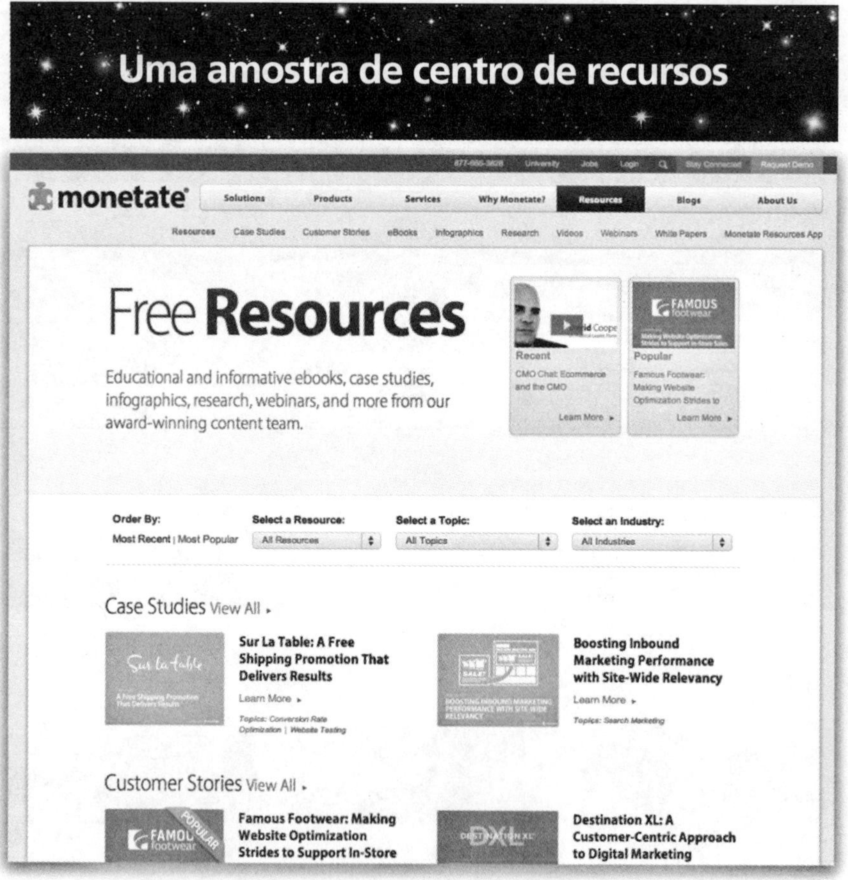

Fonte: monetate.com

Figura 19.4 A plataforma de conteúdo Monetate reside no *site* Monetate.com.

PENSAMENTOS ÉPICOS

- Construa plataformas no Facebook, LinkedIn, Twitter e outros lugares onde os seus clientes costumam estar. Mas o foco deve se voltar primeiro para a plataforma de conteúdo que você possui. Não construa em terra arrendada.
- A sua plataforma pode ser separada do *site* de sua empresa ou integrada. Não existe uma forma certa; portanto, reflita um pouco sobre isso e escolha o caminho que faça mais sentido para seus clientes.

RECURSOS ÉPICOS

- Michael Hyatt, *Why You Need a Platform to Succeed,* MichaelHyatt .com, 2013, http://michaelhyatt.com/platform.
- Sonia Simone, *The 10-Step Content Marketing Checklist,* Copyblogger, consultado em 9 de julho de 2013, http://www.copy*blog*ger.com/content-*marketing*-checklist/.
- Lee Odden, *Social Media & SEO at Search Congress Barcelona, TopRank,* consultado em 9 de julho de 2013, http://www.toprank*blog*.com/2011/03/social-media-seo-search-congress-barcelona/.
- WordPress, http://wordpress.org/.
- Lee Odden, *Optimize,* Wiley, 2012.
- BeingGirl.com, consultado em 3 de abril de 2013, http://www.beinggirl.com/.
- Revista *Bettery,* consultado em 3 de abril de 2013, http://betterymagazine.com/.
- Monetate, consultado em 3 de abril de 2013, http://Monetate.com.

CAPÍTULO 20

O Plano de Canal de Conteúdo em Ação

"É impossível para um homem aprender aquilo que ele acha que já sabe."

EPITETO

Agora que o marketing de conteúdo já foi explicado, a estratégia e o nicho de conteúdo delineados, e os detalhes do processo e do gerenciamento do conteúdo elaborados, é chegada a hora de examinar a distribuição de conteúdo.

Na verdade, muitas organizações começam com os canais (por exemplo, Twitter e Facebook) em vez de primeiro se concentrar naquilo que vai ser enviado para esses canais. Caso comece pelos canais, são poucas as possibilidades de que você seja capaz de medir o verdadeiro impacto sem primeiro desenvolver a estratégia de conteúdo.

Tenho visto muitos planos de canais e quase todos são confusos. Para esta parte do livro, quero ter certeza de que você tenha uma ideia visual sobre como desenvolver e executar um plano de marketing de conteúdo. Todos os ingredientes estão diante de você: seus objetivos, seu nicho, seu público, tipos de conteúdo e os recursos ou ativos que você possui. Agora é preciso misturar tudo para oferecer algo que valha o tempo de seus clientes.

Volto a insistir que dependendo de quantas personas e estratégias de conteúdo você realmente tiver, será preciso mais de um desses, mas vamos começar com um.

Para colocar um plano de conteúdo em ação, você precisa reunir os seguintes componentes:

- O canal.
- A *persona*.
- O objetivo do conteúdo.
- Principal tipo de conteúdo.
- Estrutura.
- Tom.
- Integração de canais.
- Ação desejada.
- Plano editorial.

O CANAL

Este não é o tipo de conteúdo, mas o canal central sobre o qual você está se concentrando para uma iniciativa de conteúdo. Para este exemplo, vamos utilizar o *blog*.

A *PERSONA*

Qual é o público-alvo do seu desenvolvimento inicial de *persona*? Isto é importante, pois alguns canais são bons para segmentar determinadas *personas* e outros não. Por exemplo, no CMI, a distribuição de revista é o canal que escolhemos para chegar aos executivos de marketing. O nosso *blog* é o canal que usamos para chegar aos profissionais de marketing, ou seja, Susan e Bem, se você consultar nossas personas (ver Capítulo 10).

O OBJETIVO DO CONTEÚDO

Este é o ponto em que você precisa ser claro sobre quais são seus objetivos para o projeto de conteúdo. Por exemplo, após uma de minhas palestras conversei com uma profissional de marketing de nível sênior de uma grande cadeia de postos de gasolina. Ela disse que a empresa tinha milhares de "fãs" no Facebook e queria saber como poderia utilizar conteúdo para conseguir mais fãs. Eu simplesmente perguntei a ela: "Qual é a finalidade de você estar no Facebook?". Ela não tinha uma resposta.

Para cada canal que você utiliza, seja **específico sobre o seu propósito.** Para o CMI, embora realizemos muitos objetivos através de nosso *blog*, tais como consciência de marca e retenção de clientes, o nosso principal objetivo é a geração de *leads* e a conquista de clientes.

PRINCIPAL TIPO DE CONTEÚDO

Com um *blog*, o principal tipo de conteúdo pode ser textos com histórias, vídeos, infográficos ou uma combinação desses. No CMI, o nosso principal tipo de conteúdo é o texto com histórias e uma imagem gráfica. Todo mês, nós também integramos *e-books* e vídeos incorporados como parte de nossos textos de histórias.

ESTRUTURA

A estrutura inclui a forma como o tipo de conteúdo é construído. A maioria das empresas utiliza 500 palavras como uma faixa boa e sólida para o tamanho do *post* no *blog*. Vários títulos devem ser usados para atrair a atenção e, se possível, listas numeradas e com marcadores funcionam bem para leitores na *Web*. Além disso, pelo menos uma imagem é usada e *links* para as fontes citadas são espalhados por toda parte. No *blog* do CMI, nossas histórias variam de 750 a 1.500 palavras, pois nossos *posts* se aprofundam em temas sobre como fazer. Temos também um objetivo de estabelecer *links* com pelo menos três outros *posts* do CMI para ajudar na otimização para mecanismos de busca e na navegação dos leitores.

TOM

Qual é o tom de seu canal de conteúdo? É brincalhão? Sério? Sarcástico? No CMI, o tom de nosso conteúdo no canal *blog* é altamente educativo, como um professor, e tentamos usar o máximo possível de exemplos.

INTEGRAÇÃO DE CANAIS

Você tem um plano de integração com outros canais? Caso utilize vídeo, você integra com o YouTube incorporando o vídeo em seu *blog*? Caso esteja promovendo um *e-book*, você aproveita o *Slides*hare como um documento incorporado?

Para promoções adicionais, como você usa o Facebook, Twitter e outros canais? No *blog* do CMI, nós aproveitamos uma série de canais adicionais, incluindo:

- O conteúdo do *blog* é enviado por *e-mail* aos assinantes todas as manhãs às 10 h.
- Tuitamos (usando palavras diferentes) o *post* em três momentos diferentes durante o dia e, em seguida, configuramos o nosso cronograma de tuites através do TweetDeck (uma ferramenta de gerenciamento

do Twitter) para promover o *post* pelo menos três outras vezes ao longo da semana.

- O *post* é promovido no canal Facebook do CMI, mas o foco é geralmente em algo relacionado com a imagem, não o texto.
- Promovemos o *post* em nossa página LinkedIn, assim como em nosso grupo LinkedIn.
- Se necessário, o *post* também é promovido em nosso canal Google+.

AÇÃO DESEJADA

Em todos os canais que você tem trabalhado – e na medida em que o seu marketing de conteúdo inevitavelmente se sobrepõe em seus canais – as medições são o que você precisa acompanhar neste momento. Eu uso a palavra **medição** aqui de maneira muito específica, ao contrário de **indicadores-chave de desempenho** (KPIs) ou **resultados** (ver Capítulo 24).

Neste caso, as **medições** são "objetivos" que se alinham com as histórias que você está contando. No CMI, temos objetivos muito específicos a respeito de quantidade de assinaturas (atualmente, nosso objetivo é de 2.000 assinantes líquidos por mês).

PLANO EDITORIAL

Você se lembra da declaração de missão do marketing de conteúdo lá do Capítulo 13? Precisamos ter isso em mente quando desenvolvemos histórias atraentes nos vários tipos de conteúdo (ver Capítulo 6). Aproveite o seu calendário editorial para ter certeza de que o processo de criação de histórias utilizado por você esteja sendo entregue de forma consistente à sua persona do público.

Portanto, aí está: o plano de canal de conteúdo em ação (ver Figura 20.1). Mantenha em mente que você pode criar vários canais. Você pode ter mais de um *blog* ou várias páginas no Facebook – e você não precisa lançá-los ao mesmo tempo. Por exemplo, você pode achar que dois tipos diferentes de *blogs* são mais adequados do que apenas um. Ou você pode achar que quer acrescentar mais tarde uma conta no Twitter especificamente para um "capítulo" posterior de sua história de marketing de conteúdo (como a Dell ou a Delta Assist fazem para fins de atendimento ao cliente). Não há uma maneira certa de fazer as coisas; portanto, experimente, obtenha *feedback* e continue a evoluir em seu plano de canal.

A estratégia de conteúdo define a estratégia de canais, e não o contrário.

Shelly R. (***PERSONA***)
Aumento da taxa de retenção **(OBJETIVO)**
Economizar tempo de análise de engenharia 3D **(MISSÃO DO CONTEÚDO)**

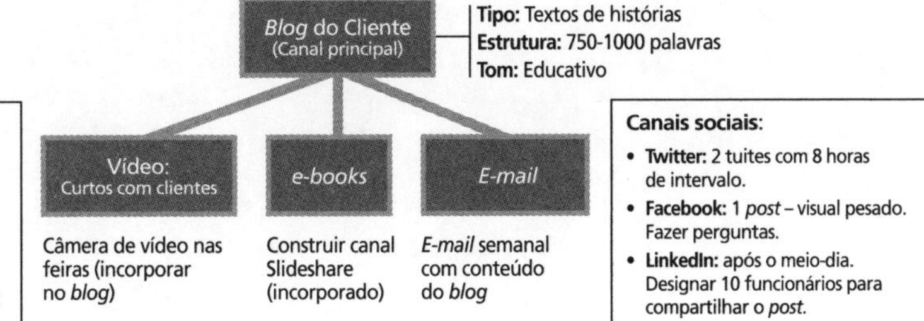

Equipe:

- **Líder de equipe**: Carlos
- **RP**: Mary
- ***E-mail***: Trudy
- **Vendas**: Barry
- ***Marketing* de produto**: Paul
- **Comunicações corporativas**: Robert

Medições:

- Estudo de 12 meses – pré/pós, 5% de aumento no índice de satisfação
- Aumento em 25% do *Opt-in* do cliente para o boletim informativo eletrônico
- Menor rotatividade de clientes em 25%

PENSAMENTOS ÉPICOS

- Não cometa o erro da maioria das organizações que começam primeiro com o canal. Depois de passar pelas etapas apropriadas para a sua estratégia de marketing de conteúdo, você começará a ver quais os canais que fazem mais sentido.
- Canais diferentes requerem tipos diferentes de narrativa. Fique longe do **"espalhe e reze"** e desenvolva uma abordagem inteligente e diferenciada para cada canal de conteúdo.

PARTE IV

Divulgação de Suas Histórias

CAPÍTULO 21

Mídia Social para Marketing de Conteúdo

"Se tudo parece sob controle, então você não está indo rápido o suficiente."

MARIO ANDRETTI, ASTRO DO AUTOMOBILISMO

A promoção nas mídias sociais é fundamental para o sucesso do marketing de conteúdo hoje em dia. Nenhuma estratégia de marketing de conteúdo estará completa sem uma forte estratégia de mídia social. Como diz Jay Baer, a mídia social é o combustível para incendiar o seu conteúdo.

De acordo com um relatório de 2013 do CMI e MarketingProfs, os profissionais de marketing B2B utilizam uma média de cinco canais de mídia social para a distribuição de conteúdo, enquanto os profissionais de marketing B2C usam quatro. Seja apenas começando com a mídia social ou buscando ajustar o seu plano, este capítulo é para você.

Ao longo deste capítulo nós examinaremos:

- Redes sociais como Facebook, Twitter, Google+ e LinkedIn.
- Canais de vídeo como YouTube e Vimeo.
- *Sites* de compartilhamento de fotos como o Instagram e Flickr.
- Comunidades *on-line* como Pinterest, Foursquare e Quora.
- *Sites* de compartilhamento de conteúdo de nicho como Tumblr, StumbleUpon e SlideShare*.

* Um grande agradecimento ao editor de notícias do CMI, Mark Sherbin, por ajudar na elaboração desta seção.

FACEBOOK

Com bem mais de um bilhão de usuários, é muito provável que os seus clientes estejam se encontrando por ali. Aqui estão algumas dicas para melhorar sua presença e apresentação de conteúdo no Facebook.

Você precisa mais do que apenas um assunto interessante. Mesmo que a sua categoria de produto seja interessante por natureza, a execução é muito importante. Passe um tempo postando fotos bem editadas e cópias bem escritas. Volume certamente não é tudo no Facebook; uma qualidade consistente é muito mais importante.

É bom ser breve, mas é muito melhor ser bom. Mensagens curtas destacam-se no Facebook, mas mensagens longas funcionam se forem convincentes. Transmita a sua mensagem de forma sucinta, a menos que as palavras extras sejam absolutamente necessárias.

Use a segmentação de forma mais inteligente. O Page Post Targeting (PPT) é o serviço mais recente do Facebook que permite escolher a dedo o seu público, favorecendo a entrega de uma mensagem clara para um grupo menor. Por exemplo, você pode direcionar sua mensagem para atingir as mulheres na faixa etária entre 25 e 35 anos, que tenham gostado de sua página (para mais informações sobre como utilizar o PPT, vá para o *site* do CMI: http://bitly.com/epic-ppt).

Esteja atento ao Graph Search. Formalmente lançado em julho de 2013, o Graph Search permite que os usuários do Facebook analisem os seus relacionamentos atuais para encontrar respostas a perguntas que se alinham de perto com sua rede. Por exemplo, no Graph Search você poderia procurar por "amigos que vivem em minha cidade natal", "fotos de meus amigos em Cleveland", "restaurantes que meus amigos em Nova York gostam" ou "música que meus amigos gostam". Trata-se da ideia do Facebook para destronar o Google.

A colaboradora do CMI, Amanda Peters, publicou seis considerações importantes ao preparar uma empresa para o Graph Search:

1. **Publicar, e publicar com frequência.** Os calendários editoriais da marca devem incluir uma variedade de formatos, incluindo fotos e vídeos, para envolver todos os públicos. Observe que as fotos e vídeos devem ser postados diretamente na plataforma Facebook, em vez de *links* para outros *sites*, como o YouTube.
2. **Incluir *tags* e descrições ricas em palavras-chave**. Estas devem refletir os comportamentos linguísticos de seu público para aumentar a probabilidade de aparecer nos resultados Graph Search de um usuário.

3. **Incluir o local** onde as fotos e os vídeos foram feitos para indexação dos resultados em uma determinada cidade.
4. **Criar ou atualizar páginas do Facebook que fazem referência à sua localização.** Faça isso se o *post* de sua marca tiver uma localização física associada a ele; inclua também o seu endereço e informações de contato.
5. **Pensar em concursos ou promoções.** Incentive os usuários a enviarem fotos e vídeos, e coloque o *tag* de sua marca nas colaborações enviadas, aumentando ainda mais as possíveis conexões entre a sua marca e o público do Facebook.
6. **Procurara fazer com que a seção "Sobre" da página do Facebook de sua marca seja otimizada.** Inclua nomes, categorias e descrições relevantes.

Em resumo, crie conteúdo que seja útil, utilizável, visível, desejável e envolvente – os pilares da construção de uma marca socialmente conectada.

QUEM USA BEM O FACEBOOK?

A marca PurinaOne de produtos para animais de estimação apresenta um marketing no Facebook que utiliza uma narrativa fenomenal para se destacar (ver Figura 22.1). Eis algumas razões para o sucesso da PurinaOne em aproveitar o Facebook:

- *Posts* mais longos, complementados com uma imagem, contam histórias atraentes.
- Os *posts* são bem escritos e inspiram centenas de comentários dos fãs.
- Cada conteúdo é altamente relevante para o público da marca.

TWITTER

O Twitter tornou-se a ferramenta oficial de radiodifusão da *Web*. Como você faz a sua história destacar-se no Twitter? Aqui estão algumas dicas que podem ser seguidas:

Conte uma história através de seus tuites. Apresente uma voz consistente para contar a história de seu setor de atividade e de sua marca. Cada *post* deve ser atraente em si mesmo, mas não se esqueça de levar em consideração uma voz consistente.

Faça uso de *hashtags*. Incluir de um a três *hashtags* relevantes em seu tuite torna mais simples para as pessoas encontrarem o seu conteúdo (por exemplo, no CMI nós utilizamos #cmworld para o nosso evento anual). Criar uma *hashtag* original e ligá-la a uma campanha específica representa um uso ainda melhor da tática.

Utilize-o como campo de testes. Tuite o seu conteúdo original e controle quais conteúdos são mais compartilhados. Use essas informações para direcionar seus futuros esforços de conteúdo.

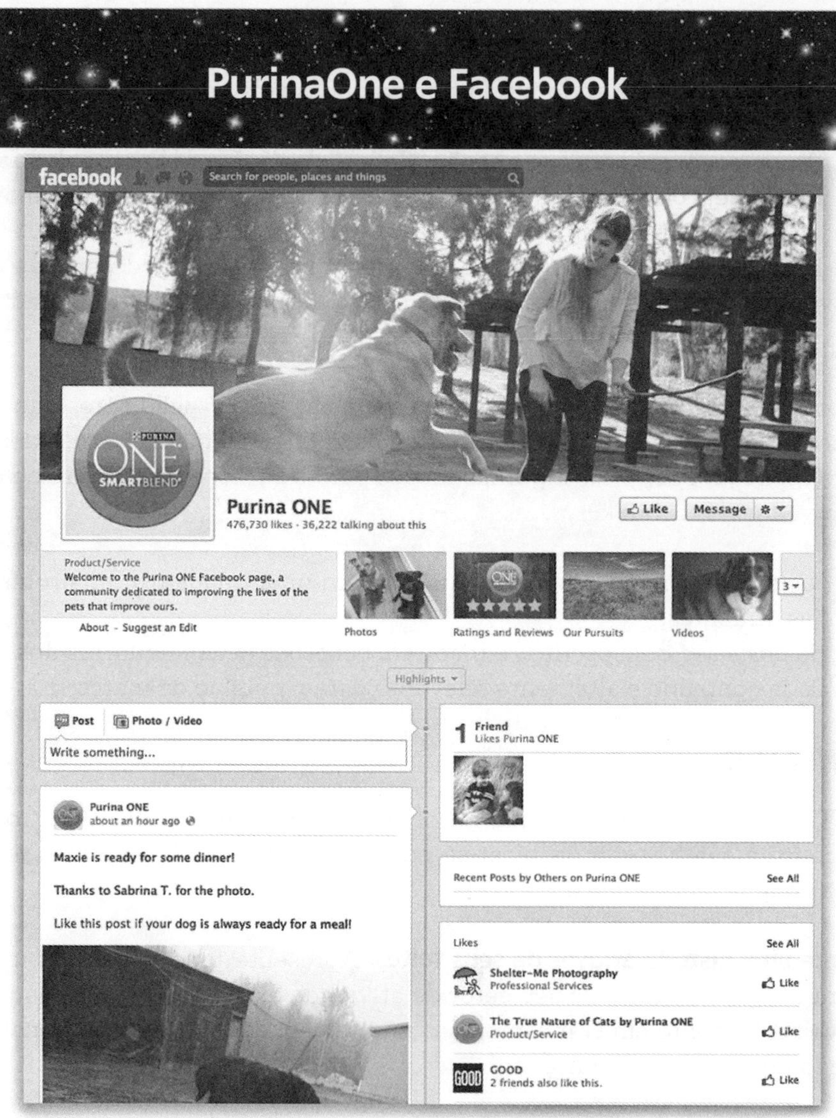

Fonte: facebook.com

Figura 21.1 **A estratégia da PurinaOne no Facebook se destaca.**

Cobertura de eventos do setor. Tuite ao vivo a cobertura de eventos que são importantes para o seu público, fornecendo uma visão em tempo real. Desta maneira, sua marca pode atuar como os olhos e ouvidos para os indivíduos que não podem ir aos eventos.

QUEM USA BEM O TWITTER?

Com mais de 300.000 seguidores, a cadeia de lanchonetes Taco Bell encontrou um grande nicho para a sua marca em todo o país (ver Figura 21.2). Por que isso funciona tão bem para a Taco Bell?

- Mesmo seguidores com pequena influência recebem retuites e respostas. A voz da marca não é pretenciosa e, às vezes, é hilária.
- Eventos e promoções obtêm grande visibilidade.
- *Hashtags*, especialmente os assuntos do momento, asseguram que mesmo aqueles que não são seguidores possam encontrar tuites da marca.

Fonte: twitter.com

Figura 21.2 **Página da Taco Bell no Twitter.**

YOUTUBE E VIMEO

Embora você possa armazenar os seus vídeos utilizando plataformas úteis como o Brightcove, o YouTube e o Vimeo devem ser considerados na distribuição de seus vídeos para o público de mídias sociais. Aqui estão algumas dicas eficazes:

Permita a incorporação de vídeos. Garanta a incorporação, permitindo que outros usuários *post*em os seus vídeos nos *sites* deles.

Misture vídeos profissionais e caseiros. O fato de nem sempre ter um profissional de vídeo à sua disposição, não significa que você não possa fazer grandes vídeos. Mostre vídeos profissionais ao lado de vídeos caseiros para ajudar a humanizar a sua marca.

Mostre, não conte em palavras. Demonstrar os seus produtos em ação é uma forma muito mais eficaz de criar vídeos atraentes do que falar sobre o que você faz.

Seja breve. O tempo de atenção de seu público pode ser medido em segundos, mesmo para conteúdo de vídeo. Mantenha o seu conteúdo curto – menos de um minuto de duração, se possível – para entregar uma mensagem sucinta.

Pense em compilações, não filmagens longas. Se você efetivamente criar um vídeo longo, dê pequenos trechos de conteúdo ao seu público, que se juntem em uma narrativa coerente. Desenvolver um vídeo numa única filmagem (como alguém apresentando por cinco minutos) pode facilmente cansar o seu público.

QUEM USA BEM O YOUTUBE E O VIMEO?

Uma grande marca de seguros, a *Allstate*, mantém um canal totalmente da marca no YouTube, aproveitando as várias campanhas em vídeo da marca. Eis como funciona para a Allstate:

- Vídeos rápidos que mostram, em vez de apenas contar, contribuíram para mais de 26 milhões de visualizações.
- Os vídeos vão desde comerciais filmados de forma profissional a compilações caseiras*.

---

* Estes vídeos podem ser encontrados no *site* do YouTube em http://bitly.com/epic-allstatevids e http://bitly.com/epic-allstate-riggins, respectivamente.

LINKEDIN

O LinkedIn é agora muito mais do que um depósito para nossos contatos profissionais... é uma plataforma plenamente desenvolvida de publicação. Aqui estão algumas dicas para fazê-lo funcionar para você:

Enfeite a página da empresa. As páginas da empresa oferecem uma plataforma para compartilhar diversos tipos de conteúdo, ainda que muitas marcas estejam particularmente ausentes da rede profissional. Coloque a sua página, atualize a foto da capa, acrescente informações jornalísticas e comece a compartilhar*.

Incentive os membros da equipe a permanecerem conectados. As pessoas que trabalham em sua organização (especialmente os executivos) podem conectar os seus perfis pessoais com a marca da empresa, criando uma nova fonte de conteúdo que seu público pode seguir. Empresas como a Kelly Services dão aos funcionários uma conta especial no LinkedIn e lhes envia conteúdo em uma base regular para compartilhar através de suas redes. Desde que a Kelly começou a instituir o processo, o tráfego do LinkedIn para a empresa disparou.

Pense em qualidade, não em quantidade. Os usuários do LinkedIn costumam ficar sobrecarregados quando as marcas e os indivíduos compartilham demais. Procure compartilhar apenas o conteúdo de mais alta qualidade que você cria para sua marca.

Participe de grupos. Participar em discussões de grupo no LinkedIn é uma excelente maneira de demonstrar liderança de pensamento e começar conversas que possam levar a novos negócios. Compartilhe o seu conteúdo e interaja com outros membros do grupo para estabelecer uma ligação forte.

Aproveite o conteúdo gerado pelos usuários em recomendações. Trazer um fluxo constante de recomendações dos clientes proporciona uma fonte renovável de conteúdo gerado pelo usuário.

QUEM USA BEM O LINKEDIN?

Uma desenvolvedora de *software* para empresa social, a Salesforce, mantém uma página limpa da empresa no LinkedIn, à qual perto de 10.000 funcionários se conectaram (ver Figura 21.3). O que eles fazem bem:

---

* Algumas dicas sobre a criação da página de sua empresa podem ser encontradas no *site* do CMI: http://bitly.com/epic-litips.

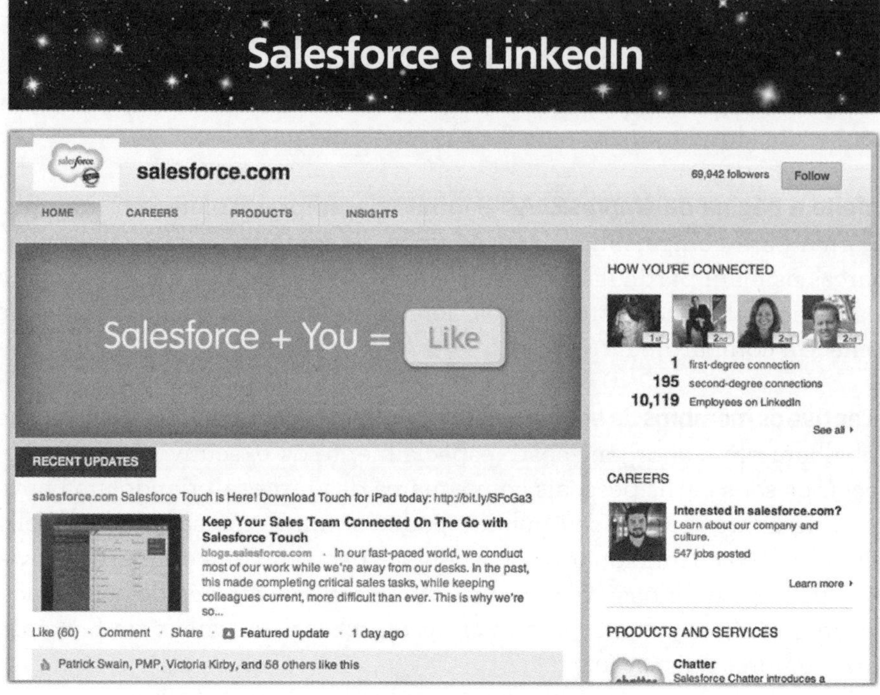

Fonte: linkedin.com

Figura 21.3 **Página corporativa LinkedIn da Salesforce.com.**

- Os administradores da página geralmente *post*am apenas duas a três vezes por dia.
- Os 12 produtos da empresa incluem 914 recomendações.

GOOGLE+

Embora por vezes esquecido na esfera de influência da mídia social, o Google+ (em maio de 2013) tem agora mais de 350 milhões de usuários ativos. O que funciona no Google+? Tente essas dicas:

Oferece uma mistura saudável de conteúdo de mídia. O Google+ lhe dá a capacidade de criar uma experiência de página atraente. Tire proveito disso postando mais do que apenas *links* e texto. Misture em uma variedade de fotos, vídeos e infográficos para ter uma página com aparência saudável.

Símbolos como # e + são seus amigos. Os *hashtags* ajudam que seus *posts* sejam descobertos por meio de busca, enquanto que o uso do recurso +

chama a atenção de indivíduos e marcas. Encontrar maneiras de usar essas ferramentas ajuda o seu público a encontrá-lo.

Compartilhe conteúdo individual de sua equipe. Destaque personalidades trazendo *posts* de membros individuais da equipe para criar uma experiência personalizada e socialmente amistosa.

Dê mais quilometragem para seu conteúdo arquivado. Só porque o conteúdo é velho, não significa que esteja desatualizado. Além de postar conteúdo novo, compartilhe conteúdo antigo e arquivado que possa ser tendência ou relevante para um tema em discussão.

Utilize conteúdo em formato mais longo para comentários. Experimente com *posts* ampliados que pareçam *miniblogs*. Isso pode ser feito quando você estiver compartilhando conteúdo de terceiros que podem se beneficiar de sua rotatividade.

Aproveite o AuthorRank. O AuthorRank é um conceito em que o Google está tentando identificar os autores individuais de um determinado conteúdo *on-line*. Quanto mais o Google considera confiáveis os autores específicos dentro de seu conteúdo, melhor será a classificação deles no Google. Basicamente, o que você precisa fazer é colocar *tags* de todos os seus autores nos conteúdos específicos. Para fazer isso, consulte o artigo Content Verve e saiba de todos os detalhes: http://bitly.com/epic-verve.

QUEM USA BEM O GOOGLE+?

A marca de computadores Dell produz uma mistura sólida de conteúdo, incluindo vídeos, imagens e infográficos com o texto correspondente (ver a Figura 21.4). O que eles fazem bem:

- Atualizações consistentes incluem pelo menos alguns *tags* para melhorar a capacidade de busca.
- Textos em formato longo ajudam a colocar recursos avançados em perspectiva, oferecendo algumas informações e comentários.

PINTEREST

O Pinterest é um *site* extremamente popular de compartilhamento de fotos, onde você pode gerenciar ativamente suas próprias fotos e compartilhar imagens e vídeos de outros. Tem sido extremamente popular no espaço do varejo até agora. Interessado em ver se o Pinterest pode funcionar para você? Aqui estão algumas ideias que podem ajudar:

Decida se a plataforma se encaixa com o seu público antes de entrar. Como uma comunidade motivada pelo interesse, o Pinterest é voltado para mulheres entre 18 e 34 anos de idade, mas está começando a se expandir. Se uma parcela significativa de seu público cair nesta categoria, o Pinterest é uma boa opção.

Fonte: plus.google.com

Figura 21.4 **A Dell aproveita o Google+ com uma estratégia de conteúdo visual.**

É mais do que apenas imagens. Os vídeos são poderosos (e passíveis de colocar no Pinterest). Se você tem um forte repertório de conteúdo de vídeo, use o Pinterest para direcionar o tráfego para o seu *site* ou canal no YouTube.

Mostre aos seus clientes um pouco de amor. Fortaleça os relacionamentos, destaque as histórias de sucesso e direcione mais tráfego criando um mural mostrando as realizações de seus clientes. É uma ótima maneira de ilustrar seu trabalho sem muita fanfarronice.

Compartilhe sua lista de leitura. Compartilhe recomendações de livros que são relevantes para o seu público, para estabelecer um vínculo mais forte.

Aproveitar livros que você realmente leu ajuda a demonstrar o compromisso de sua marca com o aperfeiçoamento constante.

Mostre a personalidade de sua empresa. Em vez de uma imagem do produto isolado ou uma imagem com uma pose do pessoal, mostre o seu produto ou equipe em ação para uma imagem com mais personalidade. Cenas de ação ajudam o seu público a imaginar-se como cliente*.

QUEM USA BEM O PINTEREST?

O mural "Do chão de fábrica" da General Electric (GE) inclui muito conteúdo de bastidores sobre os engenheiros e a tecnologia da empresa (ver Figura 21.5). O que eles fazem bem:

- O mural mistura conteúdo de imagens e vídeos com ótimas chamadas para ação para replicar um conteúdo.
- O conteúdo de alta qualidade aponta para outras mídias sociais da marca, como YouTube, Facebook e Flickr.

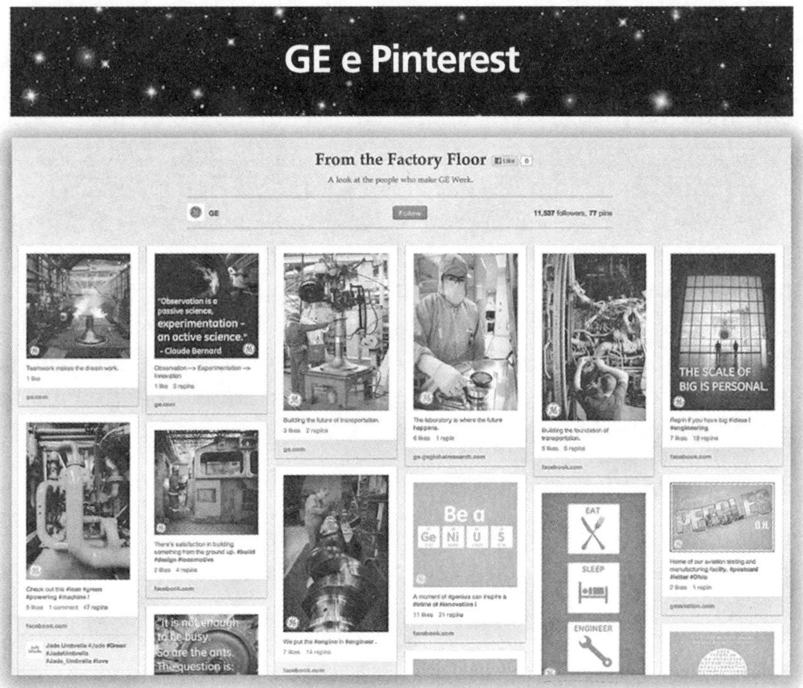

Fonte: pinterest.com

Figura 21.5 Mural Pinterest "Do chão de fábrica" da GE.

* Confira algumas cenas de ação no *site* do CMI: http://bitly.com/epic-pinterest.

FOURSQUARE

O Foursquare é um *site* de mídia social baseado na localização usado principalmente com dispositivos *smartphone*. Você deve aproveitar o Foursquare? Aqui estão algumas dicas:

Incentive seus funcionários a fazerem o *check in* no escritório e nos eventos da empresa. Crie incentivos para os funcionários fazerem o *check in* no trabalho. Faça o mesmo nos eventos patrocinados pela empresa para destacar a sua cultura de trabalho e estabelecer o lado pessoal de sua marca.

Faça uma pesquisa sobre o seu mercado para alimentar o conteúdo. Ficar atento aos lugares onde seu público faz o *check in* é uma ótima maneira de recolher dados sobre o seu mercado-alvo.

Faça *check in* em reuniões com clientes e parceiros. Além de eventos da empresa, incentive os executivos e outros membros da equipe a fazerem o *check in* nas reuniões com clientes e parceiros para mostrar as marcas com as quais você trabalha. Algumas delas podem até retribuir o favor quando visitam o seu escritório.

Crie um emblema (*badge*). Por uma taxa, o Foursquare oferece às marcas a possibilidade de criar seu próprio emblema (*badge*). *Check ins* e realizações – juntamente com os usuários seguindo a sua página da marca – desbloqueiam o seu emblema para os usuários que estão tentando obtê-lo.

Compartilhe dicas que são relevantes para o seu público. Depois de criar uma página da marca, você pode compartilhar dicas com o seu público que está lá fora explorando. Quando os usuários seguem você no Foursquare, eles têm a oportunidade de ver essas dicas, criando uma atraente conexão de marketing de conteúdo.

QUEM USA BEM O FOURSQUARE?

Com quase 65.000 seguidores, a New York Public Library é uma organização muito ativa no Foursquare, compartilhando dicas, promoções e muito mais. O que eles fazem bem:

- A biblioteca compartilha dicas, conteúdo de bastidores e promoções especiais para eventos.
- Desbloqueado por mais de 12.000 pessoas, o emblema Centennial é acessível aos seguidores da biblioteca.

INSTAGRAM E FLICKR

O Instagram, recentemente adquirido pelo Facebook, é agora o principal *site* de compartilhamento de imagens na *Web*. O Flickr, de propriedade do Yahoo!, hospeda mais de seis bilhões de imagens. O compartilhamento de imagem faz parte de sua estratégia de marketing de conteúdo? Se assim for, aqui estão algumas ideias:

Postar imagens que acompanham o seu conteúdo com um *link* para ele. Acoplar imagens ao conteúdo do *blog* ou outro *site* acrescenta uma chamada para ação ao seu estímulo visual. Desta maneira, os *sites* de compartilhamento de imagens se tornam bons direcionadores de volta para o seu conteúdo.

Compartilhe conteúdo único pessoal e de bastidores. Adquira um caráter pessoal com o seu público; dê aos seguidores uma visão privilegiada do funcionamento interno de sua organização. A sensação de participar dos "bastidores" vem com um fator de exclusividade.

Associe promoções às imagens. Acrescente promoções ao conteúdo visual para ajudar com o envolvimento e conversões e criar uma chamada para ação que leve os seguidores para mais conteúdo.

Transforme os seguidores em fontes de conteúdo. Peça aos seus seguidores que enviem imagens que representem a sua marca, e recompense os melhores colaboradores com o reconhecimento. Ofereça-lhes um sentimento de propriedade para fortalecer o relacionamento.

Ofereça conteúdo periférico de alta qualidade. Mesmo que um assunto não esteja diretamente relacionado com o seu produto, serviço ou marca, se o seu público acha interessante, vale a pena compartilhar. Como o Instagram e o Flickr giram em torno de imagens, eles podem abrir um mundo de possibilidades visuais. Além disso, o Instagram recentemente acrescentou a capacidade de distribuir vídeos curtos, de modo que o teste disso também pode funcionar para a sua marca.

QUEM USA BEM O INSTAGRAM E O FLICKR?

Com cerca de 450.000 seguidores, a Red Bull tira proveito de seus patrocínios de esportes radicais para manter os seguidores envolvidos (ver Figura 21.6). O que eles fazem bem:

- A Red Bull *posta* imagens visualmente estimulantes de profissionais de *skate*, *snowboard* e outros atletas, reforçando a sua marca mostrando casualmente a lata de Red Bull.

- *Hashtags* como #tedaasas são frequentemente acoplados a imagens para uma melhor visibilidade e oportunidades de virar assunto do momento.

Fonte: *instagram.com*

Figura 21.6 **Página inicial no Instagram da Red Bull.**

STUMBLEUPON

O StumbleUpon é um dos primeiros dispositivos de descoberta de *sites* na *Web*. Os usuários podem configurar as preferências e, em seguida, ver os conteúdos de seu interesse. Aqui está o que funciona:

Somente assine se você tiver tempo para permanecer ativo. Permanecer ativo no StumbleUpon é a forma de ganhar uma maior reputação para os seus *links*. Para obter tráfego orgânico, assine, *stumble* e classifique com frequência.

Use o serviço de "descoberta paga". O programa de descoberta paga do StumbleUpon começa em 10 centavos por clique, colocando o seu conteúdo diante de um público-alvo a um baixo custo. Para uma versão mais profissional disso, tente Outbrain, Taboola, Disqus, nRelate, ou OneSpot.

Adicione um botão StumbleUpon a cada conteúdo que você cria. Coloque um botão "Stumble" em seu conteúdo. O compartilhamento feito por usuários ativos pode se traduzir em novo tráfego para o seu conteúdo.

Facilite também o compartilhamento de conteúdo mais antigo. Quando você acrescenta novos canais sociais é mais fácil pensar neles como parte de uma nova fase do marketing de conteúdo. Mas lembre-se, o conteúdo em seus arquivos também pode se beneficiar do botão de compartilhamento.

Encontre inspiração para o seu próprio conteúdo. A utilização do StumbleUpon muitas vezes traz conteúdo mais relevante à sua porta, revelando-lhe novos *sites*, canais e marcas. Assim, você pode encontrar uma nova inspiração para o seu próprio conteúdo em cada esquina.

QUEM USA BEM O STUMBLEUPON?

O desenvolvedor de *software* de gestão financeira, Mint.com (pertencente à Intuit), assinou o programa de descoberta paga com grandes resultados. O que eles fazem bem:

- A Mint.com usou segmentação baseada em gênero e temas, como planejamento financeiro e autoaperfeiçoamento.
- A campanha de descoberta paga da empresa gerou um aumento de 20% no tráfego do *site*, registrando 180.000 visitas mensais através do StumbleUpon.

TUMBLR

O Tumblr, recentemente adquirido pelo Yahoo!, é uma plataforma de *microblog* que permite o uso eficiente de multimídia e imagens. Em julho de 2013 o Tumblr hospedava 125 milhões de *blogs*. Aqui estão algumas dicas para fazer o Tumblr funcionar para você:

Use suas *tags*. Utilize *tags* no conteúdo para ajudar os mecanismos de busca. Inclua *tags* descritivas em cada conteúdo para dar uma visibilidade muito mais forte à sua página.

Publique fragmentos do conteúdo. Pegue uma frase interessante em um *post* popular em seu *blog*, inclua o *link* e *tags*, e compartilhe a visualização. Outros fragmentos (como, por exemplo, imagens) funcionam bem para oferecer uma amostra de seu conteúdo antes do visitante decidir entrar.

***Reblog*, faça comentários e aperte o botão "*like*" com frequência.** Use esses recursos para compartilhar conteúdo de outros usuários do Tumblr. Desta forma, você reduz um pouco da carga de criação de conteúdo e ainda obtém a atenção dos formadores de opinião. Você também pode criar relacionamentos que resultem em mais pessoas compartilhando o seu conteúdo original.

Ponha *links* de volta para sua página. Anexe um *link* para o seu Tumblr em cada conteúdo *post*ado. Se o conteúdo se tornar viral, os usuários podem facilmente rastreá-lo de volta para sua página. Sem o *link*, o seu conteúdo pode se perder, dando-lhe muito pouca possibilidade de rastrear o compartilhamento.

Mantenha o foco de seu conteúdo. Certifique-se de que o seu conteúdo se ajuste a um nicho bem definido para ajudá-lo a dominar os resultados de busca e a se concentrar nas principais formas de seu público encontrar você.

QUEM USA BEM O TUMBLR?

A página no Tumblr "Um planeta mais inteligente" da IBM (ver Figura 21.7) é uma contribuição bem concebida da marca sobre como as organizações estão estimulando a inovação. O que eles fazem bem:

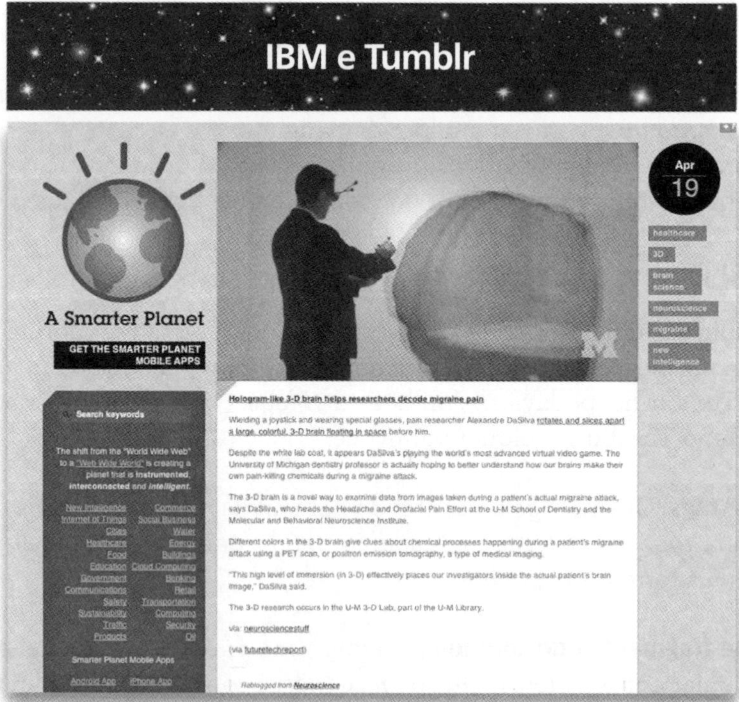

Fonte: tumblr.com

Figura 21.7 Página "Um planeta mais inteligente" no Tumblr da IBM.

- Os administradores do Tumblr da IBM fazem bastante *reblog*, estabelecendo relacionamentos e reduzindo a carga de criação de conteúdo com abordagem de curadoria.
- Cada *post* inclui um punhado de *tags* para obter mais visibilidade na busca, atraindo mais visitantes e notas.

SLIDESHARE

Em termos práticos, o SlideShare, uma divisão do LinkedIn, é o "YouTube para as apresentações em PowerPoint". O SlideShare agora possui mais de 50 milhões de usuários únicos. Aqui estão algumas dicas para fazê-lo funcionar para você:

Compartilhe seus *e-books*. O SlideShare oferece uma visualização mais simples do que um PDF no Adobe Reader, não requer um *download*, é fácil de rastrear e medir, e oferece uma melhor presença em busca orgânica, independente de seus *site*.

Recicle o conteúdo antigo. Encontre apresentações antigas em PowerPoint e comece enviando-as. Apresentações de vendas, divulgação da marca, marketing e conferências, são todas passíveis de upload. Apenas certifique-se de atualizar eventuais conteúdos desatualizados.

Incorpore os seus *slides* em outros *sites*. Da mesma forma que o YouTube, o SlideShare lhe permite fazer o *upload* de uma coleção de *slides* em qualquer *site*. Esta pode ser uma ótima maneira de melhorar um *post* ou oferecer uma prévia de uma próxima apresentação de um executivo em uma conferência.

Passe um tempo pensando nos títulos de seus *slides*. A primeira coisa que os usuários veem é o título do *slide*. Tome um grande cuidado na criação de títulos relevantes e atraentes para evitar que os visitantes pulem para outro *site*.

Crie apresentações longas, baseadas em dados. Conteúdos mais longos tendem a apresentar um melhor desempenho no SlideShare. Este canal é direcionado para um grupo seleto de profissionais; portanto, mantenha o seu conteúdo no radar deles conduzindo suas apresentações com dados (bônus: consulte *The Marketer's Guide to SlideShare* de Todd Wheatland para conferir as melhores instruções sobre como aproveitar esta plataforma).

QUEM USA BEM O SLIDESHARE?

O desenvolvedor de *software* de serviço de apoio ao sistema, Help Scout, tem uma presença ativa no SlideShare, utilizando *e-books* para direcionar tráfego de volta ao seu *site* (ver Figura 21.8). O que eles fazem bem:

Fonte: SlideShare.net

Figura 21.8 **Uma amostra de apresentação SlideShare da Help Scout.**

- As apresentações incluem páginas de título elegante com *design* fantástico por toda a parte.
- Os *slides* são numerosos e incluem muitos dados para aguçar o apetite dos leitores detalhistas.

QUORA

O Quora é um *site* de perguntas e respostas em uma comunidade colaborativa (Figura 21.9). Pense nisso como um fórum aberto para o mundo, onde especialistas de diversas áreas podem "mostrar seu conhecimento". Aqui estão algumas dicas para fazer o Quora funcionar para você:

Crie um perfil abrangente. Um perfil abrangente reforça a credibilidade de suas perguntas e respostas. Também é uma ferramenta que ajuda a apontar os visitantes na direção certa quando visitam o seu perfil para obter mais informações sobre você e sua marca.

Siga temas e encontre formadores de opinião. Siga os temas que fazem mais sentido para sua marca e seu público. Identifique os principais formadores de opinião visualizando quem apresentou o maior número de respostas.

Faça e responda perguntas. Esta é a forma como você cria conteúdo de formato curto que pode acabar apontando de volta para o seu *site*. É também uma ótima maneira de encontrar inspiração para novos *posts*, *e-books*, vídeos e outros tópicos de conteúdo.

Mostre seu apreço. Clique nos botões “vote” e “obrigado” na parte inferior do *post*. Você ficará engajado, fará alguns amigos e ajudará a tornar o seu conteúdo mais valioso pela identificação de res*post*as de alta qualidade.

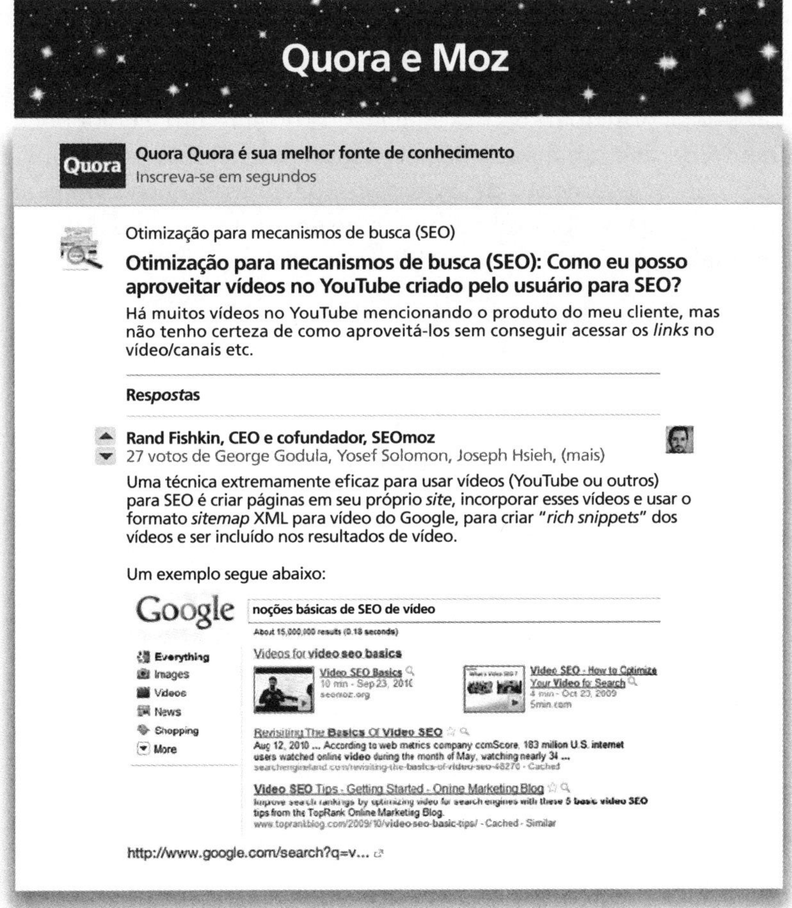

Fonte: quora.com

Figura 21.9 **O CEO da Moz, Rand Fishkin aproveita o mural de perguntas e respostas do Quora para responder as perguntas da comunidade.**

Desenvolva um mural para mostrar as perguntas e respostas que seu público pode achar útil. Publique conteúdo em um quadro de suas perguntas e respostas favoritas. Você pode até mesmo convidar outros usuários para acrescentar conteúdo em seu mural, reforçando os relacionamentos por meio de colaboração no conteúdo.

QUEM USA BEM O SLIDESHARE?

O fundador da Moz, Rand Fishkin, é um membro extremamente ativo do Quora, que atrai a atenção para o seu negócio através do *site*. O que ele faz bem:

- Rand mantém um perfil completo que destaca suas realizações.
- Rand segue tópicos, responde às perguntas e vota nas respostas que ele gosta, construindo relacionamentos e mantendo renovadas as suas contribuições.

Estes são os principais canais sociais que eu acredito valer a pena, neste momento, dedicar uma parte de seu tempo para, pelo menos, considerar algum tipo de investimento de recursos. Concentre-se nos canais sociais em que você tenha maior probabilidade de encontrar o seu público, e lembre-se: **a qualidade antes da quantidade, a qualquer custo**.

PENSAMENTOS ÉPICOS

- Você tem muitos canais sociais para escolher. Sim, crie uma identidade em cada um, mas decida em quais deles você deve aplicar recursos. A consistência é importante; portanto, concentre-se no que você pode realmente fazer nessas plataformas.

RECURSOS ÉPICOS

- Joe Pulizzi, *2013 B2B Content Marketing Research: Benchmarks, Budgets, and Trends*, ContentMarketingInstitute.com, 24 de outubro de 2012, http://contentmarketinginstitute.com/2012/10/2013-b2b-content-marketing-research/.
- Joe Pulizzi, *2013 B2C Content Marketing Research: Benchmarks, Budgets, and Trends*, ContentMarketingInstitute.com, 14 de novembro de 2012, http://contentmarketinginstitute.com/2012/11/2013-b2c-consumer-content-marketing/.

- Página da Purina ONE no Facebook, consultado em 24 de março de 2013, http://www.facebook.com/PurinaOne.
- Conta daTaco Bell no Twitter, consultado em 24 de março de 2013, https://twitter.com/TacoBell.
- Campanha da Mayhem (Allstate Insurance Company), YouTube, consultado em 9 de julho de 2013, http://www.youtube.com/user/Allstate?feature=watch.
- *John Riggins Honored as Hometown Hall of Fame in Centralia, Kansas,* YouTube, 19 de outubro de 2012, https://www.youtube.com/watch?feature=player_embedded&v=M2jnRzPRYf0.
- Constance Semler, *New LinkedIn Company Pages: A Step-by-Step Guide for Content Marketers,* ContentMarketingInstitute.com, 19 de abril de 2011, http://contentmarketinginstitute.com/2011/04/new-linkedin-company-pages-a-step-by-step-guide-for-content-marketers/.
- Página da Salesforce.com no LinkedIn, consultado em 24 de março de 2013, http://www.linkedin.com/company/salesforce.
- Amanda Peters, *6 Keys to Creating Engaging Using Facebook Graph Search,* ContentMarketingInstitute.com, 14 de março de 2013, http://contentmarketinginstitute.com/2013/03/creating-content-facebook-graph-search/.
- Henrik Bondtofte, *Understanding Google's Author Rank and How to Use It in Your Content Marketing,* ContentVerve.com, 4 de dezembro de 2012, http://contentverve.com/understanding-googles-author-rank-in-content-marketing/.
- Mural *From the Factory Floor* da General Electric no Pinterest, consultado em 24 de março de 2013, http://pinterest.com/generalelectric/from-the-factory-floor/.
- Página da New York Public Library no Foursquare.com, consultado em 24 de março de 2013, https://foursquare.com/nypl.
- Página da Red Bull no Instagram.com, consultado em 24 de março de 2013, http://instagram.com/redbull.
- Página *A Smarter Planet* da IBM no Tumblr, consultado em 24 de março de 2013, http://smarterplanet.tumblr.com/.
- Todd Wheatland, *Marketer's Guide to SlideShare,* Content *Marketing* Institute, 2012.
- Help Scout no SlideShare.com, consultado em 24 de março de 2013, http://www.slideshare.net/helpscout.
- Página de Rand Fishkin no Quora, consultado em 24 de março de 2013, http://www.quora.com/Rand-Fishkin.

CAPÍTULO 22

Técnicas Alternativas de Promoção de Conteúdo

"As organizações de sucesso transformam em hábitos aquilo que os outros não gostam de fazer, ou não encontram tempo para fazer."

DON HOUSE

Ainda me espanta a quantidade de profissionais de marketing e empresas que criam seus conteúdos, enviam alguns tuites sobre isso, e depois param. Quando você desenvolve qualquer conteúdo, parte desse plano precisa ser o de como você vai fazer este conteúdo chegar às mãos dos clientes novos e atuais – como comercializá-lo. O marketing de seu conteúdo é, talvez, a parte mais importante do processo de marketing de conteúdo. Por quê? Como sempre diz Gilad de Vries da Outbrain, "Se você cria um ótimo conteúdo, mas ninguém o lê, será que você criou um ótimo (épico) conteúdo?".

O conteúdo é criado para ser consumido. Caso não seja, e ele não realiza os seus objetivos, comece a procurar uma nova função na organização. Assim, antes de criar qualquer conteúdo épico, pense **antes** em como você irá comercializá-lo.

Como tudo em marketing de conteúdo, não existe certo ou errado, incluindo a promoção do conteúdo. Os profissionais de marketing de conteúdo experimentam, testam, aprendem, e, no final, acabam encontrando o que funciona. Este capítulo está repleto de dicas e truques para promoção de conteúdo.

OTIMIZAÇÃO PARA MECANISMOS DE BUSCA

O conteúdo e a otimização para mecanismos de busca estão intrinsecamente ligados e, embora não sendo de modo algum uma novidade, algumas empresas não colocam recursos suficientes nesta área (especialmente na medida em que os mecanismos de busca continuam a mudar os seus algoritmos). Por muito tempo, acreditamos no CMI que se entendêssemos os conceitos básicos da SEO e criássemos conteúdo épico, compartilhável, isto seria suficiente para sermos encontrados nos rankings de busca orgânica. Embora tendo um tráfego respeitável vindo ao nosso *site* a partir dos mecanismos de busca, quando passamos a encarar seriamente a SEO no ano passado, nós mais que dobramos esta quantidade.

CRIE UMA "LISTA DE ALVOS" DE PALAVRAS-CHAVE

Trabalhando com Mike Murray, nosso especialista em SEO (e autor do artigo abaixo), nós agora temos como alvo uma lista móvel de 50 palavras-chave. Todo mês, Mike atualiza a planilha (ver Figura 22.1), de modo que sabemos como está o nosso desempenho em relação ao mês anterior e aos principais concorrentes.

CONCENTRE O CONTEÚDO EM UMA FRASE DE BUSCA

Cada conteúdo do *blog* criado pelo CMI tem como alvo palavras-chave formando frases como "publicidade nativa" ou "agências de marketing de conteúdo". Ao criar um conteúdo *on-line*, tente pensar nas palavras-chave mais prováveis que alguém digitaria nos mecanismos de busca.

Amostra de "Lista de alvos" de palavras-chave

	A	C	G	H	I	J	N	O	P	Q	U	V	W	X
1			*Rankings* do Google				*Rankings* do Bing				*Rankings* do Yahoo			
2	Palavras-chave	Buscas	Dez	Jan	Fev	Mar	Dez	Jan	Fev	Mar	Dez	Jan	Fev	Mar
3	marketing de conteúdo b2b	480	1	1	1	1	3	3	2	1	3	3	2	1
4	marketing de conteúdo b2c	46	4	1	1	1	1	1	1	1	1	1	1	1
5	melhor marketing de conteúdo	140	1	1	1	1	1	3	1	1	1	3	1	1
8	história da marca	880	1	1	1	5	6	4	5	4	6	4	4	4
9	calendário de conteúdo	1000	18	17	16	23	3	2	2	1	3	2	2	1
11	envolvimento do conteúdo	140	2	2	2	1	2	3	1	1	2	3	2	1
12	marketing de conteúdo	40500	2	2	2	2	2	2	2	2	2	2	2	2
13	melhores práticas marketing de conteúdo	46	4	3	5	5	2	2	2	1	2	2	2	1
14	*blog* de marketing de conteúdo	210	1	1	1	1	1	1	1	2	1	1	1	2
15	livro de marketing de conteúdo	36	2	2	2	2	2	2	2	1	2	2	2	1
16	guia de marketing de conteúdo	36	8	8	4	2	4	5	7	1	4	5	7	1
17	notícias de marketing de conteúdo	58	15	20	13	10	26	26	-	2	26	27	-	2
18	processo de marketing de conteúdo	28	1	1	1	1	1	1	1	1	1	1	1	1
19	roi de marketing de conteúdo	36	5	4	2	4	2	2	2	8	2	2	2	8
20	marketing de conteúdo digital	210	14	10	-	30	5	3	5	14	5	3	6	14
21	marketing de conteúdo eficaz	22	1	1	3	3	23	1	1	1	27	1	1	1
22	conteúdo envolvente	480	1	2	2	3	1	1	6	1	1	1	6	1
23	curadoria de conteúdo	91	16	16	18	12	1	1	1	1	1	1	1	1
24	medição da eficácia do marketing	260	1	1	1	1	4	3	4	4	4	3	4	4
25	marketing de conteúdo bem-sucedido	36	2	3	2	1	2	2	8	7	2	2	8	7
27	o que é marketing de conteúdo	880	1	1	1	1	1	1	1	1	1	1	1	1

CMI keywords & rankings | 25-former-and-Top

Ready

Fonte: CMI

Figura 22.1 **Planilha "lista de alvos" do CMI para análise do desempenho de palavras-chave para SEO.**

12 DICAS PARA SELEÇÃO DE PALAVRAS-CHAVE PARA ORIENTAR A SEO DE SEU MARKETING DE CONTEÚDO

Mike Murray, especialista em SEO do CMI

Alguns profissionais de marketing tratam sem muito cuidado ou atenção a seleção de palavras-chave para os *rankings* naturais dos mecanismos de busca. Eles evitam uma pesquisa e análise detalhadas ou meramente chutam se vale a pena adotar uma determinada frase formada de palavras-chave.

Se você constantemente cria conteúdo na Internet sem pensar na otimização para mecanismos de busca (SEO) e em palavras-chave, você provavelmente entrará em algumas classificações (o conteúdo tem a ver com os algoritmos dos mecanismos de busca). No entanto, você sempre correrá o risco de não aproveitar ao máximo a sua estratégia SEO – e a capacidade de sua empresa de receber uma cota mais justa de tráfego relevante nos mecanismos de busca – para divulgação da marca, conversões e muito mais.

Nem todo conteúdo de *site* ou *blog* irá necessariamente levar a empresa para o primeiro lugar no Google (ou qualquer mecanismo de busca) para uma palavra-chave que as pessoas usam 15.000 vezes por mês. Mas você pode conseguir mais a partir da otimização para os mecanismos de busca – com apenas um pouco mais de esforço.

Na medida em que seu tempo e capacidade permitirem, você deve pensar nas seguintes perguntas e fatores que afetam o marketing de conteúdo e a SEO em cada conteúdo que você cria e distribui. Para facilitar o processo, eu criei uma pequena lista de verificação que você pode consultar ao pensar em possibilidades de palavras-chave para o conteúdo de seu *site* ou *blog*.

Faça a si mesmo as perguntas desta lista de verificação quando começar os seus esforços de SEO – você pode aprender um pouco mais sobre os detalhes envolvidos em cada assunto abaixo.

1. EU INVESTIGUEI OUTROS RECURSOS DE PESQUISA DE PALAVRAS-CHAVE?

Não é incomum ir direto ao Google em busca de ideias (embora sua conta AdWords forneça dados mais profundos do que esta ferramenta gratuita), mas o Keyword Discovery, WordTracker, e outras ferramentas podem fornecer ideias adicionais. Eu sou parcial em relação ao SEMrush, que sugere possíveis palavras-chave que você pode ter esquecido em suas próprias páginas e *posts* (essa ferramenta analisa mais de 95 milhões de palavras-chave). Você também pode buscar as palavras que as pessoas usam no *site* Mention Social. Eu já até verifiquei o índice na parte final de um livro em busca de ideias.

Depois de poucos minutos consultando palavras-chave no SEMrush, eu tinha uma planilha Excel preenchida com 30.000 ideias de palavra-chave para uma empresa classificada entre as 100 maiores da revista *Fortune*. Apesar de alguns *rankings* mais elevados, a empresa tem claramente muitas oportunidades para se classificar melhor nos mecanismos de busca.

Mesmo encontrando palavras-chave entre os dados disponíveis, você ainda precisa saber se as pessoas estão realmente buscando por essas coisas. Sua lista pode parecer adequada, mas a contagem de busca é importante. Sim, às vezes você deve visar uma palavra-chave com 1.000 buscas mensais. Muitas vezes, você pode querer algo com menor concorrência. Eu não descarto palavras-chave com 50 buscas por mês, mas também não pulo para aquelas com 30.000 buscas. Se eu subir assim tão alto é porque a palavra-chave é relevante e o *site* tem muito a oferecer, especialmente em termos de *links* de entrada (*inbound links*).

2. A PALAVRA-CHAVE É RELEVANTE?

A palavra-chave realmente coincide com o que o seu negócio faz ou a quem se destina? Alguns anos atrás, alguém me disse que queria entrar no *ranking* para "*e-commerce*". Nunca lhe ocorreu que este termo pode ser um pouco abrangente. Em um caso como este, ele deveria considerar "*e-commerce*" como parte de uma frase, como "provedor de soluções de *e-commerce*".

Lembre-se, porém, que as palavras-chave escolhidas devem parecer uma parte natural daquilo que você escreve. Além disso, tenha em mente que a ortografia pode fazer a diferença. "Ar condicionado" pode ser o termo preferencial para o equipamento de refrigeração, mas muitas pessoas buscam por "ar-condicionado". Você não quer usar o termo "errado" e parecer que não sabe escrever corretamente (apesar de que com algo tão comum como "ar condicionado", você provavelmente poderia escrever uma versão em uma página e utilizar outra ortografia em uma página diferente).

3. ESTAMOS COMPRANDO ESTA PALAVRA-CHAVE ATRAVÉS DE PESQUISA PAGA?

Busca paga, incluindo a compra de anúncios em um mecanismo de busca, é outra fonte de pesquisa de palavras-chave que a sua empresa já pode ter em mãos. Mas muitas empresas se contentam com o desempenho de busca paga e esquecem a SEO, em seu detrimento. Caso esteja comprando uma palavra-chave para busca paga, você deve certificar-se de que ela também seja uma candidata viável para SEO e marketing de conteúdo.

Por exemplo, um grande varejista pode investir na palavra-chave "máquina de lavar louça GE". Se as conversões de busca paga estiverem sendo aceitáveis, então também pode valer a pena usar a frase na SEO.

A Conductor, que lançou "Tendências de busca natural das empresas da *Fortune* 500", constatou que as 500 maiores empresas da revista *Fortune* gastaram US$3,4 milhões por dia em busca paga com cerca de 100.000 palavras-chave. No entanto, apenas 2% de seus *sites* e palavras-chave entraram nos primeiros 30 resultados orgânicos (não pagos) no Google.

Certamente, você pode comprar para chegar ao topo dos resultados pagos e um excelente resultado nos mecanismos de busca natural não vir facilmente. Mas se você estiver pagando por palavras-chave, isto deveria ser um sinal de que uma estratégia SEO estaria sendo considerada. Não é apenas por ter uma classificação elevada que você pode parar de pagar por uma palavra-chave. Dependendo das conversões e das metas de ROI, talvez você deva manter uma palavra-chave tanto na busca paga quanto na natural.

4. JÁ ESTOU NA CLASSIFICAÇÃO PARA A PALAVRA-CHAVE?

Ao começar a escrever, seria bom saber como você está no *ranking* do tema que você pretende tratar. Você está entre os 10 mais, os 20, os 30 ou fora dos 199? Você pode usar ferramentas como Web CEO, BrightEdge e Moz para obter dados de *rankings* (para saber mais sobre ferramentas como estas, consulte o *Enterprise SEO Tools: The Marketer's Guide*, que analisa diferentes plataformas que podem ajudá-lo a gerenciar, rastrear e otimizar milhares de palavras-chave. Este relatório está disponível gratuitamente aqui: http://bitly.com/epic-seo).

5. MINHA NOVA PÁGINA MENCIONA DE FORMA ADEQUADA A PALAVRA-CHAVE?

Você pode escrever um conteúdo incrível que entre em grandes detalhes sobre um tema com exemplos e novas perspectivas. Mas certifique-se de incorporar suas palavras-chave mais estratégicas ao longo do caminho. Você não pode apenas fazer uma referência no décimo-terceiro de quinze parágrafos.

As "regras" da densidade de palavras-chave têm sido muito discutidas. Mas a principal prioridade deveria ser a de sempre procurar oportunidades naturais para mencionar as palavras-chave. Caso use a palavra-chave visada a cada 150-200 palavras, você provavelmente estará no caminho certo. E não se preocupe se estiver usando-a com mais frequência – desde que não pareça estar forçando a palavra-chave em um lugar não necessariamente apropriado. Você sempre pode diminuir as referências após verificar seus *rankings* (que serão também fortemente influenciados pelo título da página, cabeçalho, idade do *site*, *links* de entrada e muitos outros fatores).

6. QUANTO TRÁFEGO O MEU *SITE* RECEBE EM FUNÇÃO DA PALAVRA-CHAVE?

Ao verificar as estatísticas de seu *site*, você verá uma riqueza de dados de palavras-chave. Você pode se aprofundar de várias maneiras, incluindo analisar as palavras-chave iniciais usadas para chegar ao seu *site* e os dados de busca interna do seu *site* depois que os usuários chegam. Por exemplo, você poderia descobrir que alguém procura por "financiamento para construção", mas isto pode levá-lo a pensar em algumas opções como "requisitos de empréstimos para construções" ou "como funcionam os empréstimos para construções". Você também pode precisar ajustar a sua estratégia de conteúdo para que as novas palavras-chave funcionem nas páginas existentes ou novas.

Não desanime se descobrir que uma palavra-chave não está sendo buscada com muita frequência; ela ainda pode ter muito valor. Eu analiso o tráfego da palavra-chave à luz dos *rankings*. Por exemplo, uma palavra-chave pode ter apenas 20 buscas por mês, mas estas 20 podem ter um *ranking* ruim apenas porque ninguém deu a esta palavra-chave um impulso com SEO séria. Por outro lado, uma palavra-chave pode se classificar em segundo lugar no Google, e ainda trazer apenas uma dezena ou mais de visitantes. Mas isso pode ser considerado bom se as palavras-chave corresponderem aos produtos e serviços que você vende. Você não precisa de 1.000 visitantes para se conectar com bons clientes em potencial.

Eu fico atento às várias palavras-chave em um *site* com classificação elevada nos mecanismos de busca. Você pode achar que uma única página poderia receber "verificação gratuita de conta *on-line*" e "verificação de conta *on-line* gratuita". No entanto, às vezes você não consegue ter ambas as frases se classificando entre as três primeiras posições (talvez uma palavra-chave ocupe o número 7 e a outra ocupe o número 14). Você pode precisar de uma nova página prioritária que se concentre apenas em uma das frases para fazê-la se classificar melhor.

7. ESTOU RECEBENDO TRÁFEGO NO *SITE* POR PALAVRAS-CHAVE SEMELHANTES?

Eu verifico constantemente as estatísticas do *site* para ver quais palavras-chave relevantes as pessoas estão buscando que eu nem sequer incluí em minha lista de palavras-chave mais estratégicas. O conteúdo novo (e existente) criado em conjunção com esforços de SEO pode dar origem a uma grande variedade de frases e palavras-chave relacionadas. Por exemplo, eu posso ter originalmente direcionado "computador *laptop*" para um determinado conteúdo, mas a forma como você escreve o seu conteúdo pode dar origem a uma série de outras palavras-chave como "compra de um computador *laptop*". Você pode levar o crédito pelo impacto fazendo um gráfico do crescimento do tráfego do mecanismo de busca para estas palavras-chave, visualizações de página, e muito mais.

8. ESTA PALAVRA-CHAVE (OU FRASES SEMELHANTES) JÁ ESTÁ FAZENDO CONVERSÕES?

Você pode rastrear palavras-chave através de suas estatísticas do *site* e funis de conversão, incluindo *e-commerce* (associando palavras-chave com a venda de produtos). Algumas empresas conseguem uma visão adicional com serviços de rastreamento de contatos (*call*) como os oferecidos por Mongoose Metrics, Marchex e outros. A tecnologia de rastreamento de contatos tem muitos benefícios. Por exemplo, em termos de palavra-chave, quando alguém usa uma palavra-chave em um mecanismo de busca e, em seguida, chega a um *site*, um número de telefone exclusivo aparece temporariamente no conteúdo (substituindo o número de telefone normal do *site*). O telefonema, que está vinculado à palavra-chave, pode ser rastreado e gravado.

9. EXISTEM CHAMADAS PARA AÇÃO NA PÁGINA?

É especialmente importante que você vise palavras-chave em seu conteúdo incluindo chamadas efetivas para ação. Qual é a oferta?

Qual a sua aparência? Ela está oculta? Caso direcione o tráfego por meio de SEO, você não quer que o visitante tenha dificuldade para descobrir o que você quer que ele ou ela faça como resultado de ver o seu conteúdo. Deixe claro que os leitores devem fazer uma ligação gratuita para o número exibido, solicitar um demo, baixar um guia ou solicitar mais informações e, então, certifique-se de que isso seja fácil de fazer. Também é fundamental que você teste o posicionamento e as cores de formulários, números de telefone e ofertas variadas. Muitas pessoas pensam na SEO apenas em termos de palavras-chave, mas a facilidade de uso do *site* e as oportunidades de conversão também podem ajudar a garantir que o tráfego SEO seja compensador, em vez de ser desperdiçado se muitas pessoas saírem momento depois de chegarem a um *site*.

10. EXISTEM PÁGINAS RELACIONADAS QUE PODERIAM SERVIR DE APOIO A UMA ESTRATÉGIA DE *LINK* INTERNO?

Você pode conseguir *rankings* elevados para uma única página, mas a sua estratégia de marketing de conteúdo receberia um impulso através de SEO se você tiver páginas relacionadas criadas para servir de apoio a *links* internos. Em outras palavras, procure criar oportunidades de *links* cruzados de palavras-chave estratégicas no texto âncora para várias de suas páginas ou *posts* para melhorar suas chances de *rankings* mais elevados nos mecanismos de busca. E não se esqueça de incluir a palavra-chave visada dentro de seus *links* (ou, pelo menos, perto do *link*). Por exemplo, talvez uma página mencione de passagem o "seguro barato de carro", mas essas palavras poderiam ser incluídas no texto de um *link* para outra página em seu *site* ou *blog* que entre em mais detalhes sobre os prós e contras de apólices baratas de seguro de carro.

11. COMO A ESCOLHA DESSA PALAVRA-CHAVE SE ENCAIXA NO CONTEÚDO FUTURO?

Suas opções de seleção de palavras-chave para SEO e marketing de conteúdo devem se basear no conteúdo planejado para as próximas semanas, e não apenas no conteúdo com o qual você está lidando hoje. Com um calendário de conteúdo, você pode começar a pensar sobre as possibilidades de palavras-chave mesmo antes de alguém escrever um artigo, descrever um serviço ou criar um *post* de *blog*. Se você tem um conjunto principal de palavras-chave, as suas estratégias de planejamento de conteúdo devem refletir as prioridades e deficiências de sua palavra-chave. Por exemplo, se você já tem um *ranking* excepcionalmente elevado para "cortadores de grama manuais", talvez isso não neces*site* sua atenção, mas você pode ter um *ranking* ruim para "cortador de grama motorizado", e queira criar conteúdo para tratar disso em um futuro próximo. Seus planos de palavras-chave devem levar isso em conta.

12. A PALAVRA-CHAVE ESTÁ EM NOSSO NOME DE DOMÍNIO?

O Google anunciou em 2012 que iria acabar com os domínios de correspondência exata (EMDs) de baixa qualidade para *sites* que desejam se classificar principalmente com base no mérito de seus domínios. Tenho certeza de que o Google queria lidar com domínios desagradáveis e pequenos *sites* (tais como este falso domínio: seocontent-marketingtipsideasforon-linemarketers.com). No entanto, para *sites* respeitáveis, o nome do domínio ainda parece influenciar os *rankings* de mecanismos de busca.

CONCLUSÃO

Estou certo de que você quererá pesar alguns outros fatores antes de selecionar palavras-chave, mas a lista acima lhe dá um bom ponto de partida. No mínimo, aproveite as ferramentas disponíveis de pesquisa de palavras-chave para ver se as pessoas estão realmente utilizando a palavra-chave visada por você. Inevitavelmente, você criará conteúdo que as pessoas não estão buscando a uma taxa de 10.000 vezes por mês (talvez precise se contentar com 100 em alguns casos, quando procurar palavras-chave alternativas). Mas qualquer novo conteúdo pode ser uma boa oportunidade para incluir o seu conjunto mais estratégico de palavras-chave e cruzá-las através de *links* com o seu conteúdo existente.

DISTRIBUIÇÃO DE CONTEÚDO *(SYNDICATION)*

Existem *sites* por aí a procura de conteúdo épico em seu setor de atividade? Se for esse o caso, pode haver uma oportunidade para distribuir o seu conteúdo original no *site* deles. O CMI faz isso com um *site* chamado Business2Community.com. O *site* Business2Community recebe cerca de 500.000 visitantes únicos a cada mês e muitas dessas pessoas estão interessadas em marketing de conteúdo. Este é um público que queremos atingir. Eis como funciona:

- Cerca de duas semanas após o CMI publicar um conteúdo em nosso *site*, nós permitimos que o Business2Community "reproduza" o conteúdo em seu *site* (nós esperamos algumas semanas para que o Google saiba com certeza que o CMI foi o editor original).
- Dentro do conteúdo, nós no CMI incluímos *links* educativos direcionando para *posts* relevantes no *site* do CMI, além de receber um "*link* do autor" na parte inferior da página.

Se você estiver procurando uma exposição adicional para aproveitar o seu conteúdo atual, a busca de parceiros para distribuir o seu conteúdo pode ser uma opção.

CONTEÚDO 10 POR 1

As atualizações contínuas dos algoritmos dos mecanismos de busca significam que indivíduos confiáveis que compartilham o seu conteúdo são mais importantes do que nunca para que você seja encontrado na busca. Uma vez que nossos clientes estão totalmente no controle de como e quando se envolvem com o nosso conteúdo, isto significa que precisamos pensar desde o início sobre como cada uma de nossas histórias será produzida e compartilhada.

Portanto, pense em 10 por 1. Você consegue reinventar as suas histórias de 10 maneiras diferentes? Este *post* no *blog* poderia se transformar em uma série de documentos técnicos, um *e-book* ou até mesmo um livro impresso? Esta história do vídeo poderia ser transcrita em um *post* de *blog*, subdividida e compartilhada através de uma rede social, ou transformada em um *podcast*? Pense nas seguintes coisas antecipadamente:

- **Como você ativará previamente o conteúdo em todas as situações?** (fazer com que a comunidade se envolva no conteúdo).
- **Como você irá compartilhar o conteúdo?**
- **No que a base da oferta de conteúdo** (*blog*, vídeo e assim por diante) **pode se transformar?**

Todd Wheatland da Kelly Services tem uma meta de 20 conteúdos diferentes por história. No passado, Kelly criaria um documento técnico, que poderia ser promovido em um *blog*, associado com a distribuição de um comunicado à imprensa. Hoje, aquele único documento técnico se torna documentos técnicos individualizados para cada personagem, é dividido em pedaços de *e-book* para facilitar o consumo, torna-se vários *posts* e é transformado em uma série de infográficos (que são compartilhados no *Link*edIn e no SlideShare). Este método funciona para Kelly porque ele planeja antecipadamente como parte da estratégia geral de conteúdo da empresa.

A Velocity Partners, sediada em Londres, chama este processo de "atomização do conteúdo" (ver Figura 22.2).

ADICIONE IMAGENS A TUDO

Pesquisa da Skyword constatou que páginas da *Web* voltadas para negócios, **com imagens**, tiveram um desempenho 91% melhor do que as páginas **sem imagens.** A Skyword analisou o desempenho de dezenas de milhares de *posts* na realização do estudo, e conseguiu segmentar o valor das imagens para fins comerciais (excluindo *posts* de entretenimento, notícias e esportes, entre outros).

Fonte: Velocity Partners

Figura 22.2 **Exemplo de atomização do conteúdo fornecido pela Velocity Partners.**

Portanto, as imagens não fazem apenas uma **pequena** diferença, elas fazem **muita** diferença. Adicionando um pouco de comentário e bom senso ao estudo, parece razoável que os *posts* com imagens têm um **desempenho melhor nos resultados de busca** e **são compartilhados a uma taxa maior** do que os *posts* sem imagens.

Naturalmente, isto não é nenhuma surpresa. As pessoas no negócio de revistas costumam dizer que "a capa de uma revista serve apenas para uma finalidade: ser aberta". O *design* tem sido o principal responsável para isso acontecer.

Quais são os próximos passos?

- Defina o papel de seu produtor de conteúdo, e a mistura entre arte original e banco de imagens.
- Inclua imagens em todos os seus *posts* de *blog*.
- Reveja todo o seu conteúdo para se certificar de que seja **visualmente atraente**.
- Identifique todas as suas imagens *on-line* com *metatags* e legendas, quando possível (milhões de buscas por dia são buscas de imagens).

  E por último, mas não menos importante...
- Crie tempo em seu processo de conteúdo para que o *design* não se torne uma operação de última hora. Integre o *design* no processo desde o início.

ESTRATÉGIA DE COMENTÁRIO EM *BLOG*

Na construção de meu negócio, eu pensei em todo o desenvolvimento de **relacionamentos** que foi preciso para ajudar a nos tornar uma das empresas privadas de crescimento mais rápido no mundo. Francamente, foi uma combinação de uma série de coisas que fez com que isso acontecesse. O que realmente me surpreendeu, porém, foi o **primeiro passo** para a maioria de nossos relacionamentos com os principais pensadores de conteúdo em todo o mundo.

COMENTÁRIOS EM *BLOGS*

O que abriu as portas para a maioria de meus relacionamentos e amizades com os principais formadores de opinião do setor foi fazer comentários em seus *blogs* e compartilhar seus conteúdos.

Como foi meu primeiro contato com David Meerman Scott? Eu comentei em seu *blog*. O mesmo ocorreu com Mike Stelzner, Brian Clark, Jay Baer, Bernie Borges e Drew Davis (todas essas pessoas são bastante conhecidas na área de marketing de conteúdo).

A HABILIDADE ESQUECIDA DE FAZER COMENTÁRIOS EM *BLOGS*

Estive recentemente em uma grande conferência de marketing onde perguntei ao público quantos deles tinham *blogs* corporativos. Cerca de 50% da sala tinha um *blog*. Então perguntei quantos deles tinham uma estratégia de comentários em *blogs*. Apenas cerca de 10% desses *blog*ueiros tinha uma estratégia de fazer comentários. Que pena.

Um grande conteúdo por si só não é suficiente; você tem que trabalhar isso.

Você pode ser o maior criador de conteúdo do planeta, mas se não trabalhar os canais, ninguém saberá sobre ele **e** seu negócio não receberá um impacto positivo. No topo de sua lista de técnicas de distribuição deve estar a de fazer comentários nos *blogs* certos.

Não sabe como? Aqui está uma lista simples:

- Descubra onde seus clientes atuais e futuros estão se encontrando. Use ferramentas como Google Alerts e Twitter (ou um sistema de gestão de reputação) para descobrir quais os *blogs* que estão tendo um impacto em seus clientes.
- Desenvolva uma lista de pelo menos 10 a 15 *blogs* importantes com os quais você se envolverá.
- Faça um comentário informativo em cada um desses *blogs* pelo menos uma vez por semana.

Pensando de forma realista, isso só deve tomar de uma a duas horas por semana, mas o retorno será enorme. Cada um desses líderes influentes do setor irá saber quem você é. Depois de um tempo, alguns começarão a compartilhar seu conteúdo. Em um determinado momento, você pode até mesmo se tornar amigo deles. E, em longo prazo, isso afetará positivamente o seu *blog* e objetivos de marketing *on-line*.

LIBERE O SEU CONTEÚDO

Eu tive o prazer de ouvir David Meerman Scott, conhecido autor e palestrante, muitas vezes (incluindo a própria conferência do CMI, *Content Marketing World*). De acordo com suas próprias estatísticas pessoais, um documento técnico ou *e-book* será baixado de 20 a 50 vezes mais **sem** uma barreira diante deles. Isto significa que não há um formulário a ser preenchido na frente do conteúdo.

Você deve estar se perguntando: "Por que este tópico faz parte deste capítulo?". Simples. Muitas vezes, nós, profissionais de marketing, temos conteúdo épico, mas colocamos uma barreira diante dele, tornando quase impossível para as pessoas compartilhar e espalhar a nossa mensagem. Naturalmente, há sempre um momento para colocar um formulário na frente do conteúdo, mas você precisa entender as implicações de um formulário ou uma barreira. Existe uma troca.

Pergunte a si mesmo: **"Qual é o meu objetivo?"**.

A maioria das pessoas tranca o seu conteúdo para fins de gestão de *leads* ou clientes. Isto significa que querem informações dos clientes potenciais a fim de vendê-los algo ou querem mais informações sobre os clientes a fim de vender com mais precisão. Isto faz sentido, não é mesmo?

Este é um objetivo sólido de marketing, mas seria este o **melhor** caminho, ou até mesmo o caminho **certo**?

O seu objetivo com a criação de conteúdo de marca não deveria ser o de espalhar as suas ideias? Não faria mais sentido do ponto de vista de marketing ter 50 pessoas envolvidas em seu conteúdo ao invés de apenas 1?

E aqui está um argumento fundamental que David deixou claro: quem são os seus clientes que irão compartilhar ativamente o seu conteúdo? Blogueiros e formadores de opinião nas mídias sociais. Quais são os seus clientes que geralmente não fazem *download* de conteúdo fechado? Blogueiros e formadores de opinião nas mídias sociais.

Portanto, aqueles que bloqueiam o seu conteúdo não estão apenas limitando as pessoas que terão acesso ao conteúdo; eles estão cortando os clientes que ativamente compartilharão o conteúdo com o seu público.

AS POSSIBILIDADES

Digamos que você tenha recebido 1.000 *leads* através de *download* de seu documento técnico. A partir dos números de David Meerman Scott, vamos até mesmo pegar um valor conservador de 10 vezes mais downloads se removermos o bloqueio. Isto daria 10.000 *downloads* sem dados de *leads*. De todas essas pessoas, digamos que 1% compartilhe isso com seu público do *blog* (com um público bastante conservador de 100 pessoas, embora a maioria dos *blogs* tenha muito mais).

Com esses números, o alcance total possível do conteúdo para conteúdo fechado seria de 2.000 pessoas. Para o conteúdo não bloqueado seria de 20.000 pessoas.

E pense nisso com carinho: eu nunca vi nenhum item de marketing de conteúdo de marca que estivesse bloqueado ficar "viral" e se espalhar maciçamente. Se você já viu isso, por favor, me avise. O que é mais importante para você: informações de *leads* aos poucos ou a oportunidade de divulgar a sua marca para tomadores de decisão com os quais você não está falando agora?

Há momentos e lugares para obter informações dos clientes. Seria o momento ou lugar de fazer isso exatamente diante do conteúdo que você quer ver compartilhado ativamente? **Observação importante** – Usar esta estratégia não significa que você não possa "pedir" um endereço de *e-mail* para os clientes prospectivos assinarem seu conteúdo (ver Capítulos 9 e 23 para mais detalhes).

BRANDSCAPING

O livro *Brandscaping* de Andrew Davis discute como podem funcionar as parcerias de conteúdo. Essencialmente, uma *brandscape* é uma **coleção de marcas que funcionam em conjunto para produzir um ótimo conteúdo**. Estou começando a acreditar que isto é fundamental para a evolução do marketing de conteúdo, à medida que mais marcas se esforçam para gerenciar o processo de marketing de conteúdo.

É verdade que muitas marcas lutam para conseguir o financiamento dos projetos de marketing de conteúdo. Por que não trabalhar com parceiros não concorrentes para desenvolver conteúdo surpreendente e atraente para um cliente similar?

O CMI tem feito isso com uma organização de Cleveland chamada Positively Cleveland. O objetivo da Positively Cleveland é conseguir mais pessoas para visitar e ficar em Cleveland. Como o CMI realiza o seu maior evento, o *Content Marketing World*, em Cleveland (trazendo mais de 1.500 pessoas de fora da área), fomos abordados pela Positively Cleveland para promover a cidade. Isto significaria que apareceríamos em destaque em vários anúncios em revistas locais, falando de nosso evento e de porque decidimos realizá-lo em Cleveland. Isto seria vantajoso para ambas as organizações. Na verdade, funcionou tão bem que estamos buscando parcerias com outras organizações locais que possuem objetivos e públicos-alvo semelhantes.

PENSAMENTOS ÉPICOS

- Apesar de a busca orgânica não mais direcionar o tráfego que costumava, ela ainda está no topo da lista de promoção de conteúdo. Preste atenção.
- A maioria das organizações faz o reaproveitamento após o sucesso de um produto de conteúdo. Um plano melhor é planejar o reaproveitamento antecipadamente. Imagine o que as suas histórias podem se tornar e que canais fazem mais sentido para seus clientes e seus objetivos.

RECURSOS ÉPICOS

- Keyword Discovery: http://www.keyworddiscovery.com.

- WordTracker: http://www.wordtracker.com.
- SEMrush: http://www.semrush.com/.
- *Natural Search Trends of the Internet Retailer 500 / Q2 2010*, www.Conductor.com, consultado em 9 de julho de 2013, http://www.conductor.com/resource-center/research/natural-search-trends-internet-retailer-500-q2-2010.
- Web CEO: http://www.webceo.com/.
- BrightEdge: http://www.brightedge.com/.
- Moz: http://moz.com.
- *The Content Marketing Strategy Checklist*, Velocity Partners, consultado em 10 de abril de 2013, http://www.velocitypartners.co.uk/wp-content/uploads/2012/06/Content-arketing-Strategy-Checklist-Velocity--Partners.pdf.
- Google Alerts: http://www.google.com/alerts.
- *Positively Cleveland*, Cleveland Meetings: http://www.clevelandmeetings.com/champions/pulizzi/.

CAPÍTULO 23

Aproveitamento do Modelo do Influenciador Social para Conteúdo de Marketing

"Se não estiver quebrado, então quebre (ou outro alguém irá quebrá-lo por você)*."

TOM PETERS, GURU DA ADMINISTRAÇÃO

Em fevereiro de 2013, o *site* do CMI teve uma média de 130.000 visitantes únicos por mês, quase 300.000 visualizações de página e mais de 40.000 assinantes do boletim informativo por *e-mail* (diário ou semanal). Em cada categoria, este é o dobro de nosso desempenho em 2012, e quase toda a nossa receita no CMI, de um modo ou de outro, pode ser atribuída a um *post* no *blog* do CMI.

O conteúdo diário no *blog* do CMI merece a maior parte do crédito por esses resultados. No ano passado, o CMI publicou um *post* por dia, sete dias por semana, todos os dias do ano. Isso totaliza 365 itens de conteúdo. Uma quantidade de 300 desses itens de conteúdo veio dire-

* Nota do tradutor (NT) – Referência ao ditado: "Se não estiver quebrado, não conserte" (*"If it ain't broke, don't fix it"*).

tamente de blogueiros e escritores que não trabalham no CMI (a quem chamamos de **"comunidade"**).

CONTENT MARKETING INSTITUTE (CMI): UM ESTUDO DE CASO

Em maio de 2010, meus parceiros e eu tivemos a ideia maluca de fundar o CMI. Com o mínimo de recursos e orçamento, nós analisamos todas as opções disponíveis para criar conteúdo. Depois de avaliar o cenário da concorrência e a necessidade do público (o nosso público é constituído de gerentes e diretores de marketing de organizações principalmente empresariais), nós verificamos que havia uma oportunidade para *posts* educativos diários sobre a prática de marketing de conteúdo.

Começamos com um orçamento de US$6.000 por mês para cobrir cinco *posts* por semana (só começamos a postar nos fins de semana em 2012). Esses fundos eram necessários para cobrir os custos do conteúdo bruto, os custos de edição, revisão, *upload* em nosso sistema de gerenciamento de conteúdo (WordPress), e eventuais imagens para os *posts* individuais. Não é preciso dizer, mas esse valor não era muito com o que trabalhar.

A única maneira viável que nós (Michele Linn, nossa diretora de conteúdo, e eu) pensamos para fazer esse trabalho seria buscar colaboradores externos, sem pagar-lhes, em troca de promovê-los em nosso *site*.

A LISTA DE FORMADORES DE OPINIÃO

Felizmente, tivemos um bom começo com a definição de uma lista de formadores de opinião. Definimos um formador de opinião como sendo um *blog*ueiro, concorrente ou organização de mídia que estivesse criando conteúdo de interesse para o nosso público-alvo. Efetivamente passamos a classificar trimestralmente a nossa lista de formadores de opinião em algo chamado "*Top 42 Content* Marketing *Blogs*" (*"Os 42 Principais Blogs de Marketing de Conteúdo"*, em tradução livre), que pode ser encontrado no *site* do CMI, no endereço: http://bitly.com/epic-cmibloggers.

Inicialmente, essa lista era com*post*a de formadores de opinião que encontrávamos ao rastrear palavras-chave (como "marketing de conteúdo") no Google Alerts, autores em publicações de negócios do setor, os que falavam sobre o tema no Twitter e outros blogueiros que simplesmente achávamos interessantes. Embora a lista principal incluísse 42 pessoas, havia um banco de dados secundário de mais de 300 pessoas que rastreamos de uma maneira ou de outra.

RECEBENDO A ATENÇÃO DE FORMADORES DE OPINIÃO

Os formadores de opinião são pessoas importantes. Eles geralmente têm empregos reais e são extremamente ativos em redes sociais, passando seu tempo compartilhando conteúdo e blogando. Entrar no radar deles não é fácil. Assim, para obter a atenção deles, nós demos conteúdos de presente. Fizemos isso de diversas maneiras diferentes.

MÍDIA SOCIAL 4-1-1

Originalmente cunhado por Andrew Davis, autor de *Brandscaping*, **mídia social 4-1-1** é um sistema de compartilhamento que permite que uma empresa obtenha maior visibilidade com influenciadores sociais. Eis como funciona:

Para cada seis itens de conteúdo compartilhados através de mídias sociais (tais como o Twitter):

- Quatro são itens de conteúdo de seu influenciador-alvo, que também são relevantes para o seu público. Isto significa que 67% das vezes você está compartilhando conteúdo que não é seu, e chamando a atenção para conteúdos de seu grupo de formadores de opinião.
- Um item pode ser seu conteúdo educativo, original.
- Um item pode ser conteúdo para vendas, como cupom, aviso de produto ou comunicado à imprensa.

Embora os números não precisem ser exatos, a filosofia é que faz isso funcionar. Quando você compartilha conteúdo de formadores de opinião, eles percebem. E você deve compartilhar sem pedir nada em troca, para que quando um dia precisar de alguma coisa, os formadores de opinião fiquem mais propensos a dizer sim.

PRESENTES COM GRANDE CONTEÚDO

Enquanto preparávamos nossa lista dos "principais blogueiros de marketing de conteúdo", nós no CMI decidimos que poderíamos conseguir mais visibilidade com os formadores de opinião se realmente os classificássemos e compartilhássemos os *rankings* com as massas. Isto foi um sucesso incrível.

Contratamos um especialista em pesquisa para elaborar uma metodologia de como classificar os principais blogueiros, analisando áreas como consistência, estilo, utilidade, originalidade e Google PageRank (este é um *ranking* que o Google faz para a credibilidade de um *site*). Então, a cada trimestre, o CMI publicava a lista, mostrava em mais detalhes os 10 mais, enviava um comunicado à imprensa e tentava fazer alarde sobre isso. Não é preciso dizer que os 10 mais e os 42 citados adoravam a lista. Além de a maioria dos formadores de opinião deste grupo compartilhar a lista com seu público, aproximadamente metade dos 42 principais influenciadores colocou nosso aplicativo (com a classificação pessoal daquele influenciador específico) em sua página inicial, com um *link* para o nosso *site*. Assim, além de construir relacionamentos de longo prazo com esses formadores de opinião, estávamos recebendo *links* confiáveis e tráfego.

Além da lista dos principais *blog*ueiros, o CMI começou a preparar grandes e-*books* educativos mostrando o trabalho desses formadores de opinião. Por exemplo, em 2009 e novamente em 2011, nós lançamos o *Manual do Marketing de Conteúdo*. O manual incluía mais de 50 estudos de caso sobre marketing de conteúdo, com muitos vindos diretamente de nossos formadores de opinião. Procuramos deixar claro no manual quais os exemplos que vinham de cada formador de opinião.

Quando lançamos o manual e avisamos os formadores de opinião sobre o *e-book*, aqueles que demos destaque no manual ansiosamente compartilharam o conteúdo com seus públicos.

DE VOLTA AO *BLOG*

Por não termos os recursos para pagar pelo conteúdo educativo sobre marketing de conteúdo, nós no CMI sabíamos exatamente a quem recorrer: aos nossos formadores de opinião. Quando anunciamos o *blog* original do CMI, o primeiro grupo que procuramos foi o dos influenciadores sociais de nosso banco de dados. Dezenas desses formadores de opinião ficaram muito felizes em nos ajudar, pois os promovemos durante anos sem nunca pedir nada em troca.

Michele Linn era nossa editora de conteúdo, organizando o calendário editorial e os tópicos com cada um dos formadores de opinião. Era função de Michele editar fortemente o conteúdo que recebíamos dos formadores de opinião. Sim, muitos eram bons escritores, mas nós queríamos que o conteúdo deles realmente brilhasse. **Por quê?** Nós acreditávamos que se os apresentássemos como verdadeiros astros do *rock* em nosso *site*, com conteúdo surpreendentemente útil, os formadores de opinião ficariam mais propensos a compartilhar o conteúdo com seu público. Esta etapa foi fundamental, pois na época tínhamos pouco alcance e seguidores *on-line*; nós precisávamos aproveitar as redes dos formadores de opinião para construir a nossa própria.

A IMPORTÂNCIA DO TERCEIRO CÍRCULO

Com muita frequência, as organizações pensam apenas nos bancos de dados que possuem para distribuir o seu conteúdo. Hoje, o poder da mídia social nos dá uma oportunidade para aproveitar os bancos de dados de outras pessoas para ampliar ainda mais a distribuição de nossas mensagens. Você conhece a sua rede, seja por *e-mail*, listas de mala direta ou conexões de mídia social. Mas o crescimento das "propriedades de mídia", como o *Mashable* e o *Huftington Post* veio na esteira do compartilhamento social. Esta é uma estratégia que você precisa considerar para o seu negócio.

No livro *The Book of Business Awesome*, Scott Stratten escreveu um capítulo que discute os "Três Círculos de Compartilhamento de Conteúdo". São eles:

- **O primeiro círculo.** São as conexões que estão mais perto de você – e as mais fortes. Estas são as pessoas que compartilham o seu conteúdo simplesmente porque conhecem e confiam em você. Você pode pensar nessas pessoas como seus **"fãs da marca"**.
- **O segundo círculo.** São os amigos das pessoas do primeiro círculo. Eles veem o seu conteúdo regularmente porque suas conexões do primeiro círculo o **compartilham**.
- **O terceiro círculo.** Estas são as conexões de seus segundo círculo – em última análise, o mais valioso, se você estiver buscando o **máximo alcance do conteúdo**.

De acordo com a teoria do terceiro círculo, existem algumas regras para entender e seguir:

- As suas conexões do primeiro círculo compartilharão qualquer coisa porque estão cegos pelo amor que têm por você, de modo que você não pode colocar muito peso naquilo que este grupo compartilha.
- O segundo círculo é onde a maioria das marcas cai com seu conteúdo. Apenas uma ou duas más impressões do seu conteúdo partindo daqueles do seu primeiro círculo e você irá perdê-los para sempre. Isto significa que o seu conteúdo deve ser realmente épico para mantê-los interessados. O segundo círculo inicialmente

olhará para seu conteúdo apenas com base na conexão deles com as pessoas de seu primeiro círculo. Uma vez levando-os a abrir o seu conteúdo, caberá a você mantê-los envolvidos.

- O Santo Graal está no terceiro círculo. De acordo com Stratten: "Este é o grupo em quem você precisa pensar ao criar o conteúdo." Se você chegar ao terceiro círculo, as pessoas ali muito provavelmente não possuem nenhum tipo de conexão anterior com a sua marca. Se as pessoas no terceiro círculo compartilharem o seu conteúdo, será apenas pelas incríveis informações que eles acreditam valer a pena compartilhar.

Há três maneiras de chegar ao terceiro círculo:

- **Foco em progresso lento e constante.** O grande sucesso de conteúdo é extremamente raro. Um desses exemplos é o Dollar Shave Club (ver Figura 23.1), cujo conteúdo viral obteve aproximadamente 10 milhões de visualizações em abril de 2013. Normalmente, o sucesso viral do conteúdo acontece após um lento fluxo contínuo de conteúdo incrível. Por exemplo, eu desenvolvi um *post* de *blog* no Coca-Cola Content 2020 que foi visto por mais de 200.000 visitantes únicos (muito compartilhamento pelo terceiro círculo). Mas não foi imediato; este sucesso aconteceu somente depois da publicação de mais de 500 itens de conteúdo regularmente programados.
- **Atraia (e cative) o seu primeiro círculo.** Muitas marcas se preocupam com seus seguidores em redes sociais como Twitter e Facebook. Naturalmente, eles são ótimos, mas para atingir o primeiro círculo deve-se iniciar com *e-mail*. Fico espantado com a quantidade de *blogs* e itens de conteúdo na *Web* que não têm o "conseguir o endereço de *e-mail*" como objetivo principal do *blog*. O compartilhamento social muitas vezes começa e termina com *e-mail*. Isto não significa bloquear o conteúdo, quando os leitores não conseguem ver o conteúdo sem dar as suas informações. Você pode pedir o endereço de *e-mail* de diversas maneiras, mas ainda dar-lhes livre acesso ao conteúdo. Assim, primeiramente obtenha a permissão para o seu conteúdo (*opt-in*) e, depois, envie continuamente as melhores informações para o seu nicho no planeta.

Sucesso viral da Dollar Shave

DollarShaveClub.com – Nossas lâminas são f***das

DollarShaveClub · 1 video

Subscribe 5,448

10,074,899

73,357 615

Fonte: youtube.com

Figura 23.1 **O lançamento do vídeo viral da Dollar Shave Club, com 10 milhões de visualizações.**

- **Torne-se o principal fornecedor de informações para o seu nicho.** Quando dou uma palestra para profissionais de marketing de marca, geralmente pergunto o seguinte: "Quem aqui tem o objetivo de ser o principal fornecedor de informações para seus compradores?". Raramente alguém levanta a mão, e isso é um grande problema. Por que os seus clientes atuais e futuros se envolveriam com seu conteúdo? Porque de alguma forma resolve seus pontos problemáticos. Há simplesmente muitas opções por aí, onde eles podem evitar o seu conteúdo por completo. Então, você precisa configurar processos e talentos, interna e externamente, para garantir que seu conteúdo seja épico e provocador. Eu realmente acho que muitas marcas sentem que um conteúdo medíocre que possa preencher as lacunas sociais existentes já está bom.

O "já está bom" nunca irá além do primeiro círculo. O conteúdo no terceiro círculo requer o domínio do setor. No mínimo, estabeleça isso como seu objetivo e, em seguida, procure fazer com que aconteça.

RESULTADOS DO PROGRAMA FORMADORES DE OPINIÃO

O CMI começou a ver padrões de tráfego positivos quase imediatamente, simplesmente por causa da quantidade de compartilhamento social da rede de contatos. Isto, por sua vez, levou a mais compartilhamento social e a alguns resultados surpreendentes de SEO (nós logo dominamos os *rankings* de busca para tudo que girasse em torno do tema do marketing de conteúdo). A plataforma de *blog* do CMI nos permitiu lançar vários eventos, uma revista, dois *webinars* por mês, e todas as outras atividades geradoras de receitas que temos.

Embora você possa ou não lançar um *blog* que tenha contribuição de fora como o nosso, comprometer-se em manter uma **lista de influenciadores sociais** é um componente fundamental para o seu programa de compartilhamento social.

Um benefício extra que eu não estava esperando? Algumas pessoas em nossa lista de influenciadores sociais são agora bons amigos meus. Que tal isso como mágica das mídias sociais?

PENSAMENTOS ÉPICOS

- Para o social funcionar, você precisa compartilhar. Mas precisa ser o conteúdo certo para o seu público, e de pessoas que sejam influentes em seu setor de atividade.
- Você conhece a sua rede de contatos. O objetivo é fazer com que a sua rede de contatos compartilhe com a rede de contatos dela e esta rede compartilhe também. É neste momento que a mágica acontece.

RECURSOS ÉPICOS

- Top 42 Content Marketing *Blogs*, ContentMarketingInstitute.com, http://contentmarketinginstitute.com/top-content-marketing-blogs/.
- Scott Stratten, The Book of Business Awesome/The Book of Business *UnAwesome*, Wiley, 2012.
- DollarShaveClub.com, "Our Blades Are F***ing Great", YouTube.com, consultado em 9 de julho de 2013, http://www.youtube.com/watch?v=ZUG9qYTJMsI.

PARTE V

Fazendo o Conteúdo Funcionar

CAPÍTULO 24

Medição do Impacto de Seu Marketing de Conteúdo

"Nunca desista. Nunca se renda."

TIM ALLEN, EM *HERÓIS FORA DE ÓRBITA*

Daqui a um ano, o que estará diferente?

Quando eu costumava vender serviços de publicação personalizada para grandes marcas B2B, esta era a última pergunta que eu fazia antes da assinatura do contrato. A resposta a essa pergunta era o elemento mais crucial do acordo final. Esta resposta me dizia tudo sobre como os clientes iriam medir o projeto de conteúdo que minha empresa estava prestes a criar para eles.

Esta é exatamente a pergunta que eu quero que você faça a si mesmo ao pensar em medição. Antes de propriamente entrar no capítulo, vamos dar uma olhada no que os especialistas do CMI têm a dizer sobre o assunto.

> "Primeiramente, coloque mãos à obra sabendo quais são os seus objetivos empresariais. Se o seu conteúdo responde primeiro a seus objetivos de negócios, você pode medir o impacto onde o cliente ou os executivos precisam ver o impacto. Retuites, "*likes*" e comentários não importam para os objetivos dos negócios. Conceba as suas medições de conteúdo em torno de vendas, receita e custos e você manterá executivos e clientes felizes."
>
> JASON FALLS (@JASONFALLS)

"Em primeiro lugar, engajar a defesa do cliente em torno de uma marca é uma iniciativa de longo prazo, de modo que precisa ser estabelecida antes. Mas o público fala no tempo dele; assim, procure fazer relatórios sobre quantidade de seguidores, visitantes únicos e elogios episódicos para determinar o alcance. Compare esses números com o aumento de vendas após três ou quatro trimestres para demonstrar o desempenho (levando em conta as dezenas e dezenas de outros elementos que interferem no desempenho da marca durante o mesmo período de tempo, é claro)."

TOM GIERASIMCZUK (@GIERASIMCZUK)

"Eu costumo dizer aos clientes: "Tenha a capacidade de medir tudo – e então não meça". Você tem que criar um grande ambiente de medir o que é certo, em vez de medir o que puder. A medição foi durante muito tempo sobre "provar" que algo funciona em vez de fornecer uma visão sobre como melhorar um processo. Por isso que às vezes me refiro às estatísticas como ADMs – ou Armas de Destruição em Massa. Podemos nos tornar tão míopes sobre garantir que o gráfico seja sempre para cima e para a direita que ficamos com medo de tentar algo novo. Assim, a construção de um ambiente em que são fornecidas as estatísticas **certas** para o gerente **certo** no momento **certo** se torna fundamental. Os relatórios de "*likes*", "seguidores", "visualizações de página" e outros indicadores de "envolvimento", além de não ser fundamentais para a alta administração, são inúteis. Se estivermos abordando os nossos programas de estatísticas e medições com a mentalidade certa – e utilizando-os para melhorar nosso processo para chegar ao nosso objetivo final – então teremos diminuído muito desta preocupação."

ROBERT ROSE (@ROBERT_ROSE)

"Eu não aceito clientes a menos que estejam dispostos a usar ferramentas analíticas melhores que o Google Analytics. Algo como o HubSpot ou outra plataforma é uma obrigação para mim e acho que para todo profissional de marketing de conteúdo. Escrevi uma vez um artigo intitulado "Meu *Blog* Gerou 2 Milhões de Dólares em Vendas". Que tal isso como ROI? Quando as pessoas leem isso, ficam chocadas ao ver quanto ROI pode realmente ser medido com as ferramentas certas. E francamente, este é um enorme problema que todos nós precisamos corrigir – **está na hora de medir o ROI!!!**"

MARCUS SHERIDAN (@THESALESLION)

"Realisticamente, nunca existiram maneiras eficazes de medir a maior parte da publicidade e do marketing tradicionais, exceto no final do ano fiscal, quando você sabe se teve lucro ou não. Só então você poderia deduzir que algo deve ter funcionado em sua estratégia de comunicação.

Comparativamente, temos acesso a uma cornucópia de maneiras para medir o sucesso através do marketing de conteúdo.

A coisa mais importante para identificar desde o início das ações de marketing de conteúdo é a medição a ser adotada para cada ativo de conteúdo ou abordagem utilizada. Todas as medições – desde exibições de vídeos, abertura de *e-mails*, quantidade de tuites retuitados, *posts* do mural compartilhados, até, naturalmente, produtos e serviços vendidos – podem então ser entrelaçadas em uma narrativa sobre como a iniciativa está funcionando (ou não)."

RUSSELL SPARKMAN (@FUSIONSPARK)

"Não existe nenhuma mágica. Lembre-se: isto é marketing e é orgânico – leva tempo. A publicidade tradicional entra na fase inicial e é muito difícil de medir. O marketing de conteúdo é totalmente mensurável, mas leva tempo para obter os dados reais. A menos que você esteja disposto a lançar um programa por pelo menos seis meses, não vale a pena nem iniciar. Você precisa de tempo para reunir dados!"

MICHAEL WEISS (@MIKEPWEISS)

"O sucesso do marketing de conteúdo leva tempo. Só porque desenvolveu alguns artigos ou *posts* de *blog* ou vídeos realmente ótimos, não quer dizer que você converterá um cliente prospectivo em oportunidade de venda amanhã. Este conteúdo precisa de tempo para fazer a diferença. Por exemplo, se o seu ciclo de vendas for normalmente de nove meses, a implantação de um piloto de marketing de conteúdo durante um trimestre não será suficiente para demonstrar os resultados que o programa pode alcançar. O marketing de conteúdo não é uma campanha publicitária com data de início e término.

Você também precisa analisar o que vai medir. "Cliques" e "aberturas" são bons, mas não representam a verdadeira medição do sucesso do marketing de conteúdo. Os profissionais de marketing de conteúdo devem olhar para além da resposta inicial para medir os níveis contínuos de envolvimento e impacto durante todo o ciclo de vendas. Em última análise, a contribuição ao fluxo de receitas deve ser quantificável em relação à estratégia de marketing de conteúdo. E isto leva tempo e requer empenho.

Descubra como medir o sucesso incremental que mostre que o marketing de conteúdo está indo na direção certa para o objetivo final."

ARDATH ALBEE (@ARDATH421)

"Não se trata de medir apenas porque você pode medir. Trata-se de estabelecer expectativas realistas. Todos os clientes esperam que o seu vídeo se torne "viral", e eles acham que isso significa ter milhões de visualizações. Você precisa mostrar-lhes que alguns poucos milhares de visualizações talvez seja, realisticamente, o máximo que pode ser esperado. Isto requer um grau de confiança entre os clientes e a pessoa que lhes diz isso, mas é fundamental."

C.C. CHAPMAN (@CC_CHAPMAN)

"A medição é absolutamente fundamental para o sucesso de um programa de marketing de conteúdo e o maior erro que eu vejo é não estabelecer desde o início quais serão os Indicadores-Chave de Desempenho (KPIs), por que são importantes para os negócios e como iremos monitorá-los e fazê-los aumentar. Muitos profissionais novatos de marketing de conteúdo concentram-se em indicadores menos significativos (visualizações de página, seguidores e assim por diante) e lamentam o foco do cliente e da alta administração na receita real. Chegar a esse número da receita pode ser desafiador, e pode não ser imediato, mas na maioria dos casos ele será necessário para justificar a continuidade do investimento. Portanto, procure estabelecer sua medição desde o início com os sistemas existentes - fonte de *leads*, rastreamento de conversões, e assim por diante - para assegurar que você possa demonstrar o ROI final."

WILL DAVIS (@WILLDAVIS)

O consenso é claramente o de medir o comportamento que importa para o seu negócio.

No restante deste capítulo eu incluí algumas maneiras diferentes de mostrar o retorno para o seu marketing de conteúdo. Por que não apenas uma? Como dito muitas vezes neste livro, eu não acredito em apenas uma maneira de mostrar o retorno sobre o objetivo. Formas diferentes para pessoas diferentes. Eu incluí todos aqui para que você possa fazer a integração de um sistema de medição mais em linha com o modo como você mede atualmente o seu marketing. **Isto é fundamental!** Não incorpore uma fórmula totalmente nova para medir todo o seu esforço de marketing só porque agora você acredita no marketing de conteúdo. Em vez disso, pegue os melhores pontos deste capítulo e insira-os naquilo que você já faz. Isto facilitará muito a aceitação por parte de toda a organização.

Jason Fried, cofundador da empresa de *software* 37signals, disse em sua coluna na revista *Inc.*, "Eu não me importo se o ROI final sobre um determinado projeto é de 18% ou 20%, ou até mesmo 25% - desde que não seja negativo." Com o marketing de conteúdo você quer retorno positivo. Uma vez conseguindo medir o retorno sobre os seus projetos de conteúdo, a primeira coisa fundamental a fazer é certificar-se de que seja positivo. O resto virá na sintonia fina.

O QUE A ALTA ADMINISTRAÇÃO QUER SABER SOBRE O MARKETING DE CONTEÚDO

Por favor, não mostre um relatório estatístico para o seu CXO (neste caso, CXO se refere ao executivo sênior responsável. Pode ser o CEO, o COO, o CMO ou quem estiver no comando)[**]*. Esta pessoa não se importa e provavelmente acabará fazendo perguntas que simplesmente desperdiçarão o seu tempo. O seu CXO só se preocupa com três coisas quando se trata do ROI e da medição de seu marketing de conteúdo:

- O conteúdo está gerando vendas para nós?
- O conteúdo está economizando custo para nós?
- O conteúdo está tornando os nossos clientes mais felizes, ajudando assim com a retenção?

O relatório que você mostrar ao CXO precisa responder a esses tipos de perguntas; caso contrário, por que mostrar-lhe? O marketing de conteúdo refere-se a desenvolver conteúdo que mantenha ou altere um comportamento. Este é o foco.

RETORNO SOBRE O OBJETIVO: PRIMEIRA PARTE

Aumento de vendas, impacto, retenção e assemelhados são medidas fundamentais para qualquer programa de **retorno sobre o objetivo** (ROO - observação importante: eu gosto de usar ROO em vez de ROI porque faz o profissional de marketing de conteúdo se concentrar no objetivo real). O "quadro de medições" entra em cena quando os dados de vendas ainda não estão disponíveis ou são difíceis. Às vezes o ROO pode ser determinado com uma medição, e outras vezes são necessárias quatro ou cinco para mostrar um impacto nos objetivos de negócios da organização.

As medições de ROO vêm em todas as formas e tamanhos; geralmente incluem vários itens para dar- lhe uma res*post*a completa à sua pergunta. O aspecto importante a ter em mente é o seguinte: não é medir apenas por medir. As ferramentas e táticas apresentadas nos parágrafos que se seguem são utilizadas para responder diretamente ao objetivo do projeto. Se ficar com isso em mente, você obterá o seu ROO.

---

* Nota do tradutor (NT) – CEO é o diretor executivo; COO é o diretor de operações; CMO é o diretor de marketing.

Aqui estão algumas iniciativas de medição para você começar:

- Faça o acompanhamento do aumento de vendas para aqueles que recebem o programa de conteúdo em comparação com os que não recebem.
- Faça o acompanhamento das conversões para produtos de conteúdo *on-line* ou assinaturas de e-mails e meça vendas novas ou aumento de vendas neste grupo.
- Estude os leitores *on-line* para determinar o impacto do projeto de conteúdo, assim como a aquisição de tendências e necessidades de informação dos clientes (os leitores estão se engajando nos comportamentos certos?).
- Meça o envolvimento (tempo gasto) através de pesquisa *on-line* ou usando medições analíticas no boletim informativo eletrônico ou nos produtos do portal na web.
- Estudo da consciência da marca antes e depois para medir o impacto do programa.

A PIRÂMIDE DO MARKETING DE CONTEÚDO

Robert Rose e eu trabalhamos utilizando a pirâmide de marketing de conteúdo para medição já há algum tempo. Em resumo, a nossa pirâmide inclui três seções distintas:

- **Indicadores primários de conteúdo.** Os indicadores primários são os tipos de medições que o CXO quer saber (vendas, redução de custos e taxas de retenção).
- **Indicadores secundários de conteúdo.** Os indicadores secundários são os tipos de medições que ajudam a construir os indicadores primários (qualidade de *leads*, quantidade de *leads*, ciclos de venda mais curtos, e assim por diante).
- **Indicadores do usuário.** São os tipos de medições que as pessoas que elaboram os conteúdos precisam analisar para ajudar a incrementar os indicadores secundários (tráfego na *Web*, visualizações de página e *rankings* de busca).

Pode ser mais fácil criar uma pirâmide de análise para cada um dos objetivos que você está tentando alcançar. Tudo o que você medir precisa começar com um objetivo; por exemplo:

- Construir ou reforçar a consciência de marca.
- Criar conversão e nutrição de *leads* mais eficazes.
- Aumentar a conversão de clientes.

- Conseguir vendas casadas e cruzadas.
- Criar assinantes de nosso conteúdo.

Então digamos que você esteja elaborando uma iniciativa para gerar mais *leads* para a sua empresa. A sua pirâmide poderia parecer com a da Figura 24.1.

A pirâmide é dividida em três seções. Veja como proceder para construí-la.

Passo1- Segmentar sua pirâmide. Segmente a sua pirâmide em três áreas. A parte inferior e mais ampla da pirâmide será a dos indicadores dos usuários. São medições do público baseadas e concebidas para indicar a atividade. Você dividirá, cortará, acrescentará, subtrairá e mudará essas medições com frequência.

Fonte: CMI

Figura 24.1 **A pirâmide do ROO do marketing de conteúdo.**

O segundo nível da pirâmide é o de seus indicadores secundários. Eles serão as medições que você associa com membros da equipe e processos específicos que ajudam a alcançar os seus objetivos. Estes são geralmente o que consideramos como objetivos de curto prazo.

No topo da pirâmide ficam seus indicadores primários, ou os indicadores-chave de desempenho (KPIs) para o objetivo. Estas medições são poucas em quantidade e representam o painel a ser apresentado para seu gerente ou CXO. Essas medidas mudam muito raramente, se é que chegam a mudar, e são alimentadas pelas ideias, interpretações e dados dos indicadores das seções inferiores (ou a partir de sua intuição). As metas são o que você relatar (e nada mais).

Passo 2 - mapear os segmentos. Digamos que o seu objetivo seja o de "aumentar em 10% a quantidade de *leads* convertidos sem aumentar os custos" e que você criou um novo *blog* educativo para ajudá-lo a atingir este objetivo.

Existem algumas maneiras para você chegar a este número. Você pode melhorar em 10% a taxa de conversões da quantidade existente de *leads* ou você pode aumentar a quantidade real de *leads* por uma porcentagem de modo que a quantidade de *leads* convertidos cresça naturalmente 10%.

Para construir seus indicadores primários você só precisará de alguns números neste painel superior:

- A quantidade de *leads* convertidos por semana/mês/trimestre.
- O custo total por *lead* convertido por semana/mês/trimestre.

Esses dois números são os únicos KPIs para o objetivo específico que importa ao CXO.

Em seguida, para seus indicadores secundários, você precisará monitorar algumas medições; elas lhe darão ótimas ideias e ajudarão a sua equipe a melhorar o processo a fim de alcançar seus objetivos. Exemplos:

- Lista de *e-mail* dos assinantes em comparação com o objetivo.
- Quantidade total de *leads* por semana/mês/trimestre.
- *Leads* adicionais a partir de seu *blog*.
- Fonte de *lead* (por exemplo, busca orgânica, Twitter, Facebook).

Por último, você tem seus indicadores de usuários na parte inferior. Estas são as medições do dia a dia que lhe ajudarão a entender e obter conhecimento necessário para melhorar o processo de seus indicadores secundários. Exemplos:

- O número de visitantes do *blog*.
- Novos visitantes em comparação com o retorno de visitantes.
- Visualizações de páginas do *blog*.
- O número de comentários do *blog*.
- Assinaturas do *blog*.
- Taxa de conversão de assinantes a *leads*.
- Quantidade de compartilhamentos através da mídia social (*posts* mais compartilhados).
- Medições de SEO para palavras-chave.
- Seguidores no Twitter.
- *Likes* no Facebook.
- Relatórios de mídia social (interno e externo).
- Comentários e res*post*as no *blog* (qualitativo).
- Conteúdo/categoria mais popular no *blog*.
- Medição de *personas* (se você estiver tentando atrair determinadas *personas*).

Controle de indicadores do usuário

CMI

Marketing 2013 – Acompanhamento mensal de KPI

	2012 12/31	2013 1/31	2/28	3/31	4/30	5/31	6/30
Aumento de assinaturas de e-mail							
Laura/Angela							
Total diário de alerta de assinaturas – OBJETIVOS	13,628	15,389	16,717	18,046	19,374	20,702	22,030
Total diário de alerta de assinaturas – REAL	13,628	15,389	17,201	18,327	19,655	20,984	22,312
Alerta diário de novas assinaturas este mês	1,551	1,761	1,812	1,887			
Cancelamento de assinatura (média por mês)				159			
Assinaturas a partir de *e-books* (diário)	738	826	711	653			
Assinaturas a partir de *pop up* (diário)	2,018	1,081	1384	1298			
Diário apenas a partir de CF	152	261	217	250			
Assinaturas a partir de Join Over Box (diário)	Acumulado no "Diário apenas a partir de CF" - precisamos separar?						
Total semanal de assinaturas de boletim informativo – OBJETIVOS	24,299	26,082	27802	29522	31241	32961	34681
Total semanal de assinaturas de boletim informativo – REAL	24,299	26,082	27,887	30,631	32,351	34,071	35,790
Novas assinaturas semanais de boletim informativo este mês	3,552	1,783	1805	2459			
Cancelamento de assinatura (média por mês)				226			
Semanal apenas a partir de CF (EMUDHOME)	335	512	475	459			

Fonte: CMI

Figura 24.2 Uma amostra de indicadores do usuário controlados pelo CMI em uma base mensal.

No CMI visitamos nossos indicadores do usuário em uma base mensal. A Figura 24.2 nos dá um exemplo de como isso é feito.

A finalidade dessas medições é ajudar a melhorar o seu processo. Se você achar que esta dedicando muito tempo para, por exemplo, o Facebook, e não está recebendo visitantes ou assinantes a partir do *site*, você pode alterar sua estratégia e experimentar outras redes sociais.

Os indicadores do usuário serão o acompanhamento diário do desempenho de seu conteúdo. Pelo fato de você dedicar um tempo para mapear o conteúdo do *blog* para suas *personas* e seu ciclo de envolvimento, você também saberá de onde vêm esses visitantes no ciclo de envolvimento.

ELABORAÇÃO DA PIRÂMIDE

Caso dedique um tempo para fazer isso da maneira correta, você terá **muitas** ferramentas para responder a algumas questões extremamente complexas sobre o seu marketing de conteúdo, assim como de sua estratégia geral de marketing. Você pode encontrar algumas coisas interessantes como, por exemplo:

- Os canais de mídia social estão produzindo os *leads* mais qualificados.
- Os assinantes de *e-mail* permanecem mais tempo como clientes que os não assinantes.
- Você atrai muito mais da *Persona* Um (vamos chamá-lo Danny), mas a *Persona* Dois (vamos chamá-la Suzie) representa uma porcentagem muito maior de seus *leads* qualificados.

E é aí que você vai ganhar o seu sustento. Uma vez que consiga mostrar determinadas tendências com o seu conteúdo, então você pode começar a fazer mais daquilo que está funcionando e menos do que não está.

MAIS CONTEÚDO, MAIS PISCINAS DE FIBRA DE VIDRO

Vamos voltar ao nosso amigo Marcus Sheridan da River Pools and Spas (ver Capítulo 6). A River Pools tornou-se a líder inquestionável em piscinas de fibra de vidro ao criar conteúdo épico consistente dirigido aos proprietários de imóveis em sua área. Ao começar a analisar o retorno de seu marketing de conteúdo, Marcus encontrou alguns resultados interessantes:

- Se alguém lê 30 páginas do *site* da River Pools e vai a uma reunião comercial na empresa, esta pessoa comprará 80% das vezes. A média do setor para reuniões comerciais no escritório é 10%.
- Alguns clientes se envolvem em centenas de páginas no *site* da River Pools (ver Figura 24.3). As visitas a esses clientes tendem a ter fechamento de contrato de compra mais rápido do que com outros clientes.

Fonte: Marcus Sheridan

Figura 24.3 **Um marido e uma esposa (separadamente) envolvem-se em mais de 100 páginas de conteúdo sobre piscinas de fibra de vidro no *site* da River Pools and Spas. Pouco tempo depois, eles telefonam, marcam uma reunião e rapidamente se tornam clientes.**

Isto é fundamental. O que é diferente nas pessoas que se envolvem em seu conteúdo? Elas se tornam clientes melhores? Elas fecham a compra mais rápido? Elas permanecem mais tempo como clientes? Elas são mais propensas a lhe fazer indicações de clientes?

Com tudo o que você faz para medir, este é o foco.

ESTATÍSTICAS E CONTROLE

Outras pequenas empresas perguntam o tempo todo para Marcus Sheridan como ele controla quem se envolve com cada conteúdo. A *resposta*: um sistema de automação de marketing. Quando alguém preenche um formulário de inscrição ou um formulário "fale conosco" em seu *site*, Marcus consegue acompanhar exatamente o conteúdo com o qual essa pessoa se envolve e, depois, integrar esta informação no sistema de gerenciamento de relacionamento com clientes (CRM - Salesforce.com, Zoho CRM, Highrise, e assim por diante).

Todas as empresas deveriam ter um programa de análise como o Google Analytics, que acompanha os visitantes e o comportamento do visitante, mas a análise só pode ir até aí. Embora nós, profissionais de marketing, possamos acompanhar as tendências gerais de todos os usuários, não podemos rastrear o usuário individual sem uma tecnologia mais potente. Há uma série de sistemas de automação de marketing disponíveis para empresas de todos os tamanhos e locais, incluindo:

- Act-On.
- Marketo.
- HubSpot.
- Eloqua.
- Silverpop.
- Pardot.
- Sales Engine International.
- Infusionsoft.

Esteja preparado para gastar entre US$12.000 e US$50.000 por ano (dependendo de suas necessidades) por um sistema de automação de marketing. Embora não precise de um para começar, você aprenderá rapidamente que sem um sistema você não consegue responder a todas as perguntas sobre como os seus assinantes individuais estão consumindo conteúdo e o que os torna diferentes uns dos outros. Dito isso, o plano deve vir primeiro e, depois, a tecnologia para servir de apoio ao plano.

UM OLHAR MAIS PROFUNDO NAS MEDIÇÕES DE MARKETING DE CONTEÚDO

Convince & Convert (e o CEO Jay Baer) e o CMI formaram uma parceria em nosso próprio espaço de *brandscaping*. Neste caso, tratou-se de quatro tipos principais de medições que os profissionais de marketing de conteúdo precisavam analisar (consumo, compartilhamento, geração de *lead* e vendas). Embora isto esteja em consonância com a nossa abordagem de pirâmide acima, existe uma diferenciação suficiente que eu queria incluir aqui (lembre-se, não existe solução mágica).

Com muita frequência, os profissionais de marketing dizem a si próprios que não conseguem medir com precisão seus resultados, que uma tática não é mensurável, ou que não se sentem confortáveis medindo o conteúdo.

Essas afirmações pairam sobre o seu marketing de conteúdo como uma nuvem negra. Se você está nesse grupo, não se preocupe: você ainda tem tempo para entrar no bom caminho.

Do mesmo modo que nos indicadores da pirâmide de marketing de conteúdo, analisar especificamente diferentes tipos de medições – quatro delas, neste caso – ajuda a avaliar a situação:

- Medições de consumo.
- Medições de compartilhamento.
- Medições de geração de *lead*.
- Medições de vendas

MEDIÇÕES DE CONSUMO

Normalmente, as medições mais fáceis de configurar e entender, as medições de consumo respondem à pergunta: "Quantas pessoas viram, baixaram ou ouviram este conteúdo?".

Estas são algumas das medições de consumos mais importantes:

- **Visualizações de página.** Estas são fáceis de medir usando o Google Analytics ou um programa semelhante de análise na *Web*.
- **Visualizações de vídeo.** YouTube Insights e informações semelhantes funcionam melhor aqui.
- **Visualizações de documento.** Plataformas como o SlideShare dão acesso a esses dados.
- ***Downloads.*** Quando um *site* não tem bloqueio (sem formulários de inscrição), meça os *downloads* por meio de sua plataforma de CRM ou Google Analytics e outro *software* de análise na *Web*.
- **Conversas sociais.** Serviços como Mention.net, Salesforce.com Marketing Cloud, Sysomos e Viralheat são opções viáveis para medir bate-papo.

Esta é a fase da medição em que alguns profissionais de marketing de conteúdo desistem. Mas não pare aqui – você está apenas começando.

Revelando novas perguntas. As medições de consumo que você coleta devem levantar uma série de questões:

- As pessoas que consomem este conteúdo envolvem-se em outros comportamentos mais desejáveis em meu *site* (como o preenchimento de um formulário de pesquisa)?

- Eles fazem isso em uma proporção diferente da dos visitantes do *site* em geral?
- As pessoas que consomem este conteúdo voltam em busca de mais?
- Eles fazem isso em uma proporção diferente da dos visitantes do *site* em geral?

As medições de consumo não são tudo, mas são importantes. Para encontrar o impacto social do consumo de conteúdo vamos voltar a nossa atenção para as medições de compartilhamento.

MEDIÇÕES DE COMPARTILHAMENTO

De todos os lugares onde o seu conteúdo poderia estar, o seu *site* pode ter a menor quantidade de tráfego (por exemplo, no CMI vemos uma porcentagem muito maior de *downloads* de conteúdo vindo de *sites* como SlideShare do que de nosso próprio *site*). Felizmente, a *Web* gerou uma cultura de compartilhamento e isto é totalmente mensurável (se você olhar para as medições corretas).

As medições de compartilhamento respondem à pergunta: "Será que o conteúdo está funcionando, e com que frequência ele é compartilhado com outros?".

Suas medições de compartilhamento podem incluir:

- ***Likes*, *shares*, tuites, +1s e *pins*.** As ferramentas de compartilhamento normalmente rastreiam estes, com o Google Analytics (e programas semelhantes de análise na *Web*) oferecendo informações adicionais.
- **Encaminhamento.** O seu provedor de *e-mail* e o Google Analytics podem ajudá-lo a rastrear os encaminhamentos de *e-mail*.
- ***Links* de entrada.** Ferramentas como o seu *software* de *blog* Open *Site* Explorer, Raven Tools e Majestic SEO simplificam o modo de medi-los.

A medição do compartilhamento é importante para todas as organizações. Mas tenha uma coisa em mente: as medições de compartilhamento são supervalorizadas porque são medidas publicamente, com total visão por parte dos clientes prospectivos e concorrentes. Atribuir um valor interno na empresa às medições de compartilhamento é fundamental para o seu marketing de conteúdo. Caso contrário, você pode ser arrastado para uma competição que não tem nenhum impacto real sobre o seu resultado final.

Assim sendo, você pode dizer muito rapidamente se há algo de errado com um conteúdo. Por exemplo, se um *post* diário no *blog* do CMI não receber pelo menos 100 tuites nas primeiras 24 h e 200 tuites nos primeiros sete dias, algo pode estar errado com o conteúdo. Quando constatamos isso, podemos estudar o conteúdo para ver se foi o título, o corpo ou a imagem, ou talvez tenhamos colocado um foco muito grande em vendas.

Estimulando o compartilhamento. Com uma compreensão clara sobre como as medições de compartilhamento afetam os objetivos de negócio, o seu próximo passo é facilitar o compartilhamento para aumentar os seus números. Para tanto, basta fazer o seguinte:

- Coloque botões de compartilhamento fáceis de usar em cada conteúdo. Configure para que o foco seja em canais que seu público utiliza com mais frequência (no CMI, colocamos botões de compartilhamento logo abaixo do título e também no final do conteúdo *on-line*, para maximizar o compartilhamento).
- Procure fazer com que todos os infográficos que você cria sejam fáceis de incorporar no conteúdo do cliente ou do formador de opinião (ou no Pinterest).
- Aperfeiçoe o seu uso da comprovação social incorporando, por exemplo, comentários positivos no Twitter em seu *site* ou mostrando claramente com que frequência o seu último *e-book* tem sido baixado (**Observação importante**: O CMI afirma claramente em seus formulários de chamada para ação quantas pessoas se inscreveram para receber o conteúdo da empresa; por exemplo: "Junte-se a 40.000 de seus colegas").
- Crie conteúdo que vale a pena compartilhar. Toda vez que criar um conteúdo, a sua equipe precisa perguntar: "Será que nossos clientes vão compartilhar esse conteúdo?".

MEDIÇÕES DE GERAÇÃO DE *LEAD*

Medir os indicadores de geração de *lead* ajuda a responder à pergunta: "Com que frequência o consumo de conteúdo resulta em um *lead*?".

Seguem algumas medições fundamentais nesta categoria:

- **Preenchimento de formulários e downloads.** Através do rastreamento de seu CRM e URL, medir a frequência com que os visitantes acessam conteúdo bloqueado é simples. Você também pode medir isso configurando metas no Google Analytics.
- **Assinaturas de *e-mail*.** O seu provedor de *e-mail* ou o CRM rastreia quantos visitantes se inscrevem para receber seus *e-mails* (o uso de um programa como o MailChimp, ou o AWeber ou, talvez, o Exact Target para empresas maiores, pode ajudar).
- **Assinaturas do *blog*.** Você pode medir as assinaturas do *blog* por meio de serviços como FeedBlitz ou o seu sistema CRM.
- **Comentários no *blog*.** Uma forte plataforma de comentários (como Disqus, Livefyre ou uma embutida em seu *software* de *blog*) ajuda aqui.

- **Taxa de conversão.** Com que frequência os visitantes que consomem conteúdo se tornam *leads*?

A sua taxa de conversão é fundamental para a visualização de geração de *leads* a partir do mais alto nível. Ela vem a calhar se você estiver comparando a sua taxa de conversão geral no *site* com a de um item individual de conteúdo. Por exemplo, se a sua taxa de conversão geral é de 2%, o *e-book* que converte a 1% não está funcionando tão bem como você poderia pensar. Mas antes de desistir do *e-book*, determine: os clientes prospectivos que fazem *download* deste *e-book* adotam outros comportamentos positivos como o de tronar-se clientes mais rapidamente ou gastar mais quando compram?

Medição de geração indireta de *lead*. Naturalmente, nem todo o seu conteúdo produz *leads* diretamente. No entanto, todo o seu conteúdo pode contribuir para o comportamento de geração de *lead*. Portanto, estabeleça metas no Google Analytics ou em um programa semelhante de dados para medir como o conteúdo contribui indiretamente para a geração de *lead*.

- Para os principais comportamentos que não produzem receita imediatamente (como a inscrição para receber *e-mail*) atribua um valor específico em dólar. No CMI, um novo assinante de *e-mail* vale, em média, US$21 por ano para nós como negócio (quando pegamos o total de assinantes e fazemos a divisão da receita gerada a partir desses assinantes).
- Defina relatórios analíticos personalizados para mostrar objetivos para cada item de conteúdo (talvez você possa querer medir separadamente o *download* daquele documento técnico específico).

Dica - As plataformas sociais com seus próprios redutores personalizados de URL (como o Argyle Social e o HubSpot) estão aptos a amarrar as mensagens de mídia social com as páginas de destino para que você possa acompanhar valores de geração indireta de *leads*. Para os *e-books on-line* do CMI, assim como nossas revistas impressas, nós definimos "Bitly URLs" exclusivos (bit.ly é um redutor de URL que pode ser rastreado) para cada item de conteúdo, de modo que podemos acompanhar o desempenho individual de cada item de conteúdo e sua origem (por exemplo, um *post* de *blog* ou artigo de revista impressa).

MEDIÇÕES DE VENDAS

O objetivo final de seu marketing de conteúdo é – e sempre foi – fazer os negócios crescerem.

A medição de seus indicadores de vendas responde à seguinte pergunta: "Será que realmente geramos dinheiro por causa desse conteúdo?".

As medições que você precisa para entender isso incluem:

- **Vendas *on-line*.** Normalmente, você mede isso por meio de seu sistema de *e-commerce* (por exemplo, Authorize.net).
- **Vendas *off-line*.** Você acompanha estas por meio de seu CRM e URLs exclusivos medidos pelo seu programa de análise. Sistemas robustos como Eloqua, ActOn, Marketo e InfusionSoft registram cada item de conteúdo que seus clientes consumiram, o que lhe permite colocar um valor em dólar para cada componente.
- **Relatórios manuais e histórias.** Sim, é importante ainda registrar aqueles negócios fechados com aperto de mão. Em seu sistema CRM (como o Salesforce.com) procure garantir que suas equipes de venda registrem a origem dos *leads* para que você possa acompanhar isso. Em alguns casos talvez eles não saibam, mas faça o melhor que puder.

Lembre-se: caso pretenda acompanhar *leads* e vendas, você precisa fazer algo que possa ser rastreado. Para compreender o impacto de um *post* de *blog*, você deve incluir uma chamada para ação que seja exclusiva deste item de conteúdo. *ThinkMoney* da TD Ameritrade insere chamadas para ação exclusivas por toda a revista para que a empresa possa fazer uma análise sólida sobre o desempenho.

Mantenha em mente a retenção de clientes. O seu público mais importante para o conteúdo é constituído pelos clientes atuais. As empresas inteligentes usam sistemas de CRM sofisticados para rastrear o conteúdo que é consumido pelos clientes e medir o impacto de componentes individuais de conteúdo nas taxas de retenção e renovação. Quando você tiver um novo item de conteúdo, certifique-se de que seus clientes atuais tenham acesso especial antes dos demais.

Embora a retenção de clientes seja o avô de todos os objetivos do marketing de conteúdo, muitas pessoas tendem a usar como padrão inicial os objetivos de conquista de clientes e geração de *leads*. Não cometa esse erro. Caso pretenda levar o seu programa de conteúdo para o próximo nível, comece com sua base atual de clientes. As metas de manter clientes por mais tempo, mais felizes e/ou gastando mais são os objetivos mais nobres do marketing de conteúdo.

RETORNO SOBRE O OBJETIVO: SEGUNDA PARTE

O retorno do conteúdo sobre o objetivo deve ser calculado primeiro no âmbito do programa. Não existe ROO inerente do "marketing de conteúdo". Na verdade, você tem um ROO para cada programa, que pode então ser acumulado para a determinação de um retorno geral. **Para entender o im-**

pacto de seu marketing de conteúdo nos negócios, comece calculando o investimento. Em seguida, calcule o retorno e use esses números para encontrar o ROO. Aqui está um exemplo com um *blog* hipotético.

Passo 1 - Calcule o investimento.

- Multiplique as horas mensais necessárias para criar o conteúdo pelo valor de remuneração horária dos funcionários ou contratados utilizados para criar o conteúdo.
- Multiplique o resultado pelo fator de despesas gerais (para considerar aluguel, seguro, serviços públicos, e assim por diante. Portanto, um funcionário remunerado a US$30 por hora (US$57.000 por ano) deve, na realidade, representar um funcionário a US$45 por hora quando as despesas gerais são levadas em conta na equação. Assim, qualquer que seja a remuneração horária por funcionário, você pode colocar um adicional de 50% para cobrir despesas diversas).
- Adicione todos os outros custos, como taxas de projeto, taxas de hospedagem, assinaturas e *software*. Atribua o valor total a um programa de conteúdo especificamente, ou amortize mensalmente e distribua os custos igualmente entre todos os programas de conteúdo.

Exemplo - Suponha 20 h por mês a US$50 por hora para produzir um *blog* corporativo, multiplicado por um fator de 50% de despesas gerais. Adicione US$1.000 por mês para projeto, US$50 por mês para hospedagem e US$200 por mês para taxas diversas.

O verdadeiro custo mensal do *blog* = US$2.750

Passo 2 - Calcule o retorno. Multiplique seus *leads* por mês pela sua taxa de conversão de *lead*, valor médio do cliente e margem de lucro média.

Exemplo - Você consegue 40 *leads* por mês a partir de seu *blog* corporativo (determinado pelo formulário de *lead*, sistema CRM, e assim por diante). A uma taxa de conversão de *lead* de 10%, você gerará **quatro novos clientes**. Suponha um valor médio do cliente de US$5.000 e uma margem de lucro média de 30%, ou seja,

4 x 0,3 x 5.000 = 6.000

Assim, o verdadeiro retorno do *blog*: US$6.000

Passo 3 - Calcule o ROI. Subtraia o investimento do retorno. Em seguida, divida pelo investimento.

Exemplo:

US$6.000 - US$2.750 = US$3.250

3.250 ÷ 2.750 = 1,1818

Portanto, o retorno é de 18,18%

Às vezes, você simplesmente não consegue fechar o ciclo do ROI, pois pode não ter todos os dados para calcular a fórmula acima.

Para usar esta estratégia de medição de forma eficaz, você deve:

- Rastrear tudo ao longo de um período de tempo.
- Tomar nota sempre que alguma coisa mudar, incluindo cobertura de relações públicas, atualizações no *site* ou novas campanhas de rádio.
- Acompanhar vários dados de receita, incluindo total de *leads*, novos clientes, tamanho médio dos pedidos, rotatividade de clientes e receita total.
- Procurar por padrões que indiquem que seu conteúdo está funcionando; por exemplo: "Quando aumentou a receita, o consumo de conteúdo e os indicadores de compartilhamento também aumentaram."

A abordagem da correlação não é uma ciência exata, mas faz a análise dos negócios avançar mais do que não fazer nada, tornando-a uma importante alternativa.

QUAL É O VALOR DO SEU TEMPO?

Você sabe qual é o valor de seu tempo? Se não sabe, deveria saber.

Nos meus primeiros dias de consultoria, eu era contratado para determinados serviços por cerca de US$50 a US$75 por hora. Após a conclusão dos projetos, parecia ter sido muito trabalho para um retorno não tão grande. Quando comecei a calcular (como na análise anterior) percebi que para a nossa pequena empresa ser realmente lucrativa, eu precisaria cobrar pelo menos US125 por hora. O resultado foi menos serviços, porém mais lucrativos – e um uso melhor do meu tempo.

Agora, vamos olhar para o mesmo tipo de cenário, mas para o conteúdo que você cria. Voltemos ao exemplo do *blog*. Digamos que você gaste duas horas criando um *post* de *blog* (qualquer *post* épico de *blog* deve requerer pelo menos uma hora) e seu diretor de *marketing* gaste outra hora editando e inserindo *links* e imagens. Você já calculou o seu tempo a US$200 por hora e o tempo do seu diretor de marketing a US$100 por hora (todos os custos incluídos).

Assim, o custo bruto de criar o seu conteúdo de *blog* é US$200 x 2 + US$100 = US$500 por *post* de *blog*. Com este conhecimento, você pode agora começar a maximizar o processo. Por exemplo, e se você passar 15 min conversando com um escritor *freelance* que escreve e prepara o seu *post* de *blog* para distribuição? O tempo do escritor *freelance* é de até US$50 por hora, e ele leva duas horas para escrever, editar e fazer o *link* para outros documentos importantes. Isto também permite que o seu diretor de marketing se concentre em atividades mais estratégicas. Portanto, em vez de US$500 por *post* de *blog*, agora a fórmula é 0,25 x US$200 (seu tempo) + US$50 x 2 = US$150. Que tal isso como ROI?

O importante é saber quanto realmente custam para você os itens do processo de conteúdo e, então, determinar se eles são a melhor maneira de produzir e distribuir conteúdo. Se você estiver apenas começando, dê alguns meses e veja como as coisas estão caminhando. No início, é sempre melhor desenvolver um conteúdo épico contundente e, depois, descobrir como ser mais eficiente.

JUNTANDO TUDO: O PLANO VISUAL DO MARKETING DE CONTEÚDO

Toda essa informação – do nicho do conteúdo, passando pelo público e até a medição – é muito para absorver. Colocar na forma de um quadro pode ajudá-lo a ter uma visão do conceito completo.

Considerando todo o seu planejamento na medida em que você foi avançando pelos primeiros 24 capítulos deste livro, é possível facilmente dividir a sua estratégia (e, em última análise, como será medido o seu marketing de conteúdo) em algo parecido com o quadro da Figura 24.4.

Ao trabalhar em sua estratégia, será útil para você usar todas as planilhas e ferramentas, mas, em seguida, faça uma pausa para construir uma representação visual de seu plano. Imprima esse quadro. Compartilhe com sua equipe. Isto ajudará a fazer com que todos trabalhem dentro da mesma filosofia, estabelecendo objetivos claros para que o seu marketing de conteúdo siga avançando.

CÁLCULO DO VALOR DE UM ASSINANTE

Constatamos no CMI que os assinantes de nosso conteúdo são clientes melhores. Os assinantes são mais propensos a participar de nossos eventos e a comprar o nosso treinamento; de fato, 80% de nossos clientes de consultoria foram inicialmente assinantes de nossos *posts* diários do *blog*. Além disso, os assinantes fecham os contratos mais rapidamente e permanecem por mais tempo. O conteúdo épico é que faz isso. O objetivo com o seu conteúdo é descobrir por que ter assinantes ajuda a atrair e/ou reter clientes.

Este é o método utilizado pelas marcas há mais de 100 anos. Nunca houve uma oportunidade melhor do que agora para você se tornar o principal especialista em informações para o seu nicho. Ao fazer isso, você certamente promoverá a expansão de seu negócio.

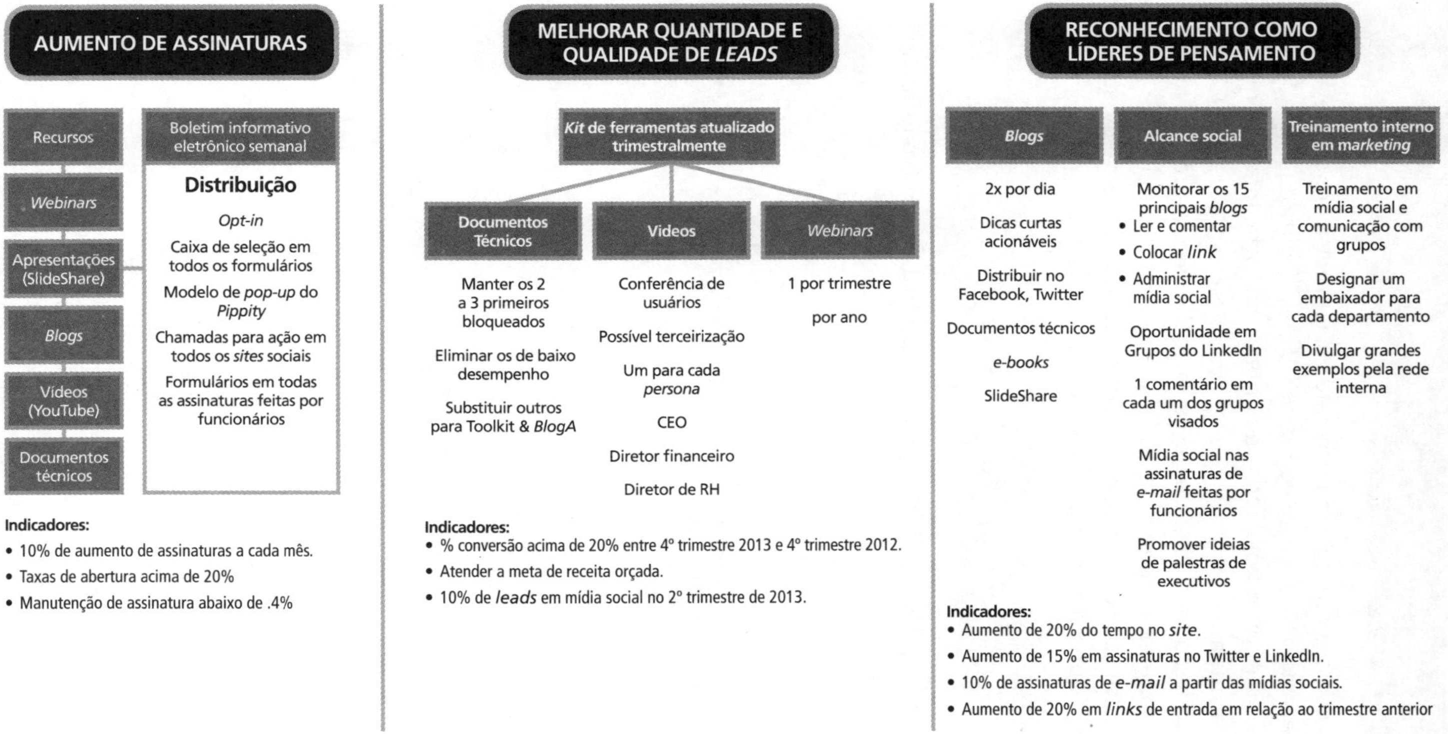

AUMENTO DE ASSINATURAS

Recursos

Webinars

Apresentações (SlideShare)

Blogs

Vídeos (YouTube)

Documentos técnicos

Boletim informativo eletrônico semanal

Distribuição

Opt-in

Caixa de seleção em todos os formulários

Modelo de *pop-up* do *Pippity*

Chamadas para ação em todos os *sites* sociais

Formulários em todas as assinaturas feitas por funcionários

Indicadores:

- 10% de aumento de assinaturas a cada mês.
- Taxas de abertura acima de 20%
- Manutenção de assinatura abaixo de .4%

MELHORAR QUANTIDADE E QUALIDADE DE *LEADS*

Kit de ferramentas atualizado trimestralmente

Documentos Técnicos

Manter os 2 a 3 primeiros bloqueados

Eliminar os de baixo desempenho

Substituir outros para Toolkit & *BlogA*

Vídeos

Conferência de usuários

Possível terceirização

Um para cada *persona*

CEO

Diretor financeiro

Diretor de RH

Webinars

1 por trimestre

por ano

Indicadores:

- % conversão acima de 20% entre 4º trimestre 2013 e 4º trimestre 2012.
- Atender a meta de receita orçada.
- 10% de *leads* em mídia social no 2º trimestre de 2013.

RECONHECIMENTO COMO LÍDERES DE PENSAMENTO

Blogs

2x por dia

Dicas curtas acionáveis

Distribuir no Facebook, Twitter

Documentos técnicos

e-books

SlideShare

Alcance social

Monitorar os 15 principais *blogs*

- Ler e comentar
- Colocar *link*
- Administrar mídia social

Oportunidade em Grupos do LinkedIn

1 comentário em cada um dos grupos visados

Mídia social nas assinaturas de *e-mail* feitas por funcionários

Promover ideias de palestras de executivos

Treinamento interno em *marketing*

Treinamento em mídia social e comunicação com grupos

Designar um embaixador para cada departamento

Divulgar grandes exemplos pela rede interna

Indicadores:

- Aumento de 20% do tempo no *site*.
- Aumento de 15% em assinaturas no Twitter e LinkedIn.
- 10% de assinaturas de *e-mail* a partir das mídias sociais.
- Aumento de 20% em *links* de entrada em relação ao trimestre anterior

Figura 24.4 **Uma representação visual simplificada do plano de marketing de conteúdo.**

PENSAMENTOS ÉPICOS

- Quais são os comportamentos que você precisa ver que levem à realização de seus objetivos de negócios? "*Likes*" ("curtidas") e tuites são indicadores e podem nos ajudar a contar a história, mas é aí que a história deve terminar.
- Lembre-se: os empresários e os executivos seniores de marketing só se preocupam com receita, redução de custos ou clientes mais felizes. Concentre seus objetivos nessas três coisas e somente mostre relatórios ao CXO que possam ajudar a contar esta história.

RECURSOS ÉPICOS

- Jason Fried, *Against Maximizing, Inc.*, abril de 2013, pág. 43.

CAPÍTULO 25

A Evolução de Sua História Épica

"Nós apenas começamos..."

THE CARPENTERS

Há tantos conceitos adicionais que eu gostaria de abordar neste livro, mas como já discutimos no marketing de conteúdo, não existe perfeição e, como diz Seth Godin, o envio do produto é mais importante.

Deixei este último capítulo para as perguntas fundamentais que recebo regularmente e sinto que o livro ficaria incompleto sem isso. E, em seguida, deixo você com um pouco de motivação no final deste capítulo.

EXEMPLOS INSPIRADORES

Embora já existam dezenas de estudos de caso no livro, nunca é demais conhecer outros exemplos de marketing de conteúdo. Abaixo estão alguns exemplos épicos de marketing de conteúdo recolhidos ao longo dos anos. Aproveite!

IBM. No jogo de simulação de negócios da IBM, chamado *CityOne*, os jogadores resolvem problemas em quatro áreas importantes: bancos, varejo, energia e água. Cada cenário oferece oportunidades para entender as implicações no mundo real de decisões de negócios em uma simulação no estilo de *SimCity*. Até a data em que relato esse exemplo, o *CityOne* amealhou mais 20.000 jogadores de mais de 130 países desde o seu lançamento em 2010, provando que jogos de simulação podem ser uma nova iniciativa poderosa de conteúdo que pode envolver, educar e influenciar (http://bitly.com/epic-cityone).

Indium. Dezessete engenheiros da Indium, fornecedora de materiais, descobriram uma mina de ouro de conteúdo como seu *blog From One Engineer to Another* (*"De Um Engenheiro para Outro"*, em tradução livre). Através do *blog* eles produzem valiosos conteúdos, vídeos e respondem a perguntas sobre uma variedade de tópicos de engenharia (por exemplo, como configurar e operar o banho de galvanização de sulfamato da Indium). Mesmo não sabendo o significado disto, você pode apreciar o que eles estão tentando fazer: gerar ideias por meio conversas interativas. De acordo com o diretor de marketing da Indium, houve um salto de 600% em *leads* desde o lançamento do *blog* (http://blogs.indium.com/).

Ford. Uma comunidade *on-line* de sucesso não só compartilha as mensagens de sua empresa como também permite que as vozes de seus clientes sejam ouvidas. A comunidade de usuários Ford consegue isso através da combinação de conteúdo Ford com histórias, imagens e vídeos dos usuários. A ênfase na comunidade está claramente no visitante, pois categorias como "Suas Histórias" e "Suas Ideias" têm um peso grande na página inicial. Esta abordagem cria um grupo fiel de seguidores que se sentem motivados a contribuir com conteúdo em apoio à comunidade, e isso também cria uma poderosa experiência do usuário (http://social.ford.com/).

Caterpillar. A comunidade *on-line* da Caterpillar é um fórum *on-line* onde profissionais que trabalham com equipamentos e motores Caterpillar podem trocar informações, encontrar respostas e receber conselhos especializados de seus colegas (https://caterpillar.lithium.com/).

Intuit. A Intuit Labs é uma plataforma aberta de colaboração que pede ajuda aos empreendedores para resolver os desafios mais recentes dos produtos da empresa e que recompensa os vencedores com dinheiro. A Intuit concebe desafios para técnicos programadores e empreendedores da área de tecnologia, servindo como uma excelente maneira de promover a inovação e o envolvimento, enquanto ao mesmo tempo reúne conteúdo gerado pelos usuários (http://intuitlabs.com/).

Zenith Infotech. MSPtv é uma comunidade educacional para prestadores de serviços gerenciados. O fluxo constante de conteúdo útil na comunidade, que inclui *podcasts*, *webinars*, vídeos e muito mais, ajuda os revendedores a se posicionar e a solucionar problemas de seus produtos, permitindo que a Zenith Infotech oriente os clientes de uma maneira nova e interativa (http://www.msptv.net/).

General Electric (GE). A GE está usando o seu *site*, Ecoimagination, para familiarizar os seus clientes com diferentes aspectos de seus negócios, discutindo ciência, inovação e grandes desafios que irão melhorar o futuro. Com uma mistura de visuais brilhantes, vídeos e artigos de ponta, o *site* é de consulta "obrigatória" para qualquer pessoa interessada nas questões ambientais mais recentes e atua como um "fórum para novas ideias e conversas em torno de tecnologia limpa e infraestrutura sustentável" (http://www.ecomagination.com/).

General Mills. A comunidade Tablespoon é um *site* atraente e interativo para pessoas apaixonadas por comida e entretenimento. O *site* reúne o melhor dos melhores e usa uma técnica de categorização limpa para o seu conteúdo, dividindo-o por tópicos que mais interessam ao seu público-alvo: Pratos Rápidos, Gosto pela Aventura e *Rock UR Party*. Dependendo do tipo de cozinheiro que você é, ou evento que está realizando, essas categorias ajudam a rápida e facilmente encontrar conteúdo de uma forma mais inovadora do que os *sites* tradicionais. E com a ajuda do boletim informativo da empresa, os leitores também podem ficar sabendo a respeito das últimas receitas e inspirações (http://www.tablespoon.com/).

Sherwin Williams. A revista *STIR* para *iPad* tem como alvo um público bastante específico que inclui *designers* de interiores, arquitetos e pessoas que simplesmente são apaixonadas por decorar suas casas. A revista *on-line* combina artigos de alta qualidade, vídeos, ferramentas interativas, *blogs*, eventos e "bate-papo" (comentários de seus *sites* sociais) em um recurso abrangente para pessoas buscando ideias, inspirações, dicas de solução de problemas e muito mais (http://bitly.com/epic-stir/).

Roberts and Durkee Law Firm. O conteúdo épico resolve problemas. Marcas tediosas têm a mesma oportunidade que todos os demais para compartilhar informações que melhoram a vida dos clientes ou os ajudam a realizar melhor os seus trabalhos. Por exemplo, em 2008, a Roberts and Durkee, um escritório de advocacia, usou o marketing de conteúdo para tornar-se de fato o advogado do consumidor para vítimas do problema com placas de gesso chinesas que atingiu o mercado dos EUA em torno de meados da década. O escritório criou um *site/blog* chamado Problema da Placa de Gesso Chinesa para ajudar milhares de proprietários de imóveis da Flórida cujas casas foram construídas com este material tóxico. Esta estratégia de conteúdo estabeleceu a Roberts and Durkee como especialista em problemas de gesso chinês e resultou em enormes oportunidades de negócios para o escritório (http://www.chinesedrywallproblem.com/).

Agilent. A Agilent Technologies produz instrumentos que ajudam cientistas, pesquisadores e engenheiros na medição de varáveis em análise química, ciências da vida e eletrônica. Indo completamente contra o estereótipo, a Agilent resistiu aos aspectos técnicos tipicamente áridos em prol de algo verdadeiramente inesperado: um programa de vídeo de marionetes. Esta técnica resultou em um grande sucesso para a Agilent, aumentando o tráfego para seu *site* e incentivando mais clientes prospectivos a clicar em busca de novas informações (http://puppetchemistry.com/).

Lauren Luke. Em 2007, Lauren Luke começou a vender produtos de maquiagem no eBay em um esforço para complementar seus ganhos com o modesto trabalho de despachante de táxi em Newcastle, Inglaterra. Para melhorar as vendas no eBay, Lauren começou a criar vídeos práticos de aplicação de maquiagem e passou a distribui-los no YouTube. Passados cinco anos, Lauren tem sua própria marca de maquiagem distribuída com exclusividade pela Sephora, tem uma série de livros para adolescentes chamados *Lauren Luke Looks* e construiu uma marca maior que a Estée Lauder no YouTube. O mais impressionante é que Lauren Luke não gastou um centavo em publicidade tradicional (http://laurenluke.com/video/).

Guitar Center. Os vídeos inovadores, divertidos e exclusivos da Guitar Center falam para um público bastante segmentado na forma como eles gostam de conversar: através de música. O Canal de TV da Guitar Center no YouTube também se integra perfeitamente com o *site* da empresa, fornece um fórum aberto para discussões de músicos apaixonados e apresenta as promoções da empresa. (http://www.youtube.com/GuitarCenterTV)

Urban Martial Arts. O *blog Urban Martial Arts* é um exemplo de marketing de conteúdo de baixo custo. O *blog* é dirigido por uma pequena academia de artes marciais no Brooklyn, Nova York e é utilizado para destacar as atividades de construção de caráter e lazer desfrutado por seus alunos (especialmente crianças). O *blog* incorpora uma boa mistura de multimídia para atrair diversos públicos, incluindo vídeos, integração com mídias sociais e artigos (http://urbandojo.com/blog/#).

NLB. NLB, o maior banco esloveno, queria quebrar o molde de instituições financeiras frias e distantes e ficar mais perto de seus clientes e prospectivos. Para tanto, o NLB lançou o Aconselhamento Financeiro, um novo projeto de marketing de conteúdo que utiliza uma mistura de mídia digital e envolvimento do cliente ao vivo para se reposicionar no mercado. Além de um novo portal na *Web*, uma revista impressa e um aplicativo para *iPad*, o NLB abriu uma nova agência na capital, Ljubljana, onde os clientes podem obter aconselhamento financeiro pessoal gratuito, tomar um café gratuito, ler materiais educativos e participar de palestras diárias sobre finanças pessoais (http://bitly.com/epic-NLB).

Unilever. A Unilever entrou no jogo do conteúdo com The Adrenalist, um *site* que fornece um ótimo conteúdo para viciados em adrenalina e aventuras, ligado à promoção de seu desodorante Degree Men. Os temas do *site*, **bravura, entusiasmo** e **emoções** são demonstrados através de vários tipos de conteúdo, como *blogs* de aventura, vídeos e até mesmo dicas de cuidados pessoais para o homem moderno muito ativo (com lembretes sutis de quem está patrocinando o conteúdo emocionante: o seu desodorante "de todas as horas"). (http://www.theadrenalist.com/)

Liberty Mutual. A Liberty Mutual usa o conteúdo para ajudar a associar a sua marca com "reflexão responsável, preparação e fazer a coisa certa". O seu *site*, The Responsibility Project, aborda questões relativas à ética, política e economia, e muito mais, em apoio ao seu tema de "ser responsável" em todos os aspectos da sua vida. O *site* apresenta pesquisas interativas, vídeos, artigos e um *blog* que faz muito pouco para comunicar produtos e serviços da empresa, demonstrando como o bom conteúdo que atende a um propósito mais amplo é frequentemente muito mais eficaz que o conteúdo promocional (http://bitly.com/epic-liberty).

Nightmares Fear Factory. Esta casa assombrada em Niagara Falls, no Canadá, pega clientes aterrorizados diante das câmeras e divulga as fotos em seu arquivo de fotos Flickr. A campanha obteve uma enorme publicidade e certamente faz com que qualquer um que olhe para essas fotos queira ir ao Canadá para descobrir o que é tão assustador (http://bitly.com/epic-fear).

RCI. A RCI, a maior rede de férias compartilhadas no mundo, abraçou o futuro do marketing de conteúdo e se concentrou em criar o grande conteúdo que seus leitores querem, ajudando a marca a dominar a categoria de viagens. O que antes era uma revista personalizada disponível apenas em versão impressa, a *Endless Vacation* da RCI foi além dos limites do papel brilhante e passou para o *iPad*. O aplicativo permite que os leitores se aprofundem em artigos interativos, galerias de fotos, capas alternativas (é só balançar!), panoramas e muito mais (http://bitly.com/epic-endless).

U.S. Navy. Navy for Moms serve como uma comunidade para um público bastante específico. Agora as pessoas não têm de confiar apenas nas promessas dos recrutadores do serviço militar, pois elas podem ouvir as vozes autênticas de pais verdadeiros da Marinha. Na comunidade, os pais compartilham preocupações, histórias, ideias (por exemplo, sobre como enviar pacotes de Natal para o exterior) e muito mais em um ambiente interativo. (http://www.navyformoms.com/).

Lexus. A *Lexus Magazine* é uma publicação impressa personalizada, significando que a marca tornou-se uma verdadeira editora, oferecendo conteúdo patrocinado que é produzido e distribuído pela empresa. A revista não é apenas sobre os automóveis Lexus, mas também sobre o estilo de vida Lexus; ela apresenta artigos sobre viagens e outras experiências de luxo, em situações consideradas relevantes para cada leitor (http://bitly.com/epic-lexus).

Google. *ZMOT* ou *Zero Moment of Truth* (*Momento Zero da Verdade*, em tradução livre) é uma frase usada para definir as principais atividades *on-line* executadas pelos consumidores antes de tomar uma decisão de compra. O Google desenvolveu o *ZMOT* como vários *e-books*, relatórios de pesquisa e vídeos sobre a natureza mutável dos padrões de compra dos consumidores. Hoje, esta pesquisa é citada em quase todas as apresentações *on-line* feitas ao redor do mundo (http://www.zeromomentoftruth.com/).

Society of Fire Protection Engineers. A revista *Fire Protection Engineering* á a publicação oficial da Society of Fire Protection Engineers (uma sociedade de mais de 60 anos de vida com mais de 40.000 membros dedicados à prática de engenharia de proteção contra incêndios). Qual é a chave para o sucesso da revista? Usar conteúdo avaliado por um conselho editorial, que é uma forma infalível de alinhar as mensagens nas várias iniciativas: *on-line*, impressa e pessoalmente. Siga uma dica da Society of Fire Protection Engineers e coloque pessoas em seu conselho que sejam leitoras da revista ou membros da sua associação para garantir que você atinja o alvo. Os leitores da revista *Fire Protection Engineering* podem encontrar todos os artigos mais recentes *on-line* em uma lista de fácil consulta, ou receber a versão impressa, dependendo de suas preferências de leitura (http://magazine.sfpe.org/).

MAIS EXEMPLOS ÉPICOS

Intel. *iQ* da Intel é uma revista digital sobre inovação elaborada pelos funcionários. Atualmente 200 funcionários da Intel ajudam na curadoria do *site*. A Intel tem o objetivo de incorporar milhares de seus funcionários à medida que o projeto avança (http://iq.intel.com/).

Social Media Examiner. Lançada em 2009 com um *post* diário de "como fazer" sobre mídias sociais, a revista de mídia *on-line* possui agora mais de 200.000 assinantes, ajudando a conduzir a pequena empresa para um negócio multimilionário (http://socialmediaexaminer.com).

Pinsent Masons. O escritório de advocacia do Reino Unido desenvolveu o Out-Law.com há mais de cinco anos em sua busca para ser um verdadeiro recurso jurídico para clientes e prospectivos. O *site* tem tráfego de mais de

100.000 visitantes por mês e impulsiona novos negócios para o escritório de direito internacional (http://www.out-law.com/).

Empresas de automação de marketing. Alguns dos melhores marketings de conteúdo no mundo vêm das empresas de *software* de automação de marketing, como Eloqua, Marketo e HubSpot. Eu recomendo passar algum tempo nos *sites* delas para ter uma visão sobre criação e distribuição de conteúdo (http://eloqua.com; http://marketo.com; http://hubspot.com).

Rockwell Automation. A divisão Ásia Pacífico do fabricante global tem usado uma mistura exclusiva de marketing de conteúdo corporativo e histórias locais para distribuir trimestralmente notícias impressas e *on-line* para seus clientes. Confira a versão da Austrália e Nova Zelândia da revista da empresa, *Automation Today* (http://bitly.com/epic-atap).

Louis CK. O popular comediante está eliminando o intermediário na venda de ingressos. Seu *show* de *stand-up Live at the Beacon* faturou mais de US$1 milhão em 12 dias pela venda de acesso *on-line* a US$5. Agora Louis CK tem aplicado seu modelo de negócios às vendas de bilhetes no teatro. Para mais informações sobre o modelo, veja o artigo da revista *Forbes*, *Comedian Louis CK Is the King of Direct-to-Consumer Sales* (*O Comediante Louis CK é o Rei das Vendas Diretas ao Consumidor*, em tradução livre) (http://bitly.com/epic-louisck),

Kraft. Um dos aplicativos de marca mais conhecidos, o Kraft iFood Assistant coloca deliciosas receitas ao alcance de seus dedos com seu útil aplicativo para *smartphone*. Precisa de receitas? Que tal um lista de compras embutida? Bem, a Kraft tem tudo isso em seu aplicativo móvel, agora disponível em todas as plataformas de *smartphone* (http://www.kraftrecipes.com/media/ifood.aspx).

Konecranes. A empresa de guindastes com mais de 80 anos está entrando no negócio da mídia. Com sua revista *Way Up*, infográficos de vanguarda e estudos de caso, a seção Recursos do *site* da Konecranes é algo para ser visto (http://www.konecranes.com/resources).

Patagonia. Patagonia, o varejista de alta qualidade dedicado a **não causar danos** ao meio ambiente, desenvolveu o *The Footprint Chronicles* para mostrar um relatório de compatibilidade ambiental de todas as fábricas têxteis e fornecedores com as quais a empresa trabalha. O legal nos *blogs* e relatórios é que eles detalham tanto o **lado bom quanto o lado ruim** de cada um dos fornecedores e o que eles precisariam fazer para melhorar (http://www.patagonia.com/us/footprint/).

Lifetime Fitness. *Experience Life* é a revista impressa e *on-line* de estilo de vida desenvolvida pela Lifetime Fitness, a empresa bilionária de saúde e bem-estar com mais de 100 centros em todos os EUA. *Experience Life* é agora publicada 10 vezes por ano e tem uma tiragem de mais de 600.000 exemplares, bem como distribuição em bancas de jornal. A revista tem evoluído para atender aos membros e aos leitores em geral, fazendo crescer a marca Lifetime Fitness (http://experiencelife.com/).

Zappos. *Zappos ZN* é a revista digital da Zappos dedicada a compartilhar as últimas tendências da moda. Ao longo dos últimos anos, a Zappos tem se movido na direção de vender mais do que sapatos (como mostra claramente esta revista). Muitos elogios para a Zappos por reunir histórias interessantes com comentários, e a possibilidade de comprar diretamente do *iPad* (um grande exemplo de conteúdo para comércio) (http://www.zappos.com/d/zn/).

LCBO. A LCBO, localizada em Ontário, no Canadá, é uma das maiores compradoras de bebidas alcoólicas no mundo, com mais de 600 lojas de varejo no Canadá. *Vintages* é a publicação dos membros da LCBO especificamente voltada aos entusiastas do vinho. A revista é distribuída por meio de *e-mails* e *on-line* em formato de livro digital (http://www.vintages.com/index.shtml).

Cleveland Clinic. A Cleveland Clinic tem dedicado recursos editoriais ao seu *blog* abrangente, Health Hub. De perguntas sobre autismo a alimentos para bebês, a clínica trabalha para responder a todas as dúvidas dos pacientes em um local conveniente (http://health.clevelandclinic.org/).

Four Seasons Hotel and Resorts. De acordo com Pace, a Four Seasons produz mais de 3.000 itens de conteúdo através de 392 canais. 80% dos leitores *on--line* realizam uma ação e leitores regulares gastam em média 30% a mais em reservas do que os clientes que não se envolvem no conteúdo da empresa. (http://magazine.fourseasons.com/magazine/about-us).

State Farm. A gigante de seguros State Farm fez uma parceria com o ator William Shatner para produzir uma série de vídeos educativos humorísticos sobre como fritar um peru. Consta que, ano após ano, a State Farm recebeu menos US$3 milhões em solicitações de indenização por acidentes fritando perus (http://bitly.com/epic-shatner).

Maersk. A empresa mundial de transportes possui mais de um milhão de fãs no Facebook por compartilhar imagens e questões envolventes em uma base consistente (https://www.facebook.com/MaerskGroup).

Whole Foods. O líder de alimentos orgânicos publica uma página no Tumblr chamada Dark Rye (uma extensão de sua revista *on-line Dark Rye*) que conta histórias de pessoas normais tentando criar estilos de vida sustentáveis. Enquanto a revista *on-line* é publicada mensalmente, o *blog* no Tumblr opera em uma programação diária (http://dark-rye.tumblr.com/).

Jeni's Splendid Ice Creams. Jeni's, localizada em Columbia, no Estado de Ohio, é uma das marcas de sorvete de mais rápido crescimento. Jeni's criou o *Jeni's Splendid Ice Creams at Home,* um livro impresso em junho de 2011. O livro teve um sucesso incrível, conseguindo resenhas de importantes publicações como o *The Wall Street Journal,* o que ajudou a acelerar o crescimento da Jeni's, internacionalmente (http://bitly.com/epic-jenis).

Credit Suisse. A empresa global de serviços financeiros desenvolveu *The Financialist,* uma revista digital com *insights* sobre as últimas notícias, bem como reportagens aprofundadas sobre questões, tendências e ideias que ela considera estar afetando os mercados e a economia (http://www.thefinancialist.com/).

Sun Life Financial. A Sun Life desenvolveu o *microsite* Brighter Life tendo como público-alvo a família com perguntas sobre dinheiro, assistência médica e outras questões financeiras da família. Seu conteúdo financeiro inclui uma variedade de artigos e vídeos oportunos com dicas e ferramentas sobre finanças pessoais e planejamento de aposentadoria (http://brighterlife.ca/).

Colby College. A faculdade de artes do Maine desenvolveu um *site* chamado Inside Colby, especificamente "para estudantes, por estudantes". Os alunos usam o *site* para blogar com fotos, vídeos e até mesmo *podcasts* sobre suas experiências dentro do câmpus (http://www.insidecolby.com/).

Altair Engineering. Por 10 anos, esta empresa de desenvolvimento de produtos vem publicando *Content to Reality,* uma revista impressa premiada distribuída para mais de 50.000 engenheiros de *design.* A revista tem ajudado a Altair a "se destacar na multidão" e a conquistar relacionamentos e prospectivos que anteriormente desconheciam a empresa (http://bitly.com/epic-altair).

ABORDAGEM DE CRESCIMENTO VOLTADA PARA CONTEÚDO DA KINVEY

Nos seus primeiro 15 meses, a Kinvey adotou um marketing como a maioria das empresas. Ela fez um *blog* – tipicamente a respeito de si mesma. Ela coletou nomes – pedindo aos visitantes para assinarem um

"boletim informativo" não especificado. Como resultado, o padrão de assinaturas foi irregular. Quando a empresa lançava um produto ou fechava uma rodada de financiamento, as assinaturas aumentavam.

Mas, naturalmente, esses eventos não podiam ser ampliados. A empresa fazia pouco para desenvolver sua comunidade no período entre esses momentos marcantes.

Aí a Kinvey decidiu fazer um programa de marketing voltado para conteúdo.

O primeiro passo foi o de corrigir as coisas fáceis. Mudar a substância do *blog*, deixando de fazer referência a si mesmo e passando para algo genuinamente útil. E incorporar *links* do tipo "saiba mais" sempre que apropriado. Chegar a um acordo interno sobre um conjunto essencial de palavras-chave não ligadas à marca e garantir que cada colaborador conheça os termos, o texto âncora e a página otimizada.

O passo seguinte foi mais difícil, pois exigia recursos: paralelamente selecionar uma plataforma de automação de marketing, desenvolver um processo básico de nutrição de *leads* e começar a desenvolver um conteúdo que valesse a pena o "custo" da própria identidade.

Construir o sistema de automação de marketing levou mais tempo do que concluir os primeiros ativos de conteúdos geradores de conversão. Então, a Kinvey publicou inicialmente conteúdo desbloqueado – para aumentar o tráfego e começar a ganhar a reputação de uma empresa que publica conteúdo de qualidade. Uma vez tendo construído a infraestrutura de tecnologia, ela começou a publicar conteúdo fechado, que distribuiu organicamente, através de mídia social paga e canais de exibição. A empresa identificou tópicos que convertiam bem (por exemplo, qualquer coisa relacionada com o Android) e redirecionou os esforços de criação de conteúdo para esses assuntos.

O **resultado** final foi que a Kinvey aumentou o tamanho de sua comunidade de usuários em 600% em sete meses e a taxa de crescimento está dobrando a cada trimestre.

Fonte: Joe Chernov, vice-presidente de Marketing de Conteúdo da Kinvey.

UMA REVISÃO: PRINCIPAIS PERGUNTAS SOBRE MARKETING DE CONTEÚDO, RESPONDIDAS EM 140 CARACTERES OU MENOS.

Às vezes eu só quero res*post*as rápidas. Não me dê a explicação toda; apenas me dê uma res*post*a, e deixe eu seguir o meu caminho.

Nesse espírito, organizei uma lista das principais perguntas sobre marketing de conteúdo que tenho recebido regularmente e as respondi brevemente em (aproximadamente) 140 caracteres.

Caso eu tenha deixado para trás alguma pergunta que você gostaria que fosse respondida, por favor, avise-me.

1. Quais são alguns dos melhores exemplos de marketing de conteúdo B2C que você gosta de citar?

   Patagonia, Red Bull, Coca-Cola e Kraft.

2. E quanto aos exemplos de marketing de conteúdo B2B?

   Kelly Services, PTC, OpenView Venture Partners e Cisco Systems.

3. Como faço para integrar o marketing de conteúdo em minha própria empresa?

   Use o modelo SAS – pegue os líderes de cada departamento (através de *e-mail*, busca, RP e assim por diante) e faça com que se reúnam semanalmente para coordenar as atividades de conteúdo.

4. Por onde eu começo em minha estratégia de marketing de conteúdo?

   Desenvolva a sua declaração de missão de marketing de conteúdo. Com ela você pode ter um impacto como voz oficial. Faça isso antes de desenvolver qualquer conteúdo adicional sem estratégia.

5. Qual é a ferramenta de distribuição de conteúdo mais subutilizada?

   SlideShare, e nenhuma outra chega nem perto.

6. Como faço para criar mais conteúdo?

   Você provavelmente já tem conteúdo suficiente. Em primeiro lugar, procure parar algumas coisas que não estão funcionando e realocar os recursos para iniciativas de conteúdo de qualidade.

7. Mas e se o meu conteúdo não estiver pronto na forma de história?

   É verdade, muitas empresas têm ativos de conteúdo, mas eles não estão em uma forma atraente. Contrate internamente ou fora da empresa um jornalista, editor ou um contador de histórias para reformular esses ativos.

8. Devo terceirizar ou fazer internamente o meu conteúdo?

   A maioria das empresas faz as duas coisas. Não precisa ser ou um ou outro; não há solução mágica. Encontre os recursos necessários para que o trabalho seja feito. Ele nunca será perfeito, então não espere.

9. Devo colocar o meu conteúdo por trás de um formulário ou deixá-lo livre?

   Depende do objetivo. Se o indicador que você estiver utilizando for o de quantidade de *leads*, precisará haver um formulário em algum lugar.

Dito isso, caso use um formulário, você pode receber menos compartilhamento e consciência de marca... e isto pode não ser um problema. Como regra, deixe livre o seu conteúdo!

10. Eu preciso de um boletim informativo?

    O *e-mail* é possivelmente o maior canal de mídia cuja posse pertence às marcas. Para manter esse canal vivo, você precisa de um fluxo consistente de conteúdo surpreendente. RSS *blog* para *e-mail* ou um boletim informativo eletrônico funciona muito bem.

11. Por que diabos eu daria todo o nosso conhecimento de graça?

    Como sempre dizia o grande Don Schultz, a comunicação é a única verdadeira vantagem competitiva. Se você não ajudar os seus clientes a saberem mais, quem o fará? Seus concorrentes?

12. Eu tenho que estar no Facebook e no Twitter?

    Não, você não precisa. Mas se estiver, pergunte a si mesmo por que está usando esses canais. Na verdade, pergunte a si mesmo por que você está usando qualquer canal.

13. Como você faz com que todos os seus criadores de conteúdo atuem de forma harmônica?

    Certifique-se de que cada um de seus criadores de conteúdo tenha uma cópia de sua declaração de missão de marketing de conteúdo. Na maioria das marcas, os criadores de conteúdo nunca sabem quem é o verdadeiro leitor ou qual é realmente a missão de conteúdo da empresa.

14. Qual é a melhor maneira de descobrir os pontos problemáticos de meus clientes?

    Em primeiro lugar, fale com seus clientes. Em seguida, fale com mais clientes. Depois, ouça no Twitter e lance algumas pesquisas. Então, fale com vendas e com o atendimento ao cliente. Em seguida, fale com seus clientes.

15. Como faço para medir o ROI?

    Não meça. Descubra qual é o objetivo específico do marketing de conteúdo e, então, meça o retorno sobre o objetivo. Use os quatro tipos de medições de marketing de conteúdo como orientação.

16. Que tipo de conteúdo funciona melhor?

    De acordo com Julie Fleischer (da Kraft): 1º) tenha um propósito; 2º) seja cativante; 3º) vá até onde o cliente está; 4º) esteja ciente de que a pontualidade é importante, e 5º) conheça seus indicadores.

17. Qual é a diferença entre conteúdo e **marketing de conteúdo**?

O **marketing de conteúdo** deve funcionar para reforçar ou mudar um comportamento. Se não fizer isso, trata-se apenas de **conteúdo**.

18. Como eu faço para a alta administração aderir ao marketing de conteúdo?

    Prove que funciona. Comece um piloto. Para que os programas de televisão sejam aprovados, eles precisam de um piloto; você deve fazer o mesmo. Crie um piloto pelo período de seis meses usando medições com as quais todos concordem.

19. Qual é o principal motivo para as iniciativas de marketing de conteúdo não darem certo?

    Em primeiro lugar, a marca para de produzir o conteúdo (mentalidade de campanha). Em segundo lugar, não há consistência. Em terceiro lugar, o conteúdo não é excepcional.

20. O quanto é importante o *design* em seu marketing de conteúdo?

    Qual é a finalidade de uma capa de revista? Fazer com que ela seja aberta. Muito disso depende do *design*. Se o seu *design* não compele as pessoas a se envolver, de que adianta? Invista em *design*.

21. Qual é uma questão fácil com a qual os profissionais de marketing não lidam, mas deveriam?

    Conteúdo móvel. Não há nenhum motivo para o seu conteúdo não funcionar em um dispositivo móvel. Corrija isso.

22. As marcas começarão a fazer criação e distribuição de conteúdo melhor do que as empresas editoras?

    Em certos nichos, algumas irão. Mas as editoras e as marcas são melhores juntas. As marcas têm mais recursos, mas o modelo de mídia está mudando, eu acho que para melhor. Sempre será necessário ter editoras tradicionais.

23. Não posso simplesmente criar uma plataforma de conteúdo para todos os meus clientes?

    Como as fontes de notícias amplas e horizontais estão fazendo atualmente? Veja o que a Patagonia faz e quantas plataformas diferentes de conteúdo ela tem para diferentes interesses editoriais.

24. Devo parar tudo e só fazer marketing de conteúdo?

    Você quer ser demitido? O marketing de conteúdo funciona **com** o seu outro marketing, não em substituição a ele. Hoje em dia, o problema é que a maioria das marcas está pouco desenvolvida em marketing de conteúdo e necessita recuperar o atraso.

OS MANDAMENTOS DO MARKETING DE CONTEÚDO

Eu os mantenho impressos e na minha parede como um lembrete da revolução do marketing de conteúdo e da importância para o meu negócio. Aproveite!

- O conteúdo é mais importante do que a oferta.
- Um relacionamento com o cliente não termina com o pagamento.
- O marketing impresso não para com o anúncio de página inteira.
- "Ser o conteúdo" é mais importante do que "circundar o conteúdo".
- A interrupção não é valorizada, mas o envolvimento sim.
- Um *blog* pode e deve ser uma parte central do marketing e da comunicação com seus clientes.
- O marketing interno tem sempre precedência sobre o marketing externo.
- Uma marca é um relacionamento, não um *slogan*.
- Concentrar-se no que o cliente quer é mais importante do que no que você tem para vender.
- Um comunicado de imprensa não é destinado à imprensa, e sim para ajudar os clientes a encontrar o seu grande conteúdo na *Web*.
- Comunicar-se diretamente com os clientes é a melhor escolha.
- Os profissionais de marketing podem e devem ser editores.
- As editoras tradicionais de hoje estão apavoradas com os profissionais de marketing.
- Sem conteúdo, a comunidade é improvável, se não impossível.
- O folheto de marketing deveria ser eliminado de todos os planos de estratégia de marketing.
- O conteúdo sem *design* não parece apetitoso (ou que atenda os objetivos do marketing).
- A geração de *lead* é apenas uma pequena parte do cenário de marketing.
- A contratação de um editor não é um desejo, mas uma necessidade, para todas as organizações.
- Não importa o meio ou o provedor, alguém está sempre vendendo algo.
- A cauda longa da otimização dos mecanismos de busca é impulsionada por conteúdo consistente em seu *blog* ou *site* corporativo.
- 90% de todos os *sites* corporativos falam sobre como é grande a empresa ou o produto e esquecem o cliente.
- 90% de todos os *sites* corporativos são horríveis.
- Os compradores estão no controle; o processo tradicional de vendas mudou; e o conteúdo relevante deixa as organizações entrarem no processo de compra.
- Conteúdo de marca de formato longo pode ser criado em qualquer lugar onde seus clientes trabalham, vivem ou jogam.
- O diretor de conteúdo é o diretor de marketing do futuro.

- Os clientes querem se sentir inspirados. **Seja a inspiração**!
- Não existe uma maneira certa de fazer o marketing de conteúdo. Esteja disposto a experimentar.
- Os eventos presenciais continuam a ser uma das melhores formas de se conectar com o seu público.
- Nunca subestime o poder da simplicidade.
- O sucesso do marketing de conteúdo em sua organização significa ter o processo certo.
- Não existem atalhos para um grande marketing de conteúdo; ele requer um trabalho árduo.
- Não confie muito em mecanismos de busca para trazer tráfego ao seu *site*.
- A curadoria de conteúdo é importante, mas não é uma estratégia. Para ser um especialista confiável em seu setor de atividade, você deve criar seu próprio conteúdo.
- Não espere pela perfeição. O grande conteúdo não tem que ser perfeito. Ele nunca será perfeito.
- Terceirizar de forma eficaz ou ser eficazmente terceirizado.
- Se você não tem problemas de escala com o seu conteúdo, você não está se movendo rápido o suficiente.
- Antes de criar a sua obra-prima de conteúdo, pense primeiro em como será o marketing dela.

VÁ CONTAR A SUA HISTÓRIA

Eu acredito que você fará grandes coisas com o marketing de conteúdo. Esperemos que depois de ler este livro, você tenha as ferramentas necessárias para criar e distribuir conteúdo épico que vai transformar seus clientes e seus negócios. Vá em frente, e seja **épico**!

1. Desenvolva e aprimore a sua declaração de missão de marketing de conteúdo.
2. Encontre um ou vários parceiros e lancem um projeto de marketing de conteúdo juntos.
3. Considere que talvez **menos** conteúdo venha a significar **mais** impacto.
4. Encontre pelo menos três líderes de pensamento em sua organização e incorpore-os ao seu plano de conteúdo.
5. Envie cada um desses líderes de pensamento para um treinamento na Toastmasters para que aprimorem suas habilidades de falar em público.
6. Defina o seu público mais valioso, e pense em uma publicação impressa dirigida a ele.
7. Designe um funcionário para o SlideShare, e descubra como aproveitar esta ferramenta como parte de seu marketing de conteúdo.

8. Desenvolva uma série de histórias para o seu setor de atividade sobre um aspecto que nunca foi abordado antes.
9. Certifique-se de que o conteúdo de cada página de destino que você desenvolva este ano tenha apenas uma chamada para ação.
10. Passe 30 min dissecando o Coca-Cola Content 2020.
11. Pare uma iniciativa de conteúdo este ano.
12. Escreva seu livro.
13. Atualize sua lista de formadores de opinião de mídia social antes do final do ano.
14. Compile um aspecto substancial do conteúdo de formadores de opinião (por exemplo, um *e-book* de ideias dos formadores de opinião).
15. Envolva pelo menos cinco funcionários que não sejam do marketing em seu plano de conteúdo semanal.
16. Assuma como uma prioridade a personalização de seu conteúdo por *persona*.
17. Inicie uma série de *podcasts* para executivos.
18. Sente-se com cada vendedor para perguntar-lhe quais são os pontos mais problemáticos de seus clientes.
19. Desenvolva uma lista das principais 100 perguntas provenientes de sua base de clientes.
20. Encomende um trabalho de arte de um artista local e use em seu próximo conteúdo.
21. Escolha uma iniciativa tradicional de marketing que possa ser reforçada com marketing de conteúdo.
22. Estabeleça o objetivo de duplicar neste ano o número de assinantes de *e-mail* para o seu conteúdo.
23. Participe do *Content Marketing World* (desculpe-me, isso é pura propaganda).
24. Leia um livro que não seja de marketing a cada mês durante o ano (isto gerará novas ideias de marketing de conteúdo).
25. Desenvolva um plano de medições de marketing de conteúdo para seu CEO ou supervisor que inclua apenas aqueles indicadores que avaliem o cumprimento dos objetivos de negócios da empresa.
26. Pare de fazer os mesmos velhos comunicados à imprensa e desenvolva-os como histórias envolventes.
27. Encontre uma maneira de trabalhar com a revista líder em seu nicho de atividade, em um esforço de conteúdo conjunto.
28. Encomende uma pesquisa que seja importante para seus clientes.
29. Pegue os resultados da pesquisa e use-os para desenvolver uma campanha de seis meses com pelo menos 20 itens de conteúdo independentes.
30. Comprometa-se com o uso mais inteligente de imagens em seu conteúdo.
31. Faça uma auditoria de todos os seus *posts* de *blog* e determine quais os tipos de títulos que levam aos comportamentos certos dos leitores.

32. Se você tiver orçamento para tal, comece a identificar empresas de mídia em seu setor de atividade que sejam passíveis de aquisição.
33. Verifique se o seu conteúdo é fácil de ler em *smartphones* e *tablets*.
34. Defina um líder editorial em cada um dos silos e planeje se reunir com esta pessoa pelo menos uma vez por semana.
35. Desenvolva um evento para os clientes que não fale sobre seus projetos, e sim que mostre os novos caminhos do setor.
36. Crie um item de conteúdo neste ano que seja completamente inesperado e veja o que acontece.
37. Para cada ideia de história que você tem para o próximo ano, planeje desenvolver 10 itens de conteúdo a partir dela.
38. Envie um cinegrafista e um jornalista para o próximo evento do setor e faça a cobertura da reunião.
39. Distribua prêmios trimestrais para todos os criadores internos de conteúdo, com base no número de compartilhamentos do conteúdo. Torne isso público.
40. Escolha 10 dos melhores *blog*ueiros em seu setor e patrocine uma sessão de *brainstorming* de um dia sobre como vocês todos podem ajudar uns aos outros.
41. Pergunte a quem estiver no comando do atendimento ao cliente quais foram as 10 principais reclamações no ano passado. Desenvolva um programa de conteúdo para ajudar com as respostas.
42. Seja o que você fizer esse ano, certifique-se de contar uma história diferente da de todos os outros em seu setor, e não apenas a mesma história contada de uma forma um pouco melhor.

A PALAVRA FINAL

Você chegou ao final deste livro. Obviamente, eu falei o suficiente, mas queria dizer um último "obrigado". Realmente agradeço o tempo e esforço que você dedicou a este trabalho.

Naturalmente, sua jornada está apenas começando, e o marketing de conteúdo continua a evoluir. Se você quiser manter-se atualizado com tudo o que acontece na arte e na ciência do marketing de conteúdo, gostaria de exortá-lo a inscrever-se para receber as atualizações diárias do *blog* do CMI no endereço ContentMarketingInstitute.com. Você não se arrependerá.

Agora vá em frente e mude o mundo dando aos seus clientes a melhor história do planeta. Seja épico!

"A vida é uma aventura ousada ou não é nada."

HELEN KELLER

Sobre o Autor

Joe Pulizzi é o evangelizador original do marketing de conteúdo; ele começou a usar a expressão "marketing de conteúdo" em 2001. Pulizzi é o fundador do Content Marketing Institute (CMI), o recurso educativo líder em marketing de conteúdo para marcas de empresas, reconhecida como a 365ª empresa privada de mais rápido crescimento pela revista *Inc.* em 2012. O CMI produz o maior evento presencial em marketing de conteúdo no mundo, o Content Marketing World, realizado todo mês de setembro em Cleveland, no Estado de Ohio, que tem contado com a presença de metade das empresas que fazem parte da lista das 50 maiores da revista *Fortune*.

Ele já deu palestras em mais de 200 locais diferentes em 12 países ao redor do mundo, falando sobre os avanços na prática de marketing de conteúdo. Pulizzi também é autor de *Conteúdo S.A.* e coautor de *Get Content Get Customers: Turning Prospects into Customers with Content Marketing* e de *Managing Content Marketing: The Real-World Guide for Creating Passionate Subscribers to Your Brand.*

Encontre-o *on-line* em joepulizzi.com ou no Twitter @JoePulizzi. Se alguma vez você for encontrá-lo pessoalmente, **ele estará vestido com uma roupa de cor laranja**.

www.dvseditora.com.br

Impressão e Acabamento | Gráfica Viena
Todo papel desta obra possui certificação FSC® do fabricante.
Produzido conforme melhores práticas de gestão ambiental (ISO 14001)
www.graficaviena.com.br